育胸怀天下英才

铸通达古今新知

东南经管评论

(2016年辑·总第1辑)

主　编　华　生
常务副主编　赵林度

东南大学出版社
·南京·

图书在版编目(CIP)数据

东南经管评论.2016年辑:总第1辑 / 华生主编.
—南京:东南大学出版社,2017.2
 ISBN 978-7-5641-7052-3

Ⅰ.①东… Ⅱ.①华… Ⅲ.①经济学-文集②管理学-文集 Ⅳ.①F0-53②C93-53

中国版本图书馆CIP数据核字(2017)第037858号

东南经管评论(2016年辑·总第1辑)

出版发行	东南大学出版社
出 版 人	江建中
责任编辑	唐 允
社　　址	南京市四牌楼2号
邮　　编	210096
网　　址	http://www.seupress.com
经　　销	各地新华书店
印　　刷	虎彩印艺股份有限公司
开　　本	787 mm×1092 mm　1/16
印　　张	9.25
字　　数	220千字
版　　次	2017年2月第1版
印　　次	2017年2月第1次印刷
书　　号	ISBN 978-7-5641-7052-3
定　　价	30.00元

* 本社图书若有印装质量问题,请直接与营销部联系,电话:025-83791830

编委会名单

主　　编 华　生
常务副主编 赵林度
编　委　会（以姓氏笔画排序）

王凤彬　王永贵　王　帆　王红卫　王跃堂
白重恩　华中生　刘　星　刘莉亚　杨　斌
李宏彬　李建军　余玉刚　汪寿阳　张玉利
张成思　陈诗一　陈春花　陈　剑　范从来
周章跃　赵曙明　胡祥培　高　闯　高良谋
唐加福　蒋　炜　蔡　莉　颜　安

前　言

"百载文枢江左,东南辈出英豪。"东南大学校歌唱出了东南人的情怀,展现了东南人"止于至善"的豪迈,也融入了东南经管人以荣誉、责任、担当等价值为核心的"经管先锋"精神。

经过几代人三十年不懈的努力,东南大学经济管理学院在经济学和管理学两大学科门类中形成了自己的特色和优势,管理科学与工程、应用经济学和工商管理三个一级学科相互融合、共同发展,已经有两个学科成为江苏省一级学科重点学科。

俗话说"一方水土养一方人"。在学科群优势驱动下,东南大学经济管理学院集聚了一流的学者、培育了一流的人才、创造了一流的成果,东南经管人正以满腔热忱履行"育胸怀天下英才,铸通达古今新知"的使命,实现"桃李天下皆有为"的愿景。

《东南经管评论》诞生于东南大学经济管理学院建院三十周年之际,它承载了东南经管人的梦想和期望,相信《东南经管评论》必将成为东南大学经济管理学院建院三十年文化和商科百年文明的传承者,也坚信在社会各界的帮助下,《东南经管评论》一定会越办越好。

在《东南经管评论》出版之际,企盼社会各界的帮助,共同培育好这个集聚思想、创新理论的摇篮!万事开头难,愿我们携手努力。

目 录

应用经济研究

万科之争的实践意义和学术研究价值/华　生 ……………………………………… 1

中等收入陷阱：理论迷思与现实验证/徐康宁 ……………………………………… 10

平台企业定价策略研究/周　勤　赵　驰 …………………………………………… 24

管理科学前沿

房地产服务中介商业模式/崔晓杨　闫冰倩　李俊儒　乔　晗　汪寿阳 ………… 36

金融网络理论与金融风险传染研究述评/何建敏　李守伟 ………………………… 46

产业升级进程中政府与市场的耦合机制/王文平　杨洲木 ………………………… 64

工商管理论坛

企业雇佣关系的研究述评与未来展望/赵曙明　周路路 …………………………… 83

我们需要什么样的商业模式结构理论？/李　东 …………………………………… 95

财政补贴、研发投资平滑和产品市场竞争绩效/陈良华　曾祥飞 ………………… 109

优秀教学案例

融链科技的雇佣关系管理之路/许　勤　徐云飞　赵曙明 ………………………… 121

万科之争的实践意义和学术研究价值

华 生①

摘要 通过解剖万科这家中国地产行业龙头企业股权控制权争夺战,本文分析了这个经典案例的政策意义和学术研究价值。从政策角度看,其对资本市场监管制度、公众公司的治理范式以及国有企业改革的方向都产生了直接影响。就学术而言,案例涉及的证券市场收购、公司治理与产权理论,则留下了学术研究的广阔空间。文章认为从案例所涉及的公司治理与所有者经营者关系出发,可以发展出公有产权在市场经济中运行的条件和边界的模型。

关键词 公司治理;产权理论;国企改革;控制权

万科公司是长期位居中国房地产开发行业老大位置的标杆企业。其引人注目之处是虽然国企华润为其第一大股东,但长期以来华润大股不控股,当甩手掌柜,万科公司的经营一直由其创始人王石为代表的管理层主导,从而使万科成为中国上市公司中非常独特的"无实际控制人"的企业。从结果上看,这种治理方式也成就了万科,使其从一家名不见经传的地方小企业成为进入世界500强的行业龙头企业。万科的各项主要经营指标也几乎一直是行业领先,其增长和业绩远远超过华润集团自己直接控股、具有更多资源优势的开发企业华润置地。坚实的业绩和相对透明的公司治理结构,也使万科这些年来荣获了诸多荣誉,包括各类企业和管理奖项。

万科的股权控制权争夺

应当说在正常情况下,像万科这样的行业龙头标杆企业,在行业和企业都并没有发生重大转折变化的情况下,本来不应该出现什么股权和控制权之争。从股权结构看,万科的第一大股东华润持有略超过15%的股权,万科管理层的事业合伙人和职工也持有近8%的股权,还有长期支持和追随万科的机构和个人股东持股。这样的股权结构不用说在如美国那样股权高度分散的市场上已经是相当集中和稳固的,就是在中国证券市场上,也不属于股权特别分散的类型。再加上企业体量很大,经营出色,外人一般不会也不能轻易染指。

这样,在2015年宝能举牌开始大量收购万科股票时,自然就引起了市场和社会围

---

① 作者简介:华生,东南大学经济管理学院教授、博士生导师,名誉院长。

观。宝能地产的年销售额这几年来只是在十多亿上下徘徊,它与万科千亿以上的销售额根本没法相比。这样的小企业去收购体量比自己大百倍的行业龙头,本来在任何正常的市场经济环境中都是不可能的。但宝能之所以能够举牌收购万科,是因为它除地产之外,还是一个金融企业,持有在中国属于垄断性的保险牌照。而在2015年股灾之后,监管部门又大大放宽了保险企业的资金使用和收购上市公司的上限。一些由大股东公开或实际控制、通过循环虚假出资迅速做大规模,并经营激进的中小保险公司,利用万能险这个能快速吸纳资金的工具,高息揽储,保费收入成十倍地增长,从而为在证券市场收购提供了源源不断的子弹和资金。实际上,宝能收购万科,就是用其下属的前海人寿打头阵。

当然,宝能能在长达几乎半年的时间里,不断举牌收购万科,最终坐稳万科第一大股东位置,持股显著超过华润和万科管理层与职工股之和,不光在于其充分利用保险和杠杆资金,同时也得益于原大股东华润和万科管理层的一再应对失误。一方面,华润在面对宝能野蛮人似的敌意收购时,不仅没有积极反击,相反还与宝能有诸多业务合作和支持,而对万科管理层为自救而引入的深圳地铁,则公开坚决反对。最后在各方主要是上层的压力下,又将股权最终转让给了深圳地铁,其行为举止让人们普遍摸不着头脑,完全不同于市场经济中理性主体的假设。另一方面,以王石为代表的万科管理层,在敌意收购者步步紧逼时,不仅没有依靠市场力量,引入民间各种善意的战略投资者入场保驾护航,使万科多元股份的混合所有制基础更加扎实,反而发表被人认为是歧视民企的不当言论,一味只靠华润的出手支持,乃至寄望于政府干预,被人诟病为诉诸于"情怀"而非市场规则。这样,万科管理层一步步错失良机,等到宝能收购了足够股权,坐稳第一大股东宝座,直逼全面收购时,就让自己陷入了极大困境。

万科这样一个行业标杆企业的股权控制权之争,自然引起了市场的广泛关注,并引起了媒体、企业界、经济界和法律界的热议和辩论。保险资金和高杠杆能否这样使用,宝能蛇吞象的收购是否合法合规,是应当被鼓励还是被遏制,华润与宝能合作是否构成一致行动人关系,独立董事在公司治理中应当发挥何种作用,万科管理层是否越位代主、属于内部人控制等等,都成为人们争论的焦点。

万科之争之所以长期占据人们的眼球,还在于其一波三折、不断高潮迭起。2016年,随着华润反对深圳地铁入主与万科管理层摊牌,独立董事公开加入表明立场,华润与宝能的一致行动关系引起各方质疑,华润被迫淡出万科。宝能孤掌难鸣,一时面临杠杆融资爆仓风险,网上风传保险监管部门负责人出于对诱发局部金融风险从而承担责任的担心,示意其他保险关联企业出手相援。消息虽随即被否认,但握有保险牌照的另一地产和金融大鳄恒大集团确实在此时进入收购举牌万科,且不断举牌增持,不仅化解了宝能股票爆仓风险,还将万科股价推向新的高峰。

一时间中小型激进经营的保险资金在资本市场上风光无限。恒大保险不仅高调地不断增持万科,直指控制权,还在市场上四处出击控股权分散的上市公司,快进快出,赚取热钱。宝能更信心爆棚,完全收不住手。清洗撤换其收购控制的实体企业管理层,同时进击收购另一行业龙头企业格力电器,引发实体企业的普遍恐慌。金融大鳄们不顾监管喊话警示,一再挑战监管底线,不断加杠杆放大金融风险,最终因物极必反,引发了政府全方位的监管风暴。在情势大变之下,金融大鳄们纷纷服软退却,在万科问题上也先后表态欢迎深圳地铁进入,愿意听从深圳政府安排。这样,一场起于以挟行政垄断的保险牌照资源兴风作浪的资本市场大战,又以政府之手的强力干预而告终。整个事件的起因、发展和解决办法确实带有太多的中国特色。也正因为如此,一些人认为万科之争充满了遗憾,并没有产生多少有意义的结果。但这样看待万科之争这一中国资本市场和公司治理难得的经典案例,少说也是一种巨大的资源浪费。

万科之争的实践意义

再大的公司治理和资本市场事件,都不能超出其所处经济社会发展历史阶段的制约。尽管如此,万科的股权和控制权之争,在实践上也有多重意义,推动了资本市场监管、公司治理规范和国企改革深化的认识与政策法规的建设。

万科之争起始于宝能的敌意收购。本来敌意收购在国际规范市场上是一个较为普遍的现象。一般认为,敌意收购的存在有利于公司经理人市场的竞争,有改善证券市场资源配套效率的作用。同时由于敌意收购的成本较高,就其最终是创造了公司价值还是损耗了股东价值和社会资源,也有不同评价。故而发达国家特别是美国在20世纪80年代大规模的杠杆收购热潮之后,普遍对敌意收购、收购与反收购作出了一系列的法律法规约束。我国证券市场由于一股独大是普遍现象,敌意收购很少发生,法规方面也有诸多空白,因此宝能对万科的敌意收购自然就引人注目。宝能收购万科引发的最初争论是关于其资金来源,即保险资金和杠杆资金的激进使用问题。不少人认为,法无禁止即可行,应当尊重市场力量和市场行为。也有很多人认为,合法未必合理,监管脱节下的合法也未必真合法。一家地产企业仅仅靠垄断牌照获取的资本力量就可以收购控制比自己规模大上百倍的行业龙头企业,并不是市场经济的正常现象。意图依靠杠杆资金收购控制现金流充沛的上市公司,以此为平台再去放大杠杆,形成更大规模的融资平台,这既不利于实体经济的健康发展,也会急剧放大金融风险。后来的发展事实上证明了这一点:如果利用金融多头监管的漏洞就可以畅通无阻、一本万利,这种专打擦边球的金融投机行为是不会见好就收、自行止步的,而必然会把窟窿越捅越大,不撞南墙不回头。现在回过来看,其实万科之争从开始就并非是正常的市场经济力量作用的。宝能之所以能收购万科,主要是依赖自己获得的保险垄断牌照和宽松的保险资金筹集使用规定。这种行政性赋予的权力最后要靠行政力量纠偏,虽然不无遗憾,但其实还并非真是市场本身的失败。万科之争最早引发了保险资金杠杆使用的合法性争论,使市场各方和政府部门逐步认识到规范保险资金和杠杆使用的必要性,提升了人们防范金融风险的意识,推动了一系列风险防范和法律法规的建立完善,这是万科之争的积极成果。

就公司治理的结构而言,国内A股上市公司无谓国有还是民营,长期以来是一股独大的结构。上市公司几乎都由大股东说了算,董事会、管理层均由大股东安排,听大股东指挥。大股东就是上市公司的主人,实际控制人就是老板,经营者就是为这个老板打工,已经成为根深蒂固的定见。万科事件引起那么大的争论和分歧,主要原因之一是因为它对此提出了挑战。管理层不愿听命大股东,而要在公司治理中发挥独立的积极作用,这确实触碰了许多人不容颠覆的信念。在他们看来,万科的管理层背弃了自己的忠信义务,属于内部人控制,是对股东的叛逆。

这里产生歧义的关键是一些人混同了古典企业与现代公司、大股东与全体股东的差别。上市公司的管理层当然要对其主人或老板负责，但这个老板不是仅仅持有少数股权的大股东及其实际控制人，而是全体股东。现代公司治理结构设置的一个关键环节，就是要使公司对全体股东负责，而不是仅仅服务于大股东。同时，在现代社会中公司除了要向股东负责，还要向员工、客户、用户、代表社会利益的各监管方等利益相关方负责。否则，作为最后剩余索取人的股东自己的利益就会严重受损。从这个意义上说，正是需要向股东负责，也就必须兼顾利益相关方的诉求。

公司治理的本质是公司控制权、支配权的分配。在古典企业中，老板既是所有者又是经营者，所有权与控制权、经营权合一。在现代股份公司特别是上市公司中，所有权和经营控制权分离。上市公司的广大公众股东几乎不参与也往往不关心公司治理。这样，广大中小股东虽然总体数量巨大，往往构成了上市公司的多数股权，但由于高度分散、难以作用，他们拥有的所有权虚化、控制权旁落是一个很难避免的过程。这样公司的控制支配权通常就落到只是持有少数股权的大股东手中。在大型公司中，随着股权的分散化，许多也落入公司管理层手中。也正因为如此，公司治理才成为长盛不衰的课题和一门大学问。从上市公司治理结构的历史演变来看，在中小型规模的企业中，大股东支配还是较多的流行模式，但在大型企业和跨国公司中，经理人支配、所有者监督现已日益成为主导型的治理形式，过去万科之所以被认为是治理结构透明规范的样本，也就是因为其属于这种国际上很主流的模式。但是，由于国内企业几乎全是大股东控制的类型，万科模式就难免被认为是异类。

过去经理人支配在国内被认为是"内部人控制"而一概加以封杀。这次万科之争使之走上了前台，挑战了上市公司一股独大、大股东一手包办的现状和传统观念，使上市公司实质性的权力分配与控制即公司治理问题第一次呈现在公众面前，这对推动公司治理的专业研究深化和知识普及产生了积极作用。

万科之争引出的另一层更深的意义是关于产权问题，即国资国企改革。如我当时在文章中所说，长期以来万科第一大股东是央企华润，多年来采取的大股东不经营、监督不控制的态度既使国资获利极其丰厚，也成就了万科这一被誉为业内标杆的上市公司。而正是因为华润新一届领导在万科股权控制权之争中令人不解的摇摆和反复，使华润既丧失了大股东地位，又与万科管理层走向对立，也给万科的发展带来了极大的危机。因此，国资国企如何当股东，就不仅仅是万科的个例或特例，而是一个中国改革发展的大战略定位问题。

我国近40年的国企改革虽然有过各种探索和尝试，也取得了相当的进展，但直到今天之所以仍然是个极具挑战性的课题，从根本上说，是我们一直没有能解决好从改革之初就提出的政企分开问题，一直没有搞清国家出资办企业究竟是为了控制还是为了盈利。如果是为了控制，那么政企分开既不可能，也无必要。历次改革文件提出的政企分开的目标就是不可能完成的任务。应当说，正是长期以来在国有企业控制问题上的左右摇摆，导致国资国企改革滞后于整个经济体制从计划到市场的转变。如果除少数特殊功能企业以外，办企业是为了盈利，那么资本回报就是主要的考量指标。政府控制干预不仅没有必要，而且会破坏市场的公平竞争从而影响市场效率。这样，立法和法规就要营造经营者支配、所有者监督、股权多元的现代企业制度发育的环境，使得公有资本与其他类型的资本能平等竞争并享有共融合作的混合经济形式。万科的案例说明，在竞争性行业中，政府出资背景的大股东当只管监督的甩手掌柜，比起自己当掌柜直接操盘，既有利于市场的公平竞争，也可以给国有资本带来更好的回报。因此，万科模式尽管今后前途未卜，但其过去几十年来的成功对国资国企改革如何走出困境，具有重要启发意义。

万科之争的学术研究价值

万科之争涉及的三个核心问题即敌意收购、公司治理和产权理论，都有很大的学术研究空间。敌意收购在国际上规范的证券理论中的研究和成果都已很多，我国则因条件所限案例极少且市场化程度很低，我这里着重探讨一下后两个领域。

对中国经济学界来说，公司治理属于新兴交叉学科细目，一直未成为主流经济学关注的热点领域。相比之下，在西方并非特别主流的产权理论则是从改革开放以来成为中国经济学界的大热门，对中国经济改革的实践发挥了巨大的推动作用。伴随着计划经济的逐步瓦解和放弃，与之配套的公有制何去何从、如何改革，自然就成为焦点。这个时候，从国外传来的产权和交易成本理论令人耳目一新，迅速成为分析中国所有制改革问题的主流话语。因此，从20世纪80年代始，个体外资和民营经济的存在发展，国有企业引入的股份制改造，应当说都受到了这一理论的影响。1993年党的十四届三中全会的决定提出了适应市场经济要求，建立"产权清晰、权责明确、政企分开、管理科学"的现代企业制度。自此，建立产权清晰的现代企业制度，就成为指导改革的标准提法。

但是，什么是产权清晰？不同的人有不同的解读。有人认为，国有企业是国家出资，所有权归国家，产权是很清晰的。国有企业股份制改造之后，国有资产与企业资产的界限更已划清，国家是国有股份的所有人，产权更是非常清晰。反对者认为，如果财产由国家所有就是产权清晰，那么传统的公有制就没有改革的必要了。产权理论所说的产权清晰是指产权要界定和量化到人格化的代表。国有产权由于其所有人是千千万万的人民，人人都有产权就等于人人都没有产权，因而国有产权是由政府及其委派的官员来代表和掌控的。由于漫长的委托代理链条，官员本人缺乏产权激励，无法做到产权理论所要求的剩余索取权与控制权尽可能的统一，故而交易成本极高。所以改革的目标就是国有企业从所有竞争性领域退出。当然，在这两种极端对立的观点之间，也有多种市场经济条件下公有产权和公有资本作用的理论与实践探索。

国企改革问题上的冲突在21世纪初的MBO即管理层收购中达到顶峰。当时大量的集体和中小型国有企业通过MBO改制，但在MBO向国有大中型企业发展时则被叫停。这个叫停既有对改制造成的社会不公平的担忧，有维护国有产权与社会主义经济基础的考量，也有对经理人收购变两权分离为两权合一的理论质疑。从那时以来，国资国企改革虽然也有多种尝试，特别是十八届三中全会又提出了混合所有制的改革，国有产权可以股份可以混合，但不能放弃不能退出，甚至还要做大做强、扩大影响力和控制力，这成为基本方针。这也被一些人视为国企改革长期以来停滞不前的原因。那么，国资国企改革究竟应当怎么走，经济学理论对此能有什么样的帮助，这是摆在中国经济学研究者面前的重大课题。

依据之前在中国被广泛介绍的经济学产权理论，企业只有由产权量化到个人的所有者控制才有效率，非人格化的产权所有者控制经营企业解决不了激励和信息问题，因而就无效率，那么这种产权理论当然就与现行政策陷入了对立而无解。上面提到，万科公司长期以来是由经营层支配，结果运营得很好，成为了行业标杆，这在中国是个别和偶然，但在国际上的大公司中却是常态。显然，经济学作为一门需要实证和发展的理论不会对这普遍存在的现象视而不见。

事实也正是这样。我国学术界在 20 世纪八九十年代引进的产权理论主要来自于对古典企业的分析。古典企业的所有权与控制权合一，产权所有人既是老板也是经营者，剩余索取权与控制权完全对应，确实没有因代理而产生的效率损失问题。因此，原有的产权理论对古典企业有充分的解释力。在古典企业形态上，公有产权确实无法解决激励问题。但是，对于所有权与控制权分离的现代大企业，早期的产权理论就暴露出其局限性。如诺贝尔经济学奖得主尤金·法玛很早就指出，"在产权理论中，企业家（主）起着决定作用。这就导致这类文献无法解释在大公司中企业的控制权虽然在管理者手中，但是管理者却往往同产权所有者相分离"（Fama，1980）。

应当说，由科斯（1937，1960）发端的企业产权理论和交易成本学说，在经格罗斯曼、哈特、莫尔发展和模型化（被称为 GHM 模型）之后，有了巨大的进步。只是这一模型针对的还是典型的两权合一企业，对所有权与控制权分离的企业形式分析仍然游离在理论的边缘。因为这个被称为不完全契约理论的核心是区分合约中能明确界定的财产控制权与合约中无法预先指明的剩余控制权，而对控制权或决策权的精心安排可以有效替代合同对报酬的具体约定。诺贝尔经济学评委会指出"合同不完备意味着产权有重大影响"。"由于决策权配置的一个重要手段是通过财产所有权，不完备合同研究在产权理论上得出了丰富的成果"。用获得 2016 年诺贝尔经济学奖的哈特本人的话来说，即"某项资产的所有权总是关系着对它的剩余控制权"（Hart，1998）。

毫无疑问，这个剩余控制权的分析模型大大推进了精确分析企业的边界和一体化问题，有助于说明企业内部交易与市场交易的差别以及企业内权威的来源（所有者决定了人力资本能否与企业物质资产相结合从而间接形成对人力资本的控制），但在企业所有权与控制权分离的企业，我们很难说企业的股票持有者们拥有合同中不能预先明确的各种"剩余控制权"。相反，是经营者而非所有者享有在与法律和合同不冲突情况下广泛的自由裁量权，而股票持有人的权利倒是被合同即公司章程明确规定的。为了弥合这个差距，从 GHM 模型发展出的"控制权相机转移"的模型（Aghion & Bolton，1992），提出在财富约束的现实情况下，缺乏资本的企业家和富有资本的投资者之间存在最优控制权结构。当双方各自的利益与企业总收益不存在单调递增关系时，控制权的相机配置是最优解，即"企业家在经营状态良好时获得控制权，反之投资者获得控制权"。而在企业经营状态更差时，更多的控制权会转给债权人（Nini et al.，2012）。哈特本人也在后来的拓展中放弃了一些不现实的假设，提出"状态依存"的控制权假说，将控制权与现金流权特别是剩余索取权分开，分析在企业经营不同状态下的控制权转移（Hart，2001）。企业控制权配置的状态依存在公司金融特别是风险资本融资中得到了广泛的验证。但应当指出，企业在特定状态下的控制权转移虽然调和了理论与现实的矛盾，但还并非是对现代大企业所有权控制权常态化分离下产权问题的正面回应。

如果说新古典经济学历来是把企业视为利润最大化的黑匣子,而从古典企业分析起步的产权理论又多少边缘化两权分离问题,那么,公司治理理论则恰恰是因为两权分离和现实世界治理模式的多种性而丰富和发展的。不过,由于公司治理跨越了经济学、管理学和法学等领域,更多被视为一个经济学的边缘学科。公司治理的研究最初是要解决在所有权与控制权分离的情况下,投资者如何保障自己的权益和回报。但现实世界的复杂性则推动了其多元化发展,如这些年来在公司治理领域异军突起的公司相关利益者理论,由于从根本上挑战了股东中心主义的传统经济学假定,也被认为走得过远而难以引起主流的重视。

比较而言,现已纳入主流经济学的委托代理理论倒是分析企业代理关系很直接的工具。委托代理是一个可以广泛应用的范式,而现代公司的特点就是代理关系的普遍化。

从科斯以来,现代公司理论已经把企业看成是不同要素所有者的合约纽结。在上市公司中原有的企业所有者变成了证券或股票持有者(shareholder),出于分散风险的投资组合需要,公司的股权日益分散化。因此无论是由不再持有全部而只持有部分股权的大股东管理,还是由职业经理人管理,委托代理关系都不可避免。由于代理人的利益不可能与委托人完全一致,代理成本就必然存在。

在标准的委托代理模型中,委托代理关系只有在个别特殊情况下(如完全信息或不对称信息下的代理人风险中性和无预算约束)才能达到资源配置的优化,而在信息不完全、预算有约束的现实世界,都不可能达到帕累托最优。当把委托代理的基本模型拓展以应用时,由于现实世界中代理人业绩难以准确测度的问题,以及代理人任务的多样化和多维性,过强或基于可测业绩指标的激励有很大的负作用,这在很大程度上削弱了看起来很精美的委托代理模型的应用价值(所谓低激励反而是最好的激励)。另外要注意到,基础的委托代理模型通常把委托人置于垄断者地位的局部静态图画,容易给人以扭曲的印象。因为委托代理关系是要素所有人自由交易的结果,委托代理不光是有成本,而且还有收益,收益也肯定大于成本,否则委托人自己动手就成了最优,委托代理就完全没必要了。正如詹森和麦克林在他们关于公司治理理论的经典论文中所说,"因为发现代理成本是非零的(即在公司所有权和控制权的分离中有成本发生),从而认为代理关系是非最优的、浪费和无效率的,就像是把铁矿石是稀缺商品(因此很昂贵)时的情况和不需要任何成本就可随意获取的情况作比较,然后还认为第一种情况是'非最优的'一样"(Jensen& Meckling,1976)。

如果公司代理关系并非只是次优,而是合作交易和博弈的演化和优化,或者用德姆塞茨的话来说是"'寻求'利润最大化过程的内在产物"(Demsetz,1983),那么还要进一步回答为什么现代大公司形成所有权与控制权分离从而由经营者支配的代理结构。因为从企业主的古典企业向股份制公司过渡,不再独揽所有权的大股东本来是历史的和逻辑的理想代理人,这也是今天中小型公司中的普遍现象。为什么在大型公司中经理人代理会成为市场选择,没有或很少股权的经理人代理如何能优于大股东代理,这是现在的经济学理论并未很好回答的问题。法玛曾描述性解释这个问题,法玛和詹森还试图用区分决策管理和决策控制来说明所有权与控制权分离(Fama & Jensen,1983),但这个努力似乎并不很成功。

在中国的情况下,所有权控制权分离和经营者支配对于我们还有特别的研究价值,这就关系到国资国企改革的前途和命运。如果不参与管理的众多股东都能在现代企业的治理框架下保护自己的权利，优化自己的利益，那么公有资本作为股东会有自己特殊的、不可逾越的高成本吗？经营者支配、所有者监督的现代大企业治理模式是否已经给国资国企改革提供了思路和前景了呢？在全球从发达国家到发展中国家都在为不断恶化的贫富两极分化所困扰，而皮凯迪(2014)的全球统一征收资本税的主张又毫无现实性的情况下，包括公有产权的混合所有制能否真正做到政企分开，从而在市场经济环境中提供既有效率又改善公平的选择呢？如何用规范的方法去给出公有产权在市场经济中有效运行的条件和边界，这是中国经济学研究者面临的挑战。

Practical Significance and Academic Research Value of the Battle in Vanke

HUA Sheng

(School of Economics and Management, Southeast University)

Abstract: The ownership and control battle in Vanke, the leading enterprise in China's real estate industry, brings us policy-making significance and academic research value about corporate governance. For policy, the case directly impacts the regulatory regime in capital market, governance paradigm of public companies, and reform of state-owned enterprises in policy making. For academic research, the securities market acquisition, corporate governance and property rights theory involved in this case leave a vast space for academic research. The paper argues that from the relationship between corporate governance and owners, managers involved in the case, we can develop the model of the conditions and boundaries of public property in the market economy in the future research.

Key words: corporate governance, property right theory, reform of state-owned enterprises, control rights

参考文献

[1] Aghion P, Bolton P. 2016. An Incomplete Contracts Approach to Financial Contracting[J]. Review of Economic Studies, 59(3): 473-494.

[2] Alchian A A, Demsetz H. 1972. Production, Information Costs, and Economic Organization[J]. The American Economic Review, 62(5): 777-795.

[3] Berle A, Means G. 1933. The Modern Corporation and Private Property[M]. New York: Macmillan.

[4] Burkart M, Gromb D, Panunzi F. 1997. Large Shareholders, Monitoring, and the Value of the Firm [J]. Quarterly Journal of Economics, 112(3): 693-728.

[5] Coase R H. 1937. The Nature of the Firm[J]. Economica,4(16):386-405.
[6] Coase R H. 1960. The Problem of Social Cost[J]. Journal of Law & Economics,56(4):837-877.
[7] Demsetz H. 1983. The Structure of Ownership and the Theory of the Firm[J]. Journal of Law & Economics,26(2):375-390.
[8] Fama E F. 1980. Agency Problems and the Theory of the Firm[J]. Journal of Political Economy,88(2):288-307.
[9] Fama E F,Jensen M C. 1983. Separation of Ownership and Control[J]. The Journal of Law and Economics,26(2):301-325.
[10] Grossman S J, Hart O D. 1986. The Costs and Benefits of Ownership:A Theory of Vertical and Lateral Integration[J]. Journal of Political Economy,94(4):691-719.
[11] Grossman S J, Hart O D. 1988. One Share-one Vote and the Market for Corporate Control[J]. Journal of Financial Economics,20(1-2):175-202.
[12] Harris M,Raviv A. 1979. Optimal Incentive Contracts with Imperfect Information [J]. Journal of Economic Theory,20(2):231-259.
[13] Hart O, Moore J. 1990. Property Rights and the Nature of the Firm[J]. Journal of Political Economy,98(6):1119-1158.
[14] Hart O. 2001. Financial Contracting[J]. Journal of Economic Literature,39(4):1079-1100.
[15] Hölmstrom B. 1979. Moral Hazard and Observability[J]. Bell Journal of Economics,10(1):74-91.
[16] Holmstrom B. 1982. Moral Hazard in Teams[J]. Discussion Papers,13(2):324-340.
[17] Jensen M C, Meckling W H. 1976. Theory of the Firm:Managerial Behavior, Agency Costs and Ownership Structure[J]. Journal of Financial Economics,3(4):305-360.
[18] Mirrlees J. 1999. The Theory of Moral Hazard and Unobservable Behavior:Part I[J]. Review of Economic Studies,66(1):3-21.
[19] Porta R L, Lopez-De-Silanes F, Shleifer A. 1999. Corporate Ownership Around the World[J]. Journal of Finance,54(2):471-517.
[20] Shleifer A,Vishny R W. 1997. A Survey of Corporate Governance[J]. Journal of Finance,52(2):737-783.
[21] Shleifer A,Vishny R W. 1986. Large Shareholder and Corporate Control[J]. Journal of Political Economy,94(3):461-488.
[22] Williamson O E. 1979. Transaction-cost Economics:The Governance of Contractual Relations[J]. The Journal of Law and Economics,22(2):233-261.
[23] Williamson O E. 1985. The Economic Institutions of Capitalism [M]. New York:Free Press.
[24] Williamson O E. 1988. Corporate Finance and Corporate Governance[J]. Journal of Finance,43(3):567-591.
[25] 巴泽尔. 1997. 产权的经济分析[M]. 上海:上海人民出版社.
[26] 田国强. 2016. 高级微观经济学(下册)[M]. 北京:中国人民大学出版社.
[27] 托马斯·皮凯蒂. 2014. 21世纪资本论[M]. 北京:中信出版社.
[28] 张维迎. 1995. 企业的企业家——契约理论[M]. 上海:上海人民出版社.
[29] 朱圆. 2010. 美国公司治理机制的晚近发展[M]. 北京:北京大学出版社.

中等收入陷阱:理论迷思与现实验证

徐康宁[①]

内容提要 中等收入陷阱虽然揭示了许多发展中国家在特定经济阶段止步不前、难以跨越的一种重要现象,但其本身并不是国家发展道路上的普遍规律。从理论上讲,收入只是发展的结果,而不是发展的原因,中等收入也构不成与发展陷阱之间的必然逻辑关系;从实践上看,更是有不少国家从中等收入阶段晋级到高收入经济体的成功例证。许多发展中国家之所以在中等收入阶段裹足不前,与其说是"中等收入"的陷阱,不如说是经济转型的陷阱。中国是一个大国,经济韧性强,维系中高速增长的基础和条件优于其他中等收入国家,不会落入所谓的"中等收入陷阱"。从学理上看,"中等收入陷阱"并不适用于中国。

关键词 中等收入陷阱;经济增长;世界银行;经济转型

自2007年世界银行在其发布的一份研究报告中提出"中等收入陷阱"这个概念以来,发展中国家尤其是新兴经济体,能否摆脱或跨越这个陷阱,成为国内经济理论界和社会舆论普遍关注的一个热门话题。原先这个概念主要用于对部分发展中国家的考察和分析,当中国经济出现增速放缓的情况后,国内外一些舆论开始把中等收入陷阱与中国发展前景加以联系。中等收入陷阱到底是一个什么样的概念?为什么会成为热门话题?是不是经济发展的一个普遍规律?从严肃的学术角度该如何看待中等收入陷阱以及中等收入国家所面临的经济转型矛盾?还有,中国能否跨越这个所谓的陷阱?这些都是值得认真思考的问题,本文力求对这些问题做出理性的回答。

一、一个国内热闹、国外相对冷清的研究话题

首先有必要指出的是,中等收入陷阱在中国成了一个热门词,不仅学界讨论热烈,基本认同这一概念,而且在社会上产生了广泛的影响,是新闻媒体频繁出现的一个字眼,也常见于政府官员的报告之中。不过,作为严肃的学术研究,还是有必要对这一概念从理论上加以分析,包括对这一概念产生的背景以及在国内外引起不同的关注等现象,做出

[①] 作者简介:徐康宁,东南大学经济管理学院教授、博士生导师、学术委员会主任,中国世界经济学会副会长。

客观的分析和评价。

在世界银行2007年发布的《东亚复兴：关于经济增长的观点》中明确提出"中等收入陷阱"之前(世界银行,2007)，经济学界研究的有关增长陷阱主要集中在"低收入陷阱"(low-income trap)和"贫困陷阱"(poverty trap)。以低收入和贫困为增长陷阱的经济特定发展阶段也是许多发展中国家共同经历的过程，对这种增长陷阱的认知基本成为经济学家的共识。在世界银行那份含有"中等收入陷阱"字眼的报告发布后，这一新概念开始受到人们的关注，并逐渐成为一个热门词语。本文无意去讨论社会媒体语境下的"中等收入陷阱"，而是聚焦学术界的"中等收入陷阱"讨论。不得不提的是，"中等收入陷阱"这一话题的讨论，国内远比国外热闹，甚至出现所发文章在数量上严重不成比例的情况。根据笔者在中国知网(CNKI)上所作的初步统计(检索日期为2017年4月20日)，当把"中等收入陷阱"作为关键词输入后，经搜寻发现共有7 219篇文章与此相关，其中期刊文章3 613篇。其他的研究也发现，自2010年起，中国学者发表有关"中等收入陷阱"的文章就超过一年100篇，其后几年则达到平均每年1 000篇上下(张欢,2016)。笔者查到的以"中等收入陷阱"为主题的博硕士学位论文共241篇，但博士论文的数量并不多，绝大部分为硕士学位论文，只有来自武汉大学、南开大学、北京交通大学和辽宁大学的四位博士生选择"中等收入陷阱"作为博士学位论文的选题(以博士论文发表先后时间为序)。

反观国外学术界，关于"中等收入陷阱"的讨论、研究和论文的发表远不如国内热闹，经正式刊物发表出来的文章屈指可数。据张欢(2016)在Web of Science上的检索，2008年至2016年全世界学者发表的以"middle income trap""development trap"或"growth trap"为主题的SCI、SSCI收录论文一共65篇，其中中国学者发表了12篇。由于"发展陷阱"(development trap)或"增长陷阱"(growth trap)和"中等收入陷阱"并不是一回事，前两者的外延要宽泛得多，而且Web of Science上检索的都是SCI或SSCI收录的文章。为了严格限定于对国际上"中等收入陷阱"研究情况尤其是发表论文情况的掌握，笔者用"middle income trap""middle-income trap"和"middle income traps"作为关键词，在Elsevier和Wiley-Blackwell这两大文献数据库上进行了检索(这两大文献数据库涵盖了绝大多数正式发表的经济学以及社会科学领域的论文，而且不限于SCI和SSCI论文)，一共检索出23篇，其中Elsevier 12篇，Wiley-Blackwell 11篇。有必要专门指出两点：第一，所有发表以"中等收入陷阱"为主题文章的刊物，基本上都是属于国际上第三、第四层次(third/fourth tier)的经济学刊物，如 *World Development*，*China Economic Review* 等，其中 *China Economic Review* 这份中国元素显著的刊物就发表了3篇，一流学术刊物基本未见这类文章。第二，中国学者占了论文作者的一个主体，共计23篇文章中有差不多三分之一是中国学者写的。很有意思的是，在国际英文学术刊物上第一个发表以"中等收入陷阱"为主题的文章作者就是中国学者Fang Cai(蔡昉)，文章题目为"Is There 'Middle Income Trap'? Theory, Experiences and Relevance to China"，2012年发表于在中国编辑的 *China & World Economy*(Cai,2012)。为了防止国际一流学术刊物刊登了有关"中等收入陷阱"的论文而漏于检索，笔者又专门检索了JSTOR数据库(感谢东南大学图书馆有相当充足的文献数据库)，国际上顶尖的 *The American Economic Review*，*Journal of Political Economy*，*Econometrica* 经济学刊物都在其中，查询的结果是一篇也没有。经查阅Web of Science，发表"中等收入陷阱"主题论文的国际学术刊物中，排名比较靠前、知名度大的学术刊物一份也没有。至少像 The American Economic Review, Journal of Political Economy, Econometrica 这三份世界上最顶尖的经济学刊物,一篇有关"中等收入陷阱"的论文也没有刊登过。图1和图2是国内和国际上发表有关"中等收入陷阱"主题的文章数量的情况,从中可以看出,"中等收入陷阱"这一概念主要是热在中国。相比而言,国际上倒是有点冷清。

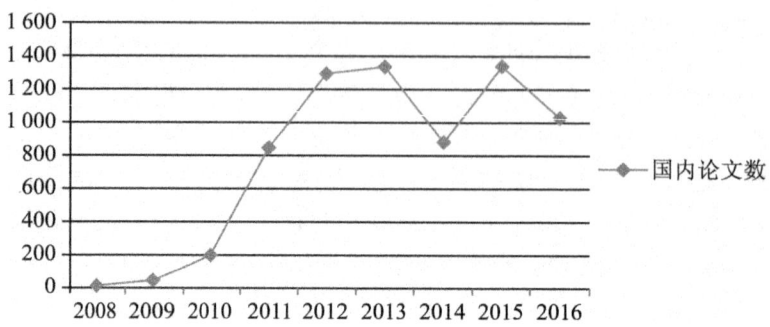

图1 2008—2016年国内发表的有关"中等收入陷阱"内容的文章数量(张欢,2016)

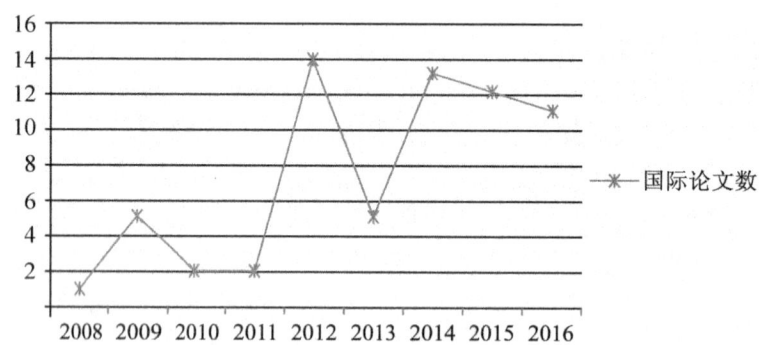

图2 2008—2016年国际上有关"中等收入陷阱"内容的SCI、SSCI收录论文数量(张欢,2016)

国内和国际上发表有关"中等收入陷阱"话题的论文出现巨大数量差别,至少说明对于这一个舶来的概念,国内的研究热情远高于国际上,发表的数量数十倍于除中国以外的世界上所有国家,其中夹杂了太多对新概念追逐的"一窝蜂"和低水平重复研究,以及学术上的"炒概念""人云亦云"以及随意演绎等不良习气。笔者在查询相关文章目录时,一些随意演绎和泛化概念的标题不时出现,如《发挥税收职能,跨越中等收入陷阱》《苏南现代化面临的"中等收入陷阱"风险与化解路径》等,还有一篇登在《中国文化报》上的文章标题为《面对"中等收入陷阱"的文艺院团改革》。"中等收入陷阱"几乎成了一个符号,什么样的文章都可以和它搭上边。这种情况既反映了国内学术研究的不严谨、不规范,也表明"中等收入陷阱"在中国已经演化成了一个虚热的概念,以至于热门过度。

二、一个不甚严谨的学术概念

"中等收入陷阱"这个概念具有广泛的影响,并很能吸引人们的眼球,究其原因,一是因为出自世界银行发布的研究报告,某种程度上被打上了权威性的符号;二是它确实形象地概括了一些发展中国家在通向发达社会之路上的艰难和失败。自英国工业革命爆发以来,过去200多年中,世界上大部分的国家与地区都先后经历了工业化和城市化,但只有少数国家和地区进入了发达社会,成为高收入经济体,主要集中在欧洲、北美、大洋洲和东亚。世界银行的另一份研究报告(The World Bank,2012)指出,多数国家与地区可以顺利地从低收入阶段进入到中等收入阶段,但往往在中等收入阶段迈向高收入阶段时止步不前。这份报告还认为,早在20世纪60年代和70年代,世界上已有101个中等收入经济体,但时隔三四十年之后,到了2008年,按人均国民收入水平来衡量,这101个经济体中只有13个真正成为高收入经济体,其他的仍处于中等收入阶段。① 对于中等收入陷阱及其观点,国内学术界基本是认同的,因此才有了大量的文章,但也有少数学者认为此概念比较模糊,难以构成严密的理论(徐康宁,2012;徐康宁、陈丰龙,2013;华生、汲铮,2015)。

应该说,中等收入陷阱这个概念揭示了生产要素投入与发展持续性之间的某种内在关系,也表明简单的要素投入增长模式难以持续。当经济处于低收入阶段时,随着工业化的兴起,大量的农业剩余劳动力转入工业,由于工业技术装备水平高于农业,这种劳动力之间的部门转移,有力地推动了劳动生产率的提升,经济发展开始进入到中等收入阶段。但到了中等收入阶段后,由于劳动力成本迅速提高,原有的劳动密集产业不再具有优势,这种优势转移到了收入更低的国家那里,另一方面,技术创新没有相应跟上,与高收入经济的技术差距越拉越大,投资机会越来越少,从而最终落入发展的陷阱。世界上也确有为数不少的国家和地区长期处在中等收入阶段不能攀升,有的竟长达半世纪多之久,并因此而引发其他的经济社会矛盾。但是,必须指出的是,很多国家与地区完成不了从中等收入向高收入阶段的惊险一跳,并不意味着中等收入陷阱是一个普遍适用的发展规律,所有的发展中国家都要注定落入这个陷阱。

从理论上看,中等收入并不是发展陷阱的必然条件,也不构成与最终发展结果的必然逻辑关系。比较而言,中等收入总体上还是比低收入有利于克服贫困、改善民生和均衡发展。严格意义上讲,收入水平高低只是发展的结果,而不是发展结果的原因。从实践上看,许多国家与地区的发展经验更是表明,中等收入阶段只是转向高收入阶段的一

---

① 世界银行认定的13个经济体分别是:日本、韩国、新加坡、中国台湾、中国香港、爱尔兰、西班牙、葡萄牙、希腊、以色列、波多黎各、毛里求斯和赤道几内亚。可是据笔者在世界银行数据库所查的资料,2008年至少还有另外15个曾经是中等收入的国家或地区人均GDP达到或超过了当年世界银行自己所定11 905美元的高收入标准。剔除很小的岛国和难以比较的国家,至少以下几个国家是如此(括号内为2008年人均GDP):巴哈马(23 657美元)、阿曼(22 963美元)、斯洛文尼亚(27 502美元)、匈牙利(15 669美元)、波兰(14 001美元)、马耳他(21 929美元)。既然世界银行报告认可了波多黎各、毛里求斯和赤道几内亚,认为这三个国家算是从中等收入阶段进入高收入阶段,那为什么遗漏了巴哈马和马耳他? 有点讥讽含义的是,据查世界银行自己的数据库,2008年毛里求斯的人均GDP只有8 030美元,并未达到世界银行规定的高收入国家标准,2015年也没过万美元,也未达到高收入标准,不知为何被列入13个国家和地区之一。这只能说明,世界银行对中等收入陷阱的划分及其相关研究并不够严谨,值得商榷之处不少。

个经历过程,并非对所有国家都产生陷阱效应。今天世界上的高收入经济体都经历过中等收入发展阶段,最终都成功升级,并没有落入陷阱。

必须指出,"中等收入陷阱"并不是一个严格的学术概念,更不能说是发展经济学的一个基本原理。从学术层面讲,"中等收入陷阱"这个概念不够严谨,在理论上有很多说不通的地方。

首先是其外延的界定含混不清,让人很难明白一个国家在什么样的经济发展阶段容易落入所谓的"陷阱"。"中等收入陷阱"这个提法是从世界银行开始的,中等收入国家以及高收入国家和低收入国家也是由世界银行划分的。按照世界银行2010年的分类,人均国民收入(GNI,基本等于人均GDP)每年低于1 006美元的为低收入国家,高于12 275美元的为高收入国家,介于两者之间的为中等收入国家。也就是说,从1 006美元到12 275美元的都是中等收入国家,目前世界上有86个国家或地区属于中等收入的范围。那么,是人均国民收入刚刚达到1 000美元多一点的国家容易落入"陷阱",还是人均国民收入已经超过10 000美元的国家容易落入"陷阱"? 世界银行没有说,也没有人能说得清楚。国内有一种比较流行的观点认为,人均国内生产总值达到3 000美元时,最容易进入"中等收入陷阱"。这种说法毫无根据,完全是根据"中等收入陷阱"这个概念演化而来的。其实,由于中等收入国家的标准范围过于宽泛,最低标准与最高标准相差十倍以上,如果不讲明"陷阱"的边界,其含义就失去了意义。

其次是其内涵不甚准确,逻辑不够严密,学理上讲不通。为什么经济发展到中等收入水平的时候容易落入"陷阱"? 当经济由低水平发展到中等水平的时候,代表更好的基础设施和其他发展条件的较高收入水平反而成了一种"陷阱",其逻辑含义是什么? 收入的高低只是发展的结果,而不是发展的原因。经济增长是否落入"陷阱",取决于生产要素的组合以及后续的生产要素,与是否处于中等收入水平没有必然联系。如果说确实有部分中等收入国家开始呈现经济增长放缓的现象,那一定是有其他原因导致这些国家难以越过中等收入门槛,而不是中等收入本身。世界银行在解释"中等收入陷阱"时,用规模经济的理论加以说明,称一些低收入国家的工业化启动时具备很好的规模经济效应,到了中等收入水平时,规模经济效应开始下降,从而经济增长缺乏连续的动力。应该说,这种解释有一定的道理,但仍然不足以证明"中等收入陷阱"普遍存在。规模经济仅仅是构成经济快速增长的一个因素,除了规模经济外,科技进步、全要素生产率提高等也是经济增长的重要因素。此外,规模报酬递减(规模经济下降的理论化说法)是传统经济的常见现象,但人们发现,在经济生活中也有规模报酬递增现象,而且已经被经济学家所证明。

最后是不完全符合实际,不能充分得到现实的检验。按照流行的观点,最早落入所谓"中等收入陷阱"的是拉丁美洲的一些国家,这些国家在经历了20世纪60~70年代的快速经济增长后,出现了一个经济停滞期。这的确是近半个世纪以来发展中国家经济增长的一个重要插曲,但并不能证明所有国家(也不能证明多数国家)在经历中等收入发展阶段时会落入增长"陷阱"。事实上,更长时间以来的世界经济发展表明,多数国家在经历中等收入发展阶段后并没有落入所谓的"陷阱"。半个世纪以前的事实表明,现在属于欧盟的大部分国家也并没有经历"中等收入陷阱",近半个世纪以来的事实同样表明,日本、韩国、新加坡等国没有经历"中等收入陷阱"。以韩国为例,1981年人均GDP达到

1 846美元,当年经济增长6.2%,已经进入中等收入国家的范围。其后15年,韩国经济呈现继续加快增长的势头,增速基本上保持在8%～10%之间,人均GDP在1996年达到12 249美元,属于世界银行确定的高收入国家,并已被经济发达国家"俱乐部"——经济合作与发展组织(OECD)接纳为成员。无论是进入中等收入国家之前,还是进入中等收入国家之后,韩国经济在长达30多年的时间内总体上保持了高速的经济增长,并没有进入所谓的"中等收入陷阱"。

根据世界银行2013年的标准,人均国民收入达到12 746美元就为高收入经济体,当年世界银行确定的高收入经济体共有75个。去除一些人口很少的岛国与地区,为大家所熟知的经济体也有50个左右,其中捷克(18 060美元)、智利(15 230美元)、克罗地亚(13 330美元)、波兰(12 960美元)等国均是近些年刚迈入高收入经济体行列的。这充分说明,中等收入对于部分发展中经济体可能是发展的陷阱,但并非适用于所有的经济体,更不是发展的一个既定规律。

从理论上讲,在任何一个发展阶段,由于制度障碍或天灾人祸以及其他的原因,一个国家或经济体都有可能出现经济停滞现象,落入某种"增长的陷阱"。出现增长陷阱的阶段可能有其某种特征性,但未必就一定是中等收入阶段。

经济发展阶段的划分一直是发展经济学研究的重要问题,因为经济发展所处的阶段是判断一国国情和经济发展水平的重要基础,世界各国可以根据自身所处的发展阶段来制定不同的经济发展战略,从而推动经济的快速发展。早在18世纪,亚当·斯密(2009)在其《国富论》一书中就将经济发展过程分为狩猎社会、畜牧社会和农业社会三个阶段。19世纪,德国经济学家李斯特在斯密的基础上,进一步将经济发展阶段分为狩猎社会、游牧社会、农业社会、农工社会和农工商社会五个阶段(李斯特,2009)。

20世纪以来,随着现代经济学的发展,有关经济发展阶段的划分也得到了深入的研究,划分的标准也更为科学规范。就经济发展阶段理论来看,最具代表性的主要有两个:一是罗斯托提出的经济增长的阶段论(罗斯托,1962),二是钱纳里提出的关于工业化发展的阶段理论(钱纳里,1995)。罗斯托认为,经济增长可以分为五个阶段,即传统社会,是在有限的生产函数内发展起来的社会,以农业为主;为起飞创造前提条件阶段,是一个过渡阶段,包括处于转变过程中的所有社会;起飞阶段,是从工业化初期阶段进入工业化后期阶段的过程,起飞的直接刺激主要来自于技术;走向成熟阶段,是一个社会超越初始工业,已经把(当时的)现代技术有效地应用于它的大部分资源的时期;大众高消费阶段,这时主导部门转向耐用消费品和服务业部门,更多的社会资源被用于社会福利和保障。钱纳里根据多国模型的标准模式,按人均GDP(1982年)将经济结构转变分为三个阶段、六个时期:人均GDP在364～728美元之间为第一阶段,即农业经济阶段(或称初级产品生产阶段);人均GDP在728-5 460美元之间为第二阶段,即工业化阶段,工业化阶段包括工业化阶段的初期(人均GDP728～1 456美元)、中期(人均GDP1 456～2 912美元)和后期(人均GDP2 912～5 460美元);人均GDP在5 460～13 104美元之间为第三阶段,即发达经济阶段。发达经济阶段包括后工业化时期(人均GDP5 460～8 736美元)和服务经济或信息经济时期(人均GDP8 736～13 104美元)。此外,Hoover和Fisher指出,任何区域的经济增长都存在"标准阶段次序",经历大体相同的过程。这一"标准阶段次序"具体包括：自给自足阶段、乡村工业崛起阶段、农业生产结构转换阶段、工业化阶段、服务业输出阶段（Hoover and Fisher，1949）。

事实上，世界经济发展的事实却表明，并非所有国家的经济增长都遵循了标准的经济发展阶段理论，很多发展中国家在进入农业经济阶段后，却很难跨入工业化阶段。18世纪末，马尔萨斯就提出了著名的"人口理论"，他认为人口在某一限度内具有持续增长的性质，并能呈现几何级数增长的趋势，但食物供给是按照算术级数增长的，多增加的人口总是要以各种方式被消灭掉，这种人口增长不能超出相应的农业发展水平的现象被后人称为"马尔萨斯陷阱"。尽管马尔萨斯这一预见并没有经得起后来的历史检验，但却向人们暗示了经济增长过程中可能存在着一定的"陷阱"。20世纪40年代，哈罗德-多马模型的出现，揭示了投资对于一国经济增长的重要性。但对于有些国家而言，一定的投资增长是不可能摆脱生计型收入水平的，因为由这种适度的努力带来的人均收入的增长会被增加的人口吃掉而退回到生存水平上，这种低收入水平和经济停滞之间的恶性循环叫做"低均衡陷阱"（速水佑次郎，2003）。总体来看，现有研究表明从一个经济发展阶段进入另一个经济发展阶段并非一帆风顺，需要跨越一定的门槛。如果不能及时跨越特定阶段的经济门槛，则很容易落入经济发展中的"陷阱"，当然这一"陷阱"的背景是不同的（徐康宁、陈丰龙，2013）。

以上简要的文献梳理和相关思想回顾表明，增长的"陷阱"有可能出现在各种发展阶段，而不是特定的"中等收入阶段"。从历史的长河看，"低收入陷阱"的情况比"中等收入陷阱"更为普遍，增长停滞的时间更长。如果我们向今天的非洲大地投去目光，可以看到那里大部分的国家仍然还处于"低收入陷阱"，而且在这一陷阱中经历了太久的历史。如果说非洲也有几个"中等收入陷阱"例证的话，但与"低收入陷阱"相比而言，前一种"陷阱"只是一条大河奔腾而过掀起的绚烂浪花，而后一种"陷阱"则是大河向东的古老法则。

三、是落入经济转型"陷阱"而不是收入"陷阱"

作为世界银行报告提出的概念，"中等收入陷阱"自然也不是完全没有道理的。这一概念形象地描述了处于中等收入阶段的国家，由于原先导致经济快速增长的规模经济效应有可能突然消失，以要素投入为特征的经济增长方式面临资本边际生产率下降的矛盾，从而经济开始出现停滞。世界银行的研究报告（2007）在"避免中等收入陷阱"这一小节中论述到，中等收入陷阱有可能因三种情况而出现：第一，中等收入的国家由于生产越来越专业化而影响多样化，从而影响增长的持续[①]；第二，处于中等收入阶段的经济，投资的重要性会下降，创新则会加速，如果不能从投资模式及时转变到创新模式，增长也会停滞；第三，中等收入的国家，工人必须通过新的教育制度适应新的技术，包括实现由工人自己设计新产品和新流程，如果完成不了这种转变，经济增长也会陷落在中等收入阶段。

---

① 但为什么多样化减少会导致增长停滞？世界银行的结论似乎缺乏理论依据。如果不考虑多重的规模经济因素，多样化与专业化对经济增长的影响没有必然的不同，甚至在专业化的条件下可以实现更好的规模经济效应。迪拜和中国澳门是世界上最缺乏经济多样化的国家和地区，但过去20年的经济增速却快于世界上绝大多数国家与地区。

如果不从严格的经济学理论上加以"挑剔"的话,上述三个转变确实是几乎所有处于中等收入阶段的国家所面临的共同问题,是一个经济转型的问题,而经济转型对于许多国家而言是一个痛苦而艰难的过程。严格来说,如果说中等收入的国家有什么发展的陷阱的话,那就是经济转型的"陷阱",如果经济转型不成功,就会落入陷阱,而不是收入的"陷阱",只不过面临经济转型的国家正好多数处于中等收入阶段。如果硬要把发展陷阱与收入阶段挂钩,那不仅有"中等收入陷阱",也有"高收入陷阱"——多数高收入国家的经济增长也会长期停滞,落入了增长的陷阱。例如,日本已经经历了两个"失去的十年",在长达 20 多年的时间内几乎没有增长。韩国和我国台湾地区在进入高收入发展阶段后,也明显表现出增长率下降的趋势。

根据一般的国际经验,从中等收入阶段跃升到高收入阶段一般要经过 20～30 年的发展历程(徐康宁、陈丰龙,2013)。西欧、北欧、部分南欧国家以及北美洲和大洋洲的国家,基本上都顺利地从中等收入阶段跃升至高收入阶段。表 1 列出了部分成功升至高收入阶段和部分长期在中等收入阶段苦苦煎熬的国家与地区。① 从表 1 可以看出,西欧、北欧国家以及澳大利亚从中等收入阶段迈进高收入阶段基本用时都在 20～30 年之间,瑞典用时最短,只有 18 年。大部分发展中国家和地区在这一阶段耗时长达 40 年甚至更久,并仍然停留在中等收入阶段。本文把在中等收入阶段停留 40 年及以上的国家列为落入中等收入陷阱。②

表 1 世界各国/地区所处的中等收入时期

国家/地区	中等收入阶段	年数	陷阱	国家/地区	中等收入阶段	年数	陷阱
德国	1950—1972	23	否	韩国	1969—1994	26	否
意大利	1950—1977	28	否	泰国	1976—2015	40	是
荷兰	1950—1969	20	否	中国台湾	1967—1992	26	否
瑞典	1950—1967	18	否	马来西亚	1969—2012	46	是
芬兰	1950—1978	29	否	日本	1951—1076	26	否
法国	1950—1970	21	否	菲律宾	1975—2014	40	是
澳大利亚	1950—1969	20	否	伊朗	1959—2014	56	是
新西兰	1950—1971	22	否	伊拉克	1953—2014	62	是
英国	1950—1972	23	否	新加坡	1950—1986	38	否
阿根廷	1950—2014	65	是	委内瑞拉	1950—2014	63	是
巴西	1958—2014	57	是	阿尔及利亚	1969—2014	46	是

---

① 原始表格引自张欢(2016),笔者做了相应的简化调整。
② 根据 Felipe 等(2012)的推算,一个中等收入经济体如果在这一阶段滞留 42 年及以上,就可以被认定为陷入中等收入陷阱。本文参考这一推算,以 40 年为界。但表 1 中智利虽然用时已经超过 40 年,笔者并未加上落入陷阱的标志,是因为智利的经济持续在改善,经济发展状况在拉丁美洲算是最好之一,如果说智利也曾在中等收入阶段长期停滞起伏,那是因为这个国家曾经经历过特殊的政治社会动荡时期。同样,尽管阿根廷目前的人均 GDP 已经达到世界银行规定的高收入水准,但由于这个国家在中等收入阶段时间过久(20 世纪初的经济发展水平就和欧洲差不多),仍然被打上"是"的符号。

续表

国家/地区	中等收入阶段	年数	陷阱	国家/地区	中等收入阶段	年数	陷阱
智利	1950—2011	62	否	博茨瓦纳	1983—2014	32	
波兰	1950—2008	59	否	叙利亚	1950—2014	65	是
罗马尼亚	1962—2014	53	是	土耳其	1955—2014	60	是
古巴	1955—2014	60	是	摩洛哥	1977—2014	38	
危地马拉	1950—2014	65	是	南非	1950—2014	65	是

注：数据来源于麦迪逊（Maddison）数据库，采用1990年的PPP指数平减的实际人均GDP。由于部分国家在1950年即达到中等收入阶段，数据库的起始时间是1950年，故表1中部分国家的起始年份均为1950年。"是"代表陷入或曾经陷入中等收入陷阱；"否"代表跨越中等收入陷阱；未填写代表不作判定。不作判定的主要是1974年以后才进入中等收入水平的国家/地区。

如同托尔斯泰所说"幸福的家庭都是相似的，不幸的家庭则有各自的不幸"，真正落入"中等收入陷阱"的国家未能进入到高收入阶段都是各自有其原因，并非中等收入本身所困。表2所列的是部分有代表性并基本被公认为落入中等收入陷阱的国家，同归却是殊途。表中第一时点是指从低收入进入中等收入阶段的时间，第二时点是由下中等收入（low-middle income）进入上中等收入（upper-middle income）阶段的时间。世界银行确定的上中等收入标准是人均GDP为7 250美元。和表1同理，部分国家的中等收入阶段起始时间统一从1950年算起。

表2　部分落入中等收入陷阱的国家

国家和地区		第一时点	中等收入陷阱		所耗年数	2015年人均GDP（美元）
			第二时点	第三时点		
拉丁美洲	墨西哥	1974年	1993年	—	43年+	9 009
	哥伦比亚	1980年	2007年	—	37年+	6 056
	哥斯达黎加	1976年	2002年	—	41年+	10 630
	阿根廷	1950年	1990年	2011年	61年	13 589
	巴西	1950年	2005年	—	42年+	8 539
	委内瑞拉	1968年	2004年	—	49年+	7 745
东欧	保加利亚	—	2006年			6 820
	罗马尼亚	—	2005年			8 973
	俄罗斯	—	2004年			9 057
	乌克兰	2003年	—			2 115
非洲	阿尔及利亚	1977年	2010年		40年+	4 206
	加蓬	1973年	2003年		44年+	8 311
	摩洛哥	1988年	—		—	2 872
	突尼斯	1979年	2008年		38年+	3 873
	南非	1973年	2004年		44年+	5 692

续 表

国家和地区		第一时点	中等收入陷阱		所耗年数	2015年人均GDP(美元)
			第二时点	第三时点		
东南亚	马来西亚	1978年	2002年	—	39年+	9 766
	菲律宾	2004年	—	—		2 899
	印度尼西亚	2003年	—	—		3 346
	泰国	1988年	2008年	—	29年+	5 816

数据来源：世界银行 WDI 数据库。

很多学者都认为，拉丁美洲和东南亚的国家是典型的中等收入样本，因为这些国家很早就进入中等收入阶段，至今不能摆脱原有的发展阶段。即便这些典型的落入"中等收入陷阱"的国家，经济停滞、不能完成转型的原因也是各种各样。拉丁美洲的情况不同于东南亚的情况，甚至同一地区内部，各国的原因也都不一样。以东南亚四国为例，马来西亚、泰国、菲律宾和印度尼西亚是曾经的"亚洲四小虎"（Asia Tigers），20 世纪80 年代和90 年代初算是世界银行研究团队眼中的"新明星国家"。[①] 但遗憾的是，自从1997 年爆发东亚金融危机后，这四个国家的经济增长表现就一直差强人意，除了马来西亚外，其他三国的人均 GDP 已经远远落在中国的后面。这四国中，马来西亚的经济发展基础最好，早在1978 年人均 GDP 就达到1 120 美元（而当时中国的人均 GDP 才只有200 美元左右，直到2001 年中国的人均 GDP 才越过1 000 美元大关），1996 年达到了4 450 美元，但至今仍属于中等收入国家，并且在基础设施建设和工业化方面已经远落后于中国。究其原因，主要有两方面因素：一是马来西亚天然资源丰富，资源对该国是福也是祸，一定程度上这个国家陷入"资源诅咒"；二是马来西亚一度模仿社会主义国家，搞起了计划经济和国有企业，延误了这个国家由资源型经济向创新型经济的转型。至今国有经济在马来西亚仍有相当比重，尤其是在石油等天然资源领域享有垄断地位。泰国在20 世纪80 年代和90 年代前半段的经济基础也很好，之所以长期徘徊在中等收入阶段，除了人皆有知的政局不稳因素外，市场制度也出了问题。当初国际金融大鳄之所以能成功袭击泰国货币，以致引发东亚金融危机，和泰国不当的市场制度安排（如过早地实现资本项目下货币自由兑换）有密切关系。至于菲律宾和印度尼西亚，长期在中等收入阶段停滞徘徊也都各有各的原因。

因此，一批在中等收入阶段的国家不能跃升高收入阶段，其症结在于未能成功实现经济转型，未能实现转型的原因则各式各样，陷阱在于经济转型失败，而不在中等收入本身。

四、"中等收入陷阱"不适用于中国

围绕中等收入陷阱讨论最多的无疑是关于中国的发展前景。中国能否避免中等收入陷阱，或中国如何跨越中等收入陷阱，一直是关于这一命题讨论的焦点，这方面发表出

---

① 1994 年世界银行曾经发表一份题为"东亚模式"的研究报告，对于包括马来西亚、泰国、菲律宾和印度尼西亚在内的东亚经济模式给予了高度肯定和赞誉，在国际上产生较大的影响。

来的文章也算是无计其数。

无论是断定中国会落入中等收入陷阱的观点，还是担心中国很难避免这种陷阱的舆论，往往都出自一种推论，即中国已经实现高速增长 30 多年了。世界上有保持二三十年高速增长的经济体，但绝没有能够维系四五十年甚至更长久快速发展时期的国家。所以，当中国出现经济放缓的情况时，很多人就会把这种现象与中等收入陷阱相联系，认为中国超越不了这个陷阱。

诚然，中国在保持经济社会快速发展上已经创造了全球经济史的奇迹，作为一个大国，能够延续 30 多年的高速增长，世界上也是绝无仅有。随着时间的推移，以及发展环境的复杂变化，继续保持原有的发展速度已是难度越来越大，未来中长期我们要做好中高速增长是一种常态的思想准备。不过，我们还是有足够的理由相信，中国还是处在发展的通道之中，不会止步于在一个特定的阶段。

首先，作为一个大国，中国能够平稳保持 7% 左右的经济增速，在世界上也算罕见，说明中国的发展依旧具有很大动能。相比而言，全球金融危机以后的这些年，全世界的经济增速只有 3% 左右，发达国家则平均不到 1%。即使是在"金砖国家"和新兴经济体中，中国的经济增速也算是一个重要亮点，发展的势头好于其他经济体是一个客观事实。根据发展的一般规律，如果能够保持平均每年 7% 左右的经济增速，10 年的时间就可以使经济总量翻一番。2016 年中国的人均 GDP 为人民币 53 817 元，按当年平均汇率计算，已经超过了 8 000 美元，早已处在上中等收入水平。北京、上海、天津、江苏、福建、广东、内蒙古、浙江和山东等 9 省市的人均 GDP 则已经超过 1 万美元。如果按年均增长 6% 计算，到 2023 年中国的人均 GDP 可达 12 750 美元左右（不考虑汇率变动因素），基本达到世界银行所确定的高收入阶段。也就是说，大约再用八九年的时间，中国就能够进入按世界银行标准划分的高收入经济体的门槛。到那时，世界银行的标准可能会有所提高，但中国的发展水平距那个标准一定是更加靠近了，而不会是保持等距离。如果再留有一点余地，从现在起经过最多 10 年的时间，中国就可以进入世界银行所确定的高收入阶段。[①]

其次，中国继续保持平稳较高的经济增速，一方面是很不容易，要克服很多困难；另一方面，经过努力也是可以实现的，能够实现一个更长的经济发展长周期。事实上，当前世界经济复苏乏力，国内经济结构调整任务艰巨，生态环境压力增大，经济下行容易，上行很是不易，但从 2013 年到 2017 年第一季度的经济运行情况看，平稳、较高速仍然是经济生活中的关键词。2013 年，在全球经济仅增长 2.2% 的背景下，中国经济实现了 7.7% 的经济增速。2014 年至 2016 年，虽然下行压力继续加大，但增速基本稳定，始终没有低于 6.5% 以下，基本实现了 L 型的软着陆。2017 年第一季度实现增速 6.9%，表明经济活跃度又重新拾起。

此外应当看到，中国当前的经济增速也有主动调结构和提质量的作用因素，不刻意追求过快的速度，为经济转型升级和提高效益留出一定空间。和以往传统的经济调控手法相比，中国现在的宏观经济调控显得较为成熟。即使面对经济下行的压力，也没有简

---

① 笔者认为，世界银行所确定的高收入阶段与发达经济社会还不是一回事。严格来说，高收入阶段还达不到发达社会的经济发展水平和福利水平。目前，捷克、波兰、乌拉圭均已达到世界银行所确定的高收入阶段标准，但无论是对比主要的经济指标，还是身临其境的体验，这些国家与发达国家相比，还是有不小的差距。

单地对经济全面刺激,而是在把握节奏和注重结构优化的基础上,着重采用定向调控的方式,始终使经济运行保持在合理的增幅空间。由于和2008年全球金融危机后全面刺激的做法有所不同,过去几年中国经济增长也是留有了一定的"空间"。正如李克强总理多次在公开讲话中讲到,政府手中的"工具箱"十分充足,还有一些"工具"没有完全使用。假如所有的"工具"都得到充分使用,过去几年的经济增速可能还会略高些。当然,假如所有"工具"全部用上,经济增速的成绩单可能会漂亮些,但未必是一种理想的经济发展状态。

中等收入陷阱这个概念指出了大部分发展中国家与地区在经济升级中面临的两大问题:一是技术创新没有相应跟上,产业无法升级;二是投资机会越来越少,资本要素作用基本殆尽。相对于庞大的经济规模,中国的技术创新相对滞后;相较于发达国家经济中的科技贡献程度,中国经济长期依赖投资驱动的旧有模式而无法继续延续下去,也正因为此,那种认为中国发展最终还是难以摆脱中等收入陷阱的观点比较容易获得掌声。但是,若加以客观而深入的分析,推论又并非可以如此简单得出。

中国的技术创新的确有落后于经济的一面,但必须指出的是,在技术进步方面,中国也有好的一面和自己的特定优势,在中等收入经济体中处在相对领先的位置,否则,我们难以解释中国为什么仅用了30多年的时间就达到工业化的较高水平,而世界上很少有国家能在如此短的时间内达到这一水平。此外,中国在高速铁路、卫星通信、超导材料、激光、电力等行业具有世界先进的水平,其中有些技术在世界范围内也具有相当优势。世界银行最近专门针对中国的高铁建设发布了一份研究报告,得出的基本结论是:中国的高铁里程不仅居世界第一,超过整个欧盟高铁运营网,而且建设成本明显低于其他国家,技术效益比相对较高。事实上,中国的高铁技术和建设经验已经成为中国领导人向国外推介的一个中国优势,并受到不少国家政府和商界的热烈欢迎,中国的高铁技术和建设经验正在走向世界。最近,中国、巴西、秘鲁三国决定修建连接太平洋和大西洋的两洋铁路,标志着中国铁路技术和建设经验走向世界的一个重要里程碑。可以说,中国的技术创新目前还是一个"短板",但正在发生明显的变化,随着制度红利的释放,创新将会呈现加快发展态势,将有力支撑经济社会的持续发展。

关于投资机会,也需要客观评价中国的现状与潜能。一方面,中国的传统增长模式确实在很大程度上依赖投资驱动,资本要素的投入量巨大,在一些部门和领域的投资回报率已呈下降趋势;但另一方面应当看到,中国是一个发展中的大国,区域、行业之间的发展不平衡与投资不平衡现象比较突出,一些地方和行业的投资比较充分,而另一些地方和行业却处于投资不足状态。中西部地区、基础设施领域、高新技术行业、公共服务以及民生、环保等领域,还有大量的投资机会,投资需求不足并不是中国未来一段时间的真实写照。中国的发展经验表明,体制的创新将会迸发新的发展活力,创造更大的发展空间,能够为中国的持续发展奠定一个更好的制度基础。

值得特别指出的是,国际上一些权威的经济组织和研究机构对中国长远的发展持有较为乐观的态度。世界银行和经济合作发展组织都认为,中国近中期能够保持6%~7%左右的增长速度。目前,国际货币基金组织对中国经济增长的预测做到了2019年,基本结论是从现在起到2019年,中国可以保持7%上下的平均增速,并会在2019年达到人均GDP为11 000美元左右。世界银行的《中国:2030》的研究报告预测认为,从现在起到

2020年,中国能够保持平均为7%的经济增速,从2021年到2030年,可以保持平均为5.5%的经济增速。如果以世界银行的预估作为参考值,到2030年,中国人均的经济发展水平至少比现在增长1.5倍以上,可以说肯定不会落入中等收入陷阱。

中国目前处于中等收入阶段,自然面临其他中等收入国家所有的共性问题,还有许多自身的困难需要克服,但中国更有自己的国情和特殊的一面,不同于其他所有的中等收入国家。中国是一个大国,经济多样性强,回旋余地大,这也是为什么一场危机能够让一个中等经济规模的国家一蹶不振而难以让中国长期受阻的重要原因(想想1997年和2008年的两场金融危机)。此外,中国有着几乎是世界上最为完整的产业体系尤其是工业部门体系,中国不仅工业化水准高于所有发展中国家,而且在工业体系的完善性上几乎是所有发达国家也难以比及。中国还有着绝大多数国家不具备的比较优势,包括独特的市场制度和调控经济的能量(如世界第一的官方外汇储备),经济的韧性比较好,不会像其他国家那样在中等收入阶段停滞不前。因此,我们可以说,中国能够跨越中等收入陷阱,换一句更为准确的说法应该是,中等收入陷阱并不适用于中国。

五、简短的结语

中等收入陷阱是世界银行创造出来的一个概念,形象地概括了许多发展中国家长期停滞于中等收入阶段而难以继续发展的状况。不少国家之所以在中等收入阶段裹足不前,难以跃升至高收入阶段,根本原因在于经济转型的失败,发展的投资模式不能及时转换成技术创新模式,一方面规模经济效益消失,另一方面技术仍旧停留在原先的水平。但是,中等收入陷阱并非严格意义上的学术范畴,有理论和学术上不甚严谨的一面,更不是经济发展的一个普遍规律。中等收入不是增长的函数,并不必然导致"陷阱",与"低收入陷阱"和"贫困陷阱"相比,"中等收入陷阱"并不具有一般性。与其说是"中等收入陷阱",实际上是"经济转型陷阱"。

中等收入陷阱的讨论和研究明显表现出国内无比热闹、国际上相对冷清的局面,从一个侧面反映了国内的有失严谨和追逐热点的学术生态。国内一些文章几乎把中国目前出现的所有问题都和"中等收入陷阱"挂钩,把经济发展方式粗放、社会分配不公、环境污染等都说成是"中等收入陷阱"的典型特征,这在一定层面上也说明了国内学界的浮躁、学术标准缺失和人云亦云。世界银行只是从规模经济递减的角度概括出"中等收入陷阱"的说法,但到了国内却被大大演绎了。

中国是一个大国,经济发展的基础、条件和特点不同于一般的中等收入国家,尤其是中国具备了其他国家难以效仿的比较优势,产业体系尤其是工业部门体系的完整程度,为一般国家难以比及,经济韧性好,回旋余地大,无论是从经济发展的内在机理看,还是考察近几年的经济运行情况,中国虽然也面临中等收入国家遇到的一些共性问题,但不会落入所谓的"中等收入陷阱"。从根本上来讲,中等收入陷阱并不适用于中国。

Middle Income Trap: Theoretical Myth and Practical Examination

XU Kangning

(School of Economics and Management, Southeast University)

Abstract: Although the middle income trap reveals an important phenomenon that many developing countries stagnate at a specific economic stage, it is not the universal law about the development paths of countries. Theoretically income is only a result of development, rather than a cause of development. There is no necessary relationship between middle income and development trap. Practically there are many countries in the world which have successfully promoted themselves from middle income stages to high income ones. The primary cause that some developing economies come to a standstill is not the middle income trap but the economic transformation trap. China is a large country with strong economic resilience, and the conditions it enjoys for maintaining medium-to-high speed growth are better than those of other middle-income countries. The country hence will not fall into the so-called middle income trap. In theory, the middle income trap does not apply to China.

Key words: middle income trap, economic growth, World Bank, economic transformation

参考文献

[1] Hoover, EM., JL. Fisher. 1949. Research in Regional Economic Growth(C), In University National Bureau Committee on Economic Research (Ed.), Problems in the study of Economic Growth, New York, NY. National Bureau Committee.

[2] The World Bank. 2012. China 2030: Building a Modern, Harmonious and Creative High-Income Society[M]. The World Bank, Washington.

[3] 弗里德里希·李斯特. 2009. 政治经济学的国民体系(中译本)[M]. 北京:商务印书馆.

[4] 华生,汲铮. 2015. 收入陷阱还是发展陷阱[J]. 经济学动态,(7):4-13.

[5] 罗斯托. 1962. 经济增长的阶段(中译本)[M]. 北京:商务印书馆.

[6] 钱纳里. 1995. 工业化与经济增长的比较研究(中译本)[M]. 上海:上海人民出版社.

[7] 世界银行. 2007. 东亚复兴——关于经济增长的观点[M]. 北京:中信出版社.

[8] 速水佑次郎. 2003. 发展经济学:从贫困到富裕(中译本)[M]. 北京:社会科学文献出版社.

[9] 徐康宁. 2012. 中等收入陷阱:一个值得商榷的概念[J]. 中国社会科学报,284.

[10] 徐康宁,陈丰龙. 2013. 经济增长的收入"门槛"效应及其阶段特征——兼评"中等收入陷阱"之说[J]. 东南大学学报(哲学社会科学版),15(1):37-42.

[11] 亚当·斯密. 2009. 国民财富的性质与原因研究(中译本)[M]. 北京:商务印书馆.

[12] 张欢. 2016. 中等收入陷阱:理论验证与中国经济长期增长研究[D]. 南京:东南大学.

平台企业定价策略研究

——反垄断的新视角①

周 勤 赵 驰②

摘要 本文基于双边市场理论和企业成长理论,研究垄断市场结构中平台型企业定价的微观结构特征。以演化的视角对传统市场结构中的企业竞争定价和双边市场中的平台型企业定价的行为做出判别分析。研究发现:(1)当平台企业在两个市场的均衡价格均高于边际成本时,相比垄断的市场结构,双边市场中竞争性平台企业的价格水平均下降;而当市场间存在交叉补贴时,在受补贴市场上,竞争可能会引起均衡价格上升,即补贴水平下降。(2)垄断性平台企业的市场势力不再满足于勒纳指数的"倒弹性"特征,交叉网络外部性导致双边市场失灵,同时也限制了平台企业运用市场势力进行价格加成的能力。(3)为了达到社会最优价格,政府需要通过产业政策或规制政策抵消平台一边的消费者对另一边创造的外部贡献,将交叉网络外部性内部化,从而弥补消费者进入一个市场的私人动机与社会动机的偏差。由此得到一些有益的政策启示。

关键词 共享经济;多边平台;反垄断;定价策略;交叉网络外部性

一、问题的提出

如果说抢占全球人工智能制高点是本世纪提升国家产业发展、保障和维护国家安全的竞技场,那么,共享型平台企业可以说是助推企业战略转型、商业模式创新的大势所趋。2011年"共享经济"被《时代杂志》选为改变世界的十大概念之一,2016年李克强总理在政府工作报告中强调快速发展以共享经济为代表的"新经济"领域,2017年成为两会热点关键词之一。经济新常态背景下,企业和个人借助互联网资源整合平台,通过分享使用权、分享时间和知识、分享剩余所有权,成为解决生产领域资源结构性矛盾的有效途径之一。因此,共享经济的发展对于优化社会资源配置、化解产能过剩、加快产业绿色可

---

① 基金项目:国家社会科学基金青年项目(14CJL012),国家社会科学基金重点项目(15AJL004)。
② 作者简介:周勤,东南大学经济管理学院教授、博士生导师;赵驰,东南大学经济管理学院副教授。

持续发展起到了积极的作用。新兴企业利用平台跨界进入传统产业并带来颠覆性影响,迫使传统企业重新思考在产业价值链中的定位。目前,平台模式的示范效应和竞争压力已开始推动传统产业拥抱"产业平台"。不可否认,目前那些最为成功的企业,大多都带有平台属性(Evans & Gawer,2016)。

2015年共享经济企业出现井喷式爆发,新增共享经济企业数量同比增长3倍,席卷十大主流行业,各国政府大力推进相关产业发展。国家信息中心信息化研究部和中国互联网协会共享经济工作委员会联合发布的《中国共享经济发展报告2016》显示,2015年中国共享经济市场规模约为19 560亿元(其中交易额18 100亿元,融资额1 460亿元)。共享经济领域参与提供服务者约为5 000万人(其中平台型企业员工数约500万人),约占劳动人口总数的5.5%,参与共享经济活动的总人数超过5亿人。2015年中国共享经济规模约占GDP的1.59%,共享经济领域估值超过10亿美元的企业有46家,覆盖八大行业。预计未来五年共享经济年均增长速度在40%左右,到2020年市场规模占GDP比重将达到10%以上。人类社会正在步入一个全方位协同和大分享的时代,这或许将成为驱动全球经济创新和增长的新支点(Porter et al,2011)。

互联网时代,共享经济由"利润共享"扩展为"资源共享"或"协调消费",破除基于传统所有权下资源的独占以及空置浪费转而共享相关资源的使用权,提高资源的利用效率(Fournier et al,2013)。互联网打碎了原有的层级制组织结构,让社会变得更加"去中心化"了,各种信息资源的共享以及商业模式的创新,完全颠覆了传统企业的商业模式。社会正在以新的形式重新"中心化",而让"去中心化"的社会实现重新"中心化"的纽结就是平台。基于现代信息技术及其衍生出来的P2P等网络平台使得分享经济在主体和客体上发生了很大的改变(Belk,2014),从分享对象的多样性到分享方式的新颖性(张孝德等,2015)。

然而,创新的社会资源使用方式也伴随着一系列的困扰和挑战。譬如,共享经济与政府监管的冲突,消费者权益与所有者权益保护的困境,共享平台进入传统行业导致的成本不对称等问题。共享经济在本质上依然是产权与合约的一种制度安排,佣金分成是共享经济的DNA。双边市场中拥有绝对市场份额的平台是否会形成垄断?共享经济条件下的垄断企业是否会降低社会福利水平?传统反垄断的理论基础是否适用于平台型企业?本文基于共享经济的微观基础及平台型企业的特征,以期重新认识和定义共享经济商业模型的反垄断问题,特别是对当前共享经济与政府规制面临的冲突与争议,给出合理的解释与对策。

本文其余部分的结构安排如下:第二部分是文献梳理及评述,第三部分是理论分析共享经济的微观基础及平台企业定价行为特征,最后为本文的主要结论及政策建议。

二、文献回顾

共享经济(share economy)的概念由马丁·威茨曼(Martin L. Weitzman,1984)提出,主要是讨论收入分配与工资机制,试图解决西方通货膨胀下的经济长期停滞问题。早期实行共享的主要目的是缓解劳资矛盾(Carver,1925),即基于"工效挂钩"或收益共享,单位劳动成本随雇佣量上升而下降的一种工资制度,也就是说边际劳动成本小于平均劳动成本,共享可以让平均成本和边际成本发生较大的改进并产生超额劳动需求。之后共享则是为了激励员工重视人力资本积累(Schultz,1962)。从微观层面,共享机制能够减少代理成本,从而提高企业绩效(Black & Lynch,2004;Lin & Sesil,2010);从宏观层面,共享机制对失业、通货膨胀等问题的改善并不显著(Cahuc & Dormont,1997)。从纯粹的无偿信息共享走向以获得一定报酬为目的、向陌生人暂时转移私人物品使用权或是提供个人服务的共享商业模式,实现了从共享到共享经济的蜕变。2010年前后,Uber和Airbnb等互联网共享网络平台出现,Uber在租车市场上、Airbnb在民宿租赁市场上的商业运作开启了共享经济时代,它们不仅启蒙和引领着全球共享经济的发展,而且为共享经济的商业模式提供了理论依据。

随着共享经济环境下平台企业的蓬勃发展,相关的理论研究已成为经济学、管理学、法学、社会学和政治学等多个领域共同关注的焦点问题之一。本文基于新古典经济学的理论框架,认为目前关于共享经济与平台企业的文献主要围绕以下两个主题展开:平台的竞争与共享经济商业模式的反垄断及其政府规制。其理论渊源属于现代企业成长理论与产业组织理论。

2.1 交易成本理论

共享经济现象最直观的解释来自交易成本理论(Coase,1937)。共享经济的价值在于在拥有某项资源(资产或技能)的消费者与需要这种资源的消费者之间,在某一时间以可接受的交易成本创建一个匹配(Dervojeda et al,2013)。正如 Airbnb 对于住宿供需双方、Uber 对于交通服务的提供方和购买方而言,数字化平台的存在帮助降低了交易成本,包括搜寻成本、联系成本和签约成本等;在共享平台产生之前,这些交易因为过高的交易成本而根本无法发生。以共享交通服务为例,在其出现之前,乘客在需要乘车时找到空驶车辆往往较为困难,同时为避免空驶,出租车司机则倾向于集中在酒店和机场这些需求量较高的地段。如此,出租车服务具有高的搜寻成本和低的有效供给,并将最终降低有效需求。Uber 的出现基本上消灭了搜寻成本,并极大降低了服务的不确定性,还可以为出租车司机进入和退出市场的时机给予合理化建议,从而创造了一个真正由供给和需求决定的有效市场(Rogers,2015)。此外,共享经济在消除信息不对称方面也成效卓越,信息技术使得消费者能够非常容易查看到关于服务质量和价格的历史记录;而服务提供方也由于评价与其收入挂钩而产生了优质服务的激励(Golovin,2014)。一些研究试图综合相对交易成本和动机分析,将可共享的产品定义为容量冗余的产品,且这些产品中过剩的容量通过共享关系加以利用要优于在二手市场上进行交易(Benkler,2004)。由此,交易成本的存在使得私人住宿市场、私人用车市场和中介市场得以产生和发展起来,不仅造就了巨型的平台企业,而且形成了对原来市场的互补或者替代。两种产品及两种市场之间的互补性和替代性,是运用交易成本理论理解共享经济产生和发展的关键问题。

市场组织模式和共享经济在交易成本上的系统性差异,具体体现在信息成本和执行成本两方面。在信息成本上,市场综合使用价格体系、管理层级报告以及命令流来管理信息、配置资源,共享经济则使用对所有参与者都开放的社会关系来实现上述目的,而并不明确指定参与者的行动。在执行成本方面,市场更多地依赖(但不限于)正式的强制手段,而共享经济所依赖的社会关系则主要依靠对社会规范的非正式执行机制和互惠机制来解决执行成本问题(Henten & Windekilde,2016)。从整体上看,这一理论分析框架至今未被较好地运用到共享经济的案例分析中。

2.2 协同消费理论

协同消费是共享经济的另一理论根源(Hamari et al,2016)。协同消费的概念早在1978 年就被提出,Felson 和 Spaeth(1978)将其定义为多人在共同参与活动中消费商品或服务的事件。在此后的近 30 年间,极少有研究运用协同消费理论解释共享行为,直至约克大学教授 Russel Belk 发表了一系列文章,基于该理论对共享概念进行了深入解释。Belk(2007)认为,共享指的是将我们的东西分配给他人使用,或者从他人处获得物品或服务为我所用的行为和过程。协同消费涉及捐助、转售、交易、借贷、租赁、赠予和交换等广泛内容(PWC,2015),并通过协调资源的获取和分配来收取费用及其他形式的报酬(Belk,2014)。交换和消费行为建立在个人与个人的关系上而非已有的市场主体上,无需发生所有权的转移(Lovelock & Gummesson,2004)。在此过程中,人与物、人与人之间的关系也将被重新定义(Chen,2009)。一些研究指出,消费者在不拥有某种物品甚至仅仅触摸它时,也会产生"自觉所有权"(perceived ownership)的体验(Peck & Shu,2009)。因此,需求双方通过共享行为也能延伸扩展自我价值,共享经济因而消弭了人与人之间同物质和财产等相关联的等级和界限(Belk,2010)。

如果说共享这种现象古而有之,协同消费和共享经济的现象则发端于互联网时代。共享经济的存在,使得所有权不再是消费者欲望的最终表达形式(Marx,2011),预示着我们可能已经进入了一个"后所有权时代"(Belk,2014),Rifkin(2014)将其称作"零边际成本社会"。Botsman 和 Rogers(2010)更是在其著作《我的就是你的:协同消费如何改变世界》(2010)中,直接将协同消费定义为超越所有权获得产品和服务的活动,而通过部分所有权享受产品和服务且免于永久所有权风险和麻烦的消费者则被称为变革的消费者(transumers)(Lawson,2010)。协同消费跨越价值链,在个体消费者和小的服务提供商之间实现了财富的重新分配,而不再依赖"中间人"(Schor & Fitzmaurice,2015)。因此,2011 年美国《时代周刊》将协同消费评选为"改变世界的十大创意"之一。

2.3 多边平台理论

多边平台理论其实是对 Rochet 和 Tirole(2006)的双边市场概念的延伸和补充。在 Hagiu 和 Wright(2011)的文章中,多边平台被描述成在不同消费群体间进行直接交易的平台。在共享经济的例子中,共享经济平台公司作为服务提供方和使用者之间直接交易的组织者,形成了最初的双边市场,帮助更有效地使用从前未被充分利用的资源,增加市场竞争,同时为消费者提供更多的选择(Golovin,2014)。随着第三方支付机构、广告商等其他利益相关者的进入,而逐渐形成多边市场平台。比如 Viewswagen 就在 Uber 和 Lyft 平台上搭建了自己基于 GPS 位置信息的商业模式,如通过司机座位后背的屏幕投放广告等。同传统双边市场相似的是,共享经济商业模式同样具有网络外部性,即市场的每一方均受益于其他人的存在;与此同时,由于非专业服务提供商的加入,共享经济市场更易受到个体异常行为的影响(Dellavigna,2009),向价值链末端转移风险的能力也更强,因而更加趋于低效。

Lietal 等(2015)在双边平台框架下建立了一个简约模型,对以 Airbnb 为代表的非专业服务提供者和传统酒店的定价行为进行了分析。通过对 Airbnb 挂牌酒店价格数据的搜集,在控制了资产和市场异质性后,文章首先发现在运营和财务表现方面,专业服务提供者的日盈利水平、入住率分别高于业余服务 16.9 和 15.5 个百分点;业余住宿服务在半年间的市场退出比例达 49%,而同期仅有 13.6% 的专业服务退出市场;非专业住宿提供者较少因季节、节日和需求原因对价格进行动态调整,即共享经济平台存在定价低效问题。进一步的理论模型分析显示,为达至利润最大化,双边市场平台运营方应对非专业服务提供者收取低价格,或者帮助非专业服务提供者进行更科学的定价决策,比如 Uber 为司机提供的热度地图;而城市管理部门在对专业和非专业服务的规制和收费上则应一视同仁。

一些研究将共享行为与服务创新中"共创"(co-creation)的概念联系在一起(Prahalad & Ramaswamy,2004),认为共享经济的实质是供需双方共同创造新市场和新的商业运营商;一些学者用 P2P、临时工经济、开放获取式经济、网格、协作经济、接入为基础的消费等词汇来描述共享经济,上述称谓从不同角度反映了共享经济的某方面特征,如点对点的交流方式、兼职、开放、互相连接、沟通及共同使用、无所有权转移等。总体上看,它具有以下五方面特征:(1)建立在网络技术发展之上;(2)将人与物的分布式网络相连接;(3)在不发生所有权转移的前提下,将一切有形和无形资产的闲置容量加以利用;(4)在陌生人之间形成信任和互动机制;(5)开放、包容和互惠的价值理念。对于消费者来说,共享经济将为其提供差异化的创新性服务,从而带来更多的选择、更好的价格和更高的质量;对于服务提供者而言,共享经济通过对其闲置资产的有效利用和对企业家精神的激发,使其进入到传统上由大企业垄断的服务市场,进而创造财富、促进经济增长。总体而言,共享经济可以通过以下五种方式为消费者和服务提供者创造价值:(1)通过给予其他人使用闲置资产的机会,使得"死资本"能够得到更有效的利用(Rothschild,2014);(2)通过汇集多个卖家和买家,使得市场中的供给和需求方更有竞争力,并带来更广泛的专业化;(3)通过降低搜寻成本、讨价还价和过程监控,使得交易成本降低、交易范围扩大;(4)通过将过去消费者和服务提供者的评论呈现给新的市场参与者,使得供需双方的信息不对称问题得以显著降低;(5)通过模式创新,冲击被监管长期保护而低效且供给不足的传统服务行业,增进消费者福利(Koopman et al,2015)。

三、垄断市场结构中的平台企业定价机制

传统的规制理论中,垄断企业通过市场的界定、市场势力操纵价格以及通过并购及排他行为降低社会福利或消费者剩余,是政府反垄断的理论基础。如果在一个市场拥有垄断地位的企业,将制定远远超出边际成本加成率的价格。然而在共享经济环境下,对于平台型企业市场力量的评估变得复杂而困难。平台企业由于存在交叉网络外部性,产品价格与成本存在不对称结构,那么,垄断性平台企业是否同样遵循垄断企业定价行为

的勒纳指数特征,通过市场势力制定价格,从而实现利润最大化呢?

3.1 传统市场企业竞争的定价机制

传统产业组织理论认为市场中若存在企业竞争,那么对比垄断情形,竞争通常会导致价格下降,市场效率提高,从而增加社会福利水平。基于此,本文假定企业 a 和 b 进行价格竞争,企业具有相同的边际生产率,即具有相同的边际成本,记作 c。给定企业 a 的价格为 P_a,企业 b 的价格为 P_b,$Q=q_a+q_b$ 为在位企业 AB 的市场总产出,则需求函数记作 $Q=D(P_i)$ $(i=a,b)$,消费者剩余为 $CS=\frac{1}{2}Q^2=\frac{(q_a+q_b)^2}{2}$。由此得到企业的目标函数分别为

$$\pi_a=(p_a-c)D(p_a,p_b) \tag{1}$$
$$\pi_b=(p_b-c)D(p_b,p_a) \tag{2}$$

式(1)(2)对价格求偏导数可以得到企业 a 和 b 利润最大化的均衡价格,即 $p_a=p_b=p_c$,满足如下条件:

$$(p_c-c)D_1(p_c,p_c)+D(p_c,p_c)=0 \tag{3}$$

若企业 a 和 b 联合利润最大化,则

$$\pi=(p_a-c)D(p_a,p_b)+(p_b-c)D(p_b,p_a) \tag{4}$$

求解式(4),此时的均衡市场价格 p_e 满足式(5):

$$(p_e-c)D_1(p_e,p_e)+(p_e-c)D_2(p_e,p_e)+D(p_e,p_e)=0 \tag{5}$$
$$\Rightarrow (p_e-c)D_1(p_e,p_e)+D(p_e,p_e)=-(p_e-c)D_2(p_e,p_e)<0$$

由式(3)(5)可得,$p_e > p_c$,这也是传统规制理论的基本信念,即竞争会提高市场效率,增加消费者剩余,进而提升社会福利水平。

3.2 双边市场企业竞争的定价机制

在传统单边市场结构的基础上,我们进一步假设平台型企业在相互关联的多个市场中竞争,并且一边的价格会影响到另一边的价格,即存在交叉网络外部性的情形,从而讨论企业定价是否仍然满足传统规制理论的基本判定。借鉴 Tirole(2004)关于双边市场假设在 A 和 B 两个市场的需求由竞争性平台企业 a' 和 b' 满足,从而得到两个市场上价格的需求函数分别为 $D_a^A=d_a^A(P_a^A,{}_{a'}^B;P_b^A,P_b^B)$,$D_a^B=d_a^B(P_a^B,{}_{a'}^A;P_b^A,P_b^B)$,$D_b^A=d_b^A(P_b^A,{}_{b'}^B;P_a^A,P_a^B)$,$D_b^B=d_b^B(P_b^B,{}_{b'}^A;P_a^B,P_a^A)$。竞争性平台企业 a' 和 b' 在 A 和 B 两个市场的边际成本各自相同,即企业 a' 和 b' 的目标函数分别可以表示为:

$$\pi_{b'}=(p_{b'A}-f_A)d_a^A(P_a^A,{}_{a'}^B;P_a^A,P_a^B)+(p_{b'B}-f_B)d_a^B(P_b^B,{}_{a'}^A;P_a^B,P_a^A) \tag{6}$$
$$\pi_{a'}=(p_{a'A}-f_A)d_a^A(P_a^A,{}_{a'}^B;P_b^A,P_b^B)+(p_{a'B}-f_B)d_a^B(P_a^B,{}_{a'}^A;P_b^B,P_b^A) \tag{7}$$

关于价格,分别对式(6)(7)求解一阶条件,得到对称均衡解,即竞争性平台企业 a' 和 b' 在 A 和 B 市场上的价格相同,即 $p_{a'A}=p_{b'A}\equiv p_{cA}$,$p_{a'B}=p_{b'B}\equiv p_{cB}$,且分别满足利润最大化的二阶条件 $\frac{\partial \pi_{a'}}{p_{a'A}}\Big|_{p_{a'A}=p_{cA}}=0$, $\frac{\partial \pi_{b'}}{p_{b'A}}\Big|_{p_{b'A}=p_{cA}}=0$, $\frac{\partial \pi_{a'}}{p_{a'B}}\Big|_{p_{a'B}=p_{cB}}=0$, $\frac{\partial \pi_{b'}}{p_{b'B}}\Big|_{p_{b'B}=p_{cB}}=0$。

若两个平台企业 a' 和 b' 实现联合利润最大化,则市场 A 和 B 的均衡价格 $p_{a'A}=p_{b'A}\equiv p_A^e$,$p_{a'B}=p_{b'B}\equiv p_B^e$ 满足

$$\frac{\partial \pi_{a'}}{p_{a'A}}+(p_{e'A}-f_A)d_b^{A2}(P_b^A,{}_{b'}^B;P_a^A,P_a^B)+(p_{e'B}-f_B)d_{b'}^{B4}(P_{b'}^B,{}^A_b;P_a^B,P_a^A)=0 \quad (8)$$

$$\frac{\partial \pi_{a'}}{p_{a'B}}+(p_{e'A}-f_A)d_{b'}^{A4}(P_b^A,{}_{b'}^B;P_a^A,P_a^B)+(p_{e'B}-f_B)d_{b'}^{B2}(P_{b'}^B,{}^A_b;P_a^B,P_a^A)=0 \quad (9)$$

其中,d_b^{A2} 的上角标 2 表示 $d_b^A(P_b^A,{}_{b'}^B;P_a^A,P_a^B)$ 对第 2 项求一阶导数,其他符号的含义以此类推。

判断平台企业竞争相比垄断情形是否会引起各边市场价格降低,将取决于以下两个因素:一是平台企业双边定价行为的特征,特别是价格与成本的大小关系;二是平台企业在一个市场上的价格对竞争平台企业在两个市场的需求的影响,即需求价格替代效应的大小。由此可知,首先,存在价格降低效应的平台企业竞争。当平台企业在两个市场的均衡价格均高于边际成本时,平台企业的竞争相比垄断情形,双边市场的价格水平均下降。其次,存在价格提高效应的平台企业竞争。当价格均衡时市场间存在交叉补贴,在受补贴市场上,竞争可能会引起价格上升,即补贴水平下降。

3.3 垄断性平台企业的定价机制

假设在 A' 和 B' 两个市场的需求由垄断性平台企业满足,对 A' 和 B' 两个市场的用户收取接入费用(access charge)分别为 $P_{A'}$ 和 $P_{B'}$,其产品的边际成本分别为 $c_{A'}$ 和 $c_{B'}$,且 $c_{A'}\neq c_{B'}>0$。A' 和 B' 两个市场用户的效用函数定义分别为:

$$\mu_{A'}=\nu_{A'}-(P_{A'}-\alpha_{A'}\gamma_{B'})-x \quad (10)$$

$$\mu_{B'}=\nu_{B'}-(P_{B'}-\alpha_{B'}\gamma_{A'})-y \quad (11)$$

其中,$\nu(\cdot)$ 是用户加入平台的初始效用。$\alpha_{A'}\gamma_{B'}$ 和 $\alpha_{B'}\gamma_{A'}$ 分别表示平台一边的用户受到来自另一边的外部性效用,$\alpha_{A'}$ 表示 B' 市场用户对 A' 市场用户效用的溢出效应,即 B' 市场对 A' 市场交叉外部性强度系数。$\alpha_{B'}$ 同理亦然,假设交叉网络外部性强度 $\alpha_{A'}>0$,$\alpha_{B'}>0$,且满足 $\alpha_{A'}+\alpha_{B'}<2$。$x$ 和 y 为垄断性平台提供的产品距离用户偏好的类型差距($x,y\in[0,1]$),定义 $F_{A'}(x)>0$ 为产品的距离小于 x 的消费者数量,且 $F'(\cdot)>0$ 为凹函数。垄断性平台企业在两个市场上实现利润最大化的目标函数可以表示为:

$$\pi_{A'B'}=(P_{A'}-c_{A'})\gamma_{A'}+(P_{B'}-c_{B'})\gamma_{B'} \quad (12)$$

两个市场的总需求分别为:

$$D_{A'}=F_{A'}[\nu_{A'}-(P_{A'}-\alpha_{A'}\gamma_{B'})] \quad (13)$$

$$D_{B'}=F_{B'}[\nu_{B'}-(P_{B'}-\alpha_{B'}\gamma_{A'})] \quad (14)$$

由 $F(\cdot)$ 是关于价格的凹函数可知,$D'(\cdot)<0$,垄断性平台企业在两个市场上控制价格,实现其利润最大化,求解式(12),其一阶条件满足:

$$[P_{A'}-\alpha_{A'}\gamma_{B'}+D_{B'}(\alpha_{A'}+\alpha_{B'})-f_{A'}]D'_{A'}(P_{A'}-\alpha_{A'}\gamma_{B'})+D_{A'}(P_{A'}-\alpha_{A'}\gamma_{B'})=0 \quad (15)$$

$$[P_{B'}-\alpha_{B'}\gamma_{A'}+D_{A'}(\alpha_{A'}+\alpha_{B'})-f_{B'}]D'_{B'}(P_{B'}-\alpha_{B'}\gamma_{A'})+D_{B'}(P_{B'}-\alpha_{B'}\gamma_{A'})=0 \quad (16)$$

联立求解式(15)(16)可得垄断性平台企业在两个市场的均衡定价水平:

$$P_{A'}^* = f_{A'} - \frac{D_{A'}(P_{A'}^* - \alpha_{A'}\gamma_{B'})}{D_{A'}'(P_{A'}^* - \alpha_{A'}\gamma_{B'})} - \alpha_{B'}\gamma_{B'} \quad (17)$$

$$P_{B'}^* = f_{B'} - \frac{D_{B'}(P_{B'}^* - \alpha_{B'}\gamma_{A'})}{D_{B'}'(P_{B'}^* - \alpha_{B'}\gamma_{A'})} - \alpha_{A'}\gamma_{A'} \quad (18)$$

我们将上述式(17)(18)变形为价格需求弹性来判断企业的市场势力,可以得到:

$$P_{A'}^L = f_{A'} - \frac{D_{A'}(P_{A'}^L - \alpha_{A'}\gamma_{B'})}{D_{A'}'(P_{A'}^L - \alpha_{A'}\gamma_{B'})} \quad (19)$$

$$P_{A'}^L = f_{B'} - \frac{D_{B'}(P_{B'}^L - \alpha_{B'}\gamma_{A'})}{D_{B'}'(P_{B'}^L - \alpha_{B'}\gamma_{A'})} \quad (20)$$

由式(19)(20)可知,垄断平台企业对 A 市场用户的定价减去 A 市场用户对 B 市场的交叉网络效应,即 $\alpha_{B'}\gamma_{B'}$,等于垄断性平台企业在两个市场的均衡定价水平。显然,一定条件下,获得市场势力的垄断平台企业,"操纵"价格对一边市场的定价低于边际成本。说明垄断平台企业由于利润来源于两个市场,虽然在每个市场都在形式上具有垄断地位,定价行为却不能用传统理论来套用,垄断平台企业对 A 市场定价扣除 A 市场用户对 B 市场的外部性贡献的行为,具有内部化交叉网络外部性的特征。正是这种内部化外部性的特征,在一个市场上的边际成本价成率不再满足与"倒弹性"相等的特征,当然就不能使用弹性倒数近似平台企业在该市场的市场势力。

在没有网络外部性时,由于消费者的私人边际效用(即需求曲线代表的那些点对应的价格)就是社会收益,所以社会最优时边际消费者的保留效用等于社会边际成本(即企业的生产边际成本),因而也就是需求曲线和边际成本曲线的交点,社会最优价格,这就是通常所说的边际成本定价达到了经济最有效的情形。然而,由于存在交叉网络外部性,社会最优的定价水平不等于边际成本,而政府对于具有双边市场的微观结构特征的市场进行监管。这种情形之下,政府对企业或行业制定补贴政策或反垄断政策,需要兼顾每个市场用户受补贴的程度等于其对另一个市场用户的效用贡献 $\alpha_i\gamma_i$。消费者是否加入一个市场的动机,只受到其个人的效用与成本(即平台收取的接入费)的影响,并不会考虑其对另一个市场的外部贡献。因此,为了达到社会最优价格,政府需要通过产业政策或规制政策抵消平台一边的消费者对另一边创造的外部贡献,从而将交叉网络外部性内部化,相当于一个市场多增加的边际消费者的社会总边际效用相对于其私人效用而言是增加的,从而弥补消费者进入一个市场的私人动机与社会动机的偏差。

四、结论与建议

4.1 主要结论

本文基于双边市场理论和企业成长理论,研究垄断市场结构中平台型企业定价的微观结构特征。在分析传统市场结构中的企业竞争定价的基础上,进一步对双边市场中的平台型企业的垄断做出判别分析,得到以下结论:

首先,当平台企业在两个市场的均衡价格均高于边际成本时,平台企业的竞争相比垄断情形,双边市场的价格水平均下降。当存在均衡时市场间存在交叉补贴,在受补贴市场上,竞争可能会引起价格上升,即补贴水平下降。

其次,用户间网络外部性的存在限制了交易平台运用市场势力进行价格加成的能力,平台型企业的市场势力也不再满足于勒纳指数的"倒弹性"特征。双边市场中的交易平台面对价格弹性不同且相互之间存在网络外部性的两边消费者,不同市场间用户需求的交叉网络外部性导致双边市场失灵。

再次,由于存在交叉网络外部性,政府对企业或行业制定补贴政策或反垄断政策,需要兼顾每个市场用户受补贴的程度等于其对另一个市场用户的效用贡献。为了达到社会最优价格,政府需要通过产业政策或规制政策抵消平台一边的消费者对另一边创造的外部贡献,将交叉网络外部性内部化,从而弥补消费者进入一个市场的私人动机与社会动机的偏差。

4.2 反垄断管制创新的政策建议

当前,世界各国高度重视共享经济及商业模式创新,许多政府出台了相关政策鼓励共享经济的发展,通过适当放松市场管制、建设共享经济"示范城市"实现监管制度创新。在我国,面对共享经济商业模式创新的市场监管时理应同样保持包容和鼓励的态度,为共享经济发展营造开放、包容的市场监管环境。面对共享经济下新型商业模式、经营方式与传统产业的不同,不应将新事物拘泥于旧的监管框架之下,应采取因地制宜的办法,调整监管方式和监管策略,坚持具体问题具体分析,及时清理影响共享经济发展的不合理规章制度,促进共享经济更好更快发展。

(一)转变监管思路,形成行之有效的监管方式

增强政府监管部门对共享经济理念认识和价值认同,不断完善共享经济数据的统计机制,及时掌握共享经济发展的态势和未来趋势。转变传统监管思路,尝试从单一监管模式向协同多元化治理模式转变,传统的监管模式更多体现为政府单向行为,而协同多元化治理则体现为在极大限度地减少政府行政干预原则下,涵盖了行业、企业、消费者、公众参与以及社会监督等诸多合力而形成的协同治理模式。

(二)有效划分监管层次,形成自上而下的监管体系

结合我国共享经济的发展特点,实施重点布局,划分层次,建立起共享经济的商业监管制度保障体系。为此,笔者将共享经济涉及的主体按照实现的难易程度和层次高低划分为四个层次,从低到高分别是个人共享、企业共享、政府共享、社会共享,在制度设计方面也应遵循由简到难分步骤有序的原则推进。例如,个人共享首先要解决的重点是个人信息保护和个人诚信体系的制度建设,企业共享关注的重点是如何对新的商业进行有效规范以及竞争环境的重新构建,政府共享关注的重点是政府信息的公开透明和开放式的治理结构,社会共享关注的重点是整个社会道德、文化以及法律多方面的建设和补充。

(三)正确对待商业模式创新,营造开放包容的监管环境

对于反垄断法所禁止的捆绑销售,平台企业可以通过对能产生更大外部效用的一边的市场用户提供捆绑产品,以克服该市场补贴程度受限问题,从而起到促进市场群聚的作用,而且捆绑产品的效用越高、成本越低,促进作用越显著,同时也有助于解决多重属

性所产生的协调失败问题,增加社会福利。

（四）加快社会信用体系建设,净化共享经济市场环境

在共享经济发展的态势下,建立良好的社会信用体系与实现有效市场监管两者之间存在着一定的辩证关系。一个拥有良好信用体系的社会,能够减少经济行为中存在的违约和欺诈行为。为此,在共享经济高速发展的态势下,加快社会信用体系建设尤为重要,应大力发展征信市场,推进各类信用平台的创新发展,打破信息孤岛。加强信用记录、风险预警、违法失信行为的信息搜集和在线披露机制,为经营者提供更为便捷的方式,进行信用查询、企业网上身份认证等服务。

Research on Pricing Strategy of Platform Enterprises —Based on the Perspective of Antitrust

ZHOU Qin, ZHAO Chi

(School of Economics and Management, Southeast University)

Abstract: We analysis the price strategy either in traditional competitive market or two-sided market from the perspective of evolution. We show that: (a) price of the platform enterprises is higher than the marginal cost in both markets when the equilibrium is achieved. Comparing the oligopoly, the price of competitive platform enterprises is lower in the bilateral market. If there is cross-subsidy in the bilateral market, price will be increased because of competition, that is, the decline in the level of subsidies. (b) The market power of platform enterprises no longer satisfies the "downside" characteristics of the Lerner index. More interestingly, the cross-network externality leads to bilateral market failure, which also limits the ability of platform enterprises to carry out price additions. (c) In order to achieve the best social prices, the government needs to trade off the external contribution of the consumers on the other side of the platform by means of industrial policies or regulatory policies, thereby internalizing the cross-network externalities to compensate consumers for private motivation and social motivation deviation. And thus get some useful policy enlightenment.

Key words: sharing economy, price strategy, antitrust, multiple-sided platform, cross-network externality

参考文献

[1] Belk, R. 2007. Why Not Share Rather than Own[J]. Annals of the American Academy of Political and Social Science, 611(1): 126-140.

[2] Black S E, Lynch L M. 2004. What's Driving the New Economy: The Benefits of Workplace Innovation[J]. The Economic Journal, 114(493).

[3] Benkler, Y. 2004. Sharing Nicely: On Shareable Goods and the Emergence of Sharing as a Modality of Economic Production[J]. Yale Law Journal 114(2): 273-358.

[4] Belk, R. 2014. You Are What You Can Access: Sharing and Collaborative Consumption Online[J]. Journal of Business Research, 67(8): 1595-1600.

[5] Belk, R. 2010. Sharing[J]. Journal of Consumer Research, 37(5): 715-734.

[6] Belk, R. 2014. You Are What You Can Access: Sharing and Collaborative Consumption Online[J]. Journal of Business Research, 67(8): 1595-1600.

[7] Botsman R, Rogers R. 2010. What's Mine Is Yours[J]. The Rise of Collaborative Consumption.

[8] Carver T N. 1925. The Diffusion of Ownership of Industries in the United States[J]. Proceedings of the Academy of Political Science in the City of New York, 11(3): 39-46.

[9] Cahuc P, Dormont B. 1997. Profit-sharing: Does It Increase Productivity and Employment? A Theoretical Model and Empirical Evidence on French Micro Data[J]. Labour Economics, 4(3): 293-319.

[10] Coase R H. 1937. The Nature of the Firm[J]. Economical, 4(16): 386-405.

[11] Chen Y. 2009. Possession and Access: Consumer Desires and Value Perceptions Regarding Contemporary Art Collection and Exhibit Visits[J]. Journal of Consumer Research, 35(6): 925-940.

[12] Dervojeda K, Verzijl D, Nagtegaal F, et al. 2013. The Sharing Economy: Accessibility Based Business Models for Peer-to-peer Markets[M]. European Commission Business Innovation Observatory, September.

[13] Dellavigna S. 2009. Psychology and Economics: Evidence from the Field[J]. Journal of Economic Literature, 47(2): 315-372.

[14] Evans P C, Gawer A. 2016. The Rise of the Platform Enterprise: A Global Survey[J]. The Emerging Platform Economy, 1.

[15] Fournier S, Eckhardt G, Bardhi F. 2013. Learning to Play in the New Share Economy[J]. Harvard Business Review, 91(7): 2701-2703.

[16] Felson M, Spaeth J L. 1978. Community Structure and Collaborative Consumption: A Routine Activity Approach[J]. American Behavioral Scientist, 21(4): 614-624.

[17] Golovin A V, Golovina E E. 2014. Contemporary Tools of an Increase in the Resource Effectiveness in the Economies of the Agrarian Industrial Complex [J]. Theoretical & Applied Problems of Agro-industry, 20(3).

[18] Henten A H, Windekilde I M. 2016. Transaction Costs and the Sharing Economy[J]. Info, 18(1): 1-15.

[19] Hamari J, Sjöklint M, Ukkonen A. 2016. The Sharing Economy: Why People Participate in Collaborative Consumption[J]. Journal of the Association for Information Science and Technology, 67(9): 2047-2059.

[20] Hagiu A, Wright J. 2011. Multi-Sided Platforms[J]. Harvard Business School Working Paper 12-024.

[21] Koopman C, Mitchell M, Thierer A. 2014. The Sharing Economy and Consumer Protection Regulation: The Case for Policy Change[J]. J. Bus. Entrepreneurship & L, 8: 529.

[22] Kramer M R, Porter M. 2011. Creating Shared Value[J]. Harvard Business Review, 89(1/2): 62-77.

[23] Lin Y P, Sesil J C. 2011. Do Broad - Based Stock Options Promote Organization Capital? [J]. British Journal of Industrial Relations, 49(s2).

[24] Lovelock C, Gummesson E. 2004. Whither Services Marketing? In Search of a New Paradigm and

Fresh Perspectives[J]. Journal of Service Research,7(1):20-41.

[25] Lawson S. 2010. Transumers: Motivations of Non-ownership Consumption. [J]. Advances in Consumer Research:842－853.

[26] Lietal J,Moreno A,Zhang D J. 2015. Agent Behavior in the Sharing Economy:Evidence from Airbnb[J]. Social Science Electronic Publishing:1－35.

[27] Peck J,Shu S B. 2009. The Effect of Mere Touch on Perceived Ownership[J]. Social Science Electronic Publishing,36(3):434-434.

[28] Prahalad C K,Ramaswamy V. 2004. Co-creation Experiences:The Next Practice in Value Creation [J]. Journal of Interactive Marketing,18(3):5-14.

[29] Rogers B. 2015. The Social Costs of Uber[J]. U. Chi. L. Rev. Dialogue,82:85.

[30] Rifkin J. 2014. The Zero Marginal Cost Society:The Internet of Things,the Collaborative Commons,and the Eclipse of Capitalism[M]. St. Martin's Press.

[31] Rochet J C,Tirole J. 2004. Two-sided Markets:An Overview[J]. Institut d'Economie Industrielle Working Paper,51(11):33－260.

[32] Rochet J C,Tirole J. 2006. Two-sided Markets:A Progress Report[J]. The RAND Journal of Economics,37(3):645-667.

[33] Rothschild J. 2016. The Logic of a Co-operative Economy and Democracy 2.0:Recovering the Possibilities for Autonomy, Creativity, Solidarity, and Common Purpose [J]. The Sociological Quarterly,57(1):7-35.

[34] Schultz T W. 1962. Reflections on Investment in Man[J]. Journal of Political Economy,70(5,Part 2):1-8.

[35] Schor J B, Fitzmaurice C J. 2015. Collaborating and Connecting: the Emergence of the Sharing Economy[J]. Handbook of Research on Sustainable Consumption,410.

[36] Weitzman M L. 1984. The Share Economy[M]. Cambridge,Mass.

[37] 张孝德,张文明. 2016. 共享经济:迈向绿色发展的新经济革命[J]. 中华环境,(6):28-30.

房地产服务中介商业模式
——世联行案例

崔晓杨　闫冰倩　李俊儒　乔　晗　汪寿阳①

摘要　本文基于冰山理论与CET@I相结合的商业模式分析框架,对地产服务行业商业模式创新进行研究,以世联行公司为案例,全面分析世联行地产咨询顾问公司隐性商业模式和显性商业模式。研究表明,通过构建"产融网"一体化的业务模式,形成了房地产服务业务和金融业务互联互通的模式,即房地产服务业务的收入可用于金融业务的资本,同时金融业务不仅获得资本收益,更多的是促进了房地产服务业务的发展,从而使世联行在房地产中介市场中保持市场份额第一,使公司具有强大的竞争力。

关键词　商业模式;CET@I;冰山理论;世联行

引言

20世纪90年代以来,随着我国城镇化进程的不断推进,我国房地产市场迅猛发展,已成为国民经济的重要支柱产业,在我国经济发展中起到了举足轻重的作用。与此同时,房地产中介业随之日趋繁荣,其在房地产领域的重要性也日益显现。

《中华人民共和国城市房地产管理法》第五十七条规定:"房地产中介服务机构包括房地产咨询机构、房地产价格评估机构、房地产经纪机构等。"从这个规定来看,我国房地产咨询是房地产中介服务的一种,是为房地产经济活动的当事人提供法律法规、政策、信息、技术等方面服务并收取佣金的一种有偿的中介活动。房地产咨询主要是应投资者、消费者和房地产经营者(土地、房产开发商、经营者)的要求,就投资环境、市场信息(供求信息、客户资信等)、项目评估、质量鉴定、测量估价、购房手续、相关法律等提供咨询服务。

房地产中介企业依托于房地产市场的存在,因此其更多地会受到地产调控政策的影响。2011年以来,住宅地产行业出台了一系列紧缩性宏观调控政策,包括"新国十条""限购限贷"及"房产税"等,这些政策的推出在一定程度上抑制了住宅地产行业的快速发展。

---

① 作者简介:崔晓杨,中国科学院数学与系统科学研究院博士研究生,全国中小企业股份转让系统有限责任公司;闫冰倩,中国科学院大学经济与管理学院博士研究生;李俊儒,中国科学院数学与系统科学研究院硕士研究生;乔晗,中国科学院大学经济与管理学院副教授;汪寿阳,中国科学院大学经济与管理学院教授,博士生导师。

在当前房地产市场调控的大环境之下,房地产中介应顺应时代的发展,适时变革商业模式。

在此背景下,房地产中介企业如何运用科学的理论创新传统商业模式,迎来新的跨越式发展,值得学者深入研究。本文基于冰山理论和CET@I方法论,对房地产咨询顾问中介的商业模式创新进行研究,以世联行地产咨询顾问公司为案例,构建地产咨询中介企业的商业模式分析框架,为我国传统地产中介企业的商业模式转型提供参考。结论表明,通过构建产融网一体化的业务模式,形成了房地产服务业务和金融业务互联互通的模式,即房地产服务业务的收入可用于金融业务的资本,同时金融业务不仅获得资本收益,更多的是促进了房地产服务业务的发展,从而使世联行在房地产中介市场中保持市场份额第一,使公司具有强大的竞争力。

本文余下的部分结构安排如下:第2节主要回顾地产咨询顾问企业商业模式的已有文献和研究成果,并构建本案例的冰山理论和CET@I方法论分析框架;第3节是本案例的研究方法、数据收集以及选取世联行地产咨询顾问公司作为案例样本的原因;第4节对世联行地产咨询顾问公司与本案例有关的背景进行介绍,并依据本文提出的冰山理论和CET@I方法论对案例进行深入分析和讨论;第5节总结本案例的研究结论,并提出管理启示。

文献综述

1. 房地产中介企业商业模式研究

世界管理大师德鲁克曾说:"当今企业之间的竞争,不是产品和服务之间的竞争,而是商业模式之间的竞争。"近年来,商业模式的研究引起了学术界和企业的高度关注。汪寿阳等结合当下中国经济发展状况,在对国内外相关文献系统调研的基础上,对国内各主要行业的商业模式进行了深入剖析,给出了未来企业商业模式创新的全景分析(汪寿阳,乔晗,胡毅等,2016;汪寿阳,敖敬宁,乔晗,杨一帆,胡毅,姜懋,2015)。李雪蓉等运用文献计量的方法对商业模式相关的文献研究进行了系统分析,给出了当前商业模式研究的总体趋势(李雪蓉,张晓旭,李政阳,柏林,张奇,张建新,乔晗,汪寿阳,2016)。此外,也有部分文献聚焦于具体行业,分析在"互联网+"等全新产业拉动元素下,具体行业的商业模式创新途径(张茜,李靖宁,饶佳艺,乔晗,汪寿阳,2015;任小勋,乔晗,黄稚渊,何乐平,汪寿阳,2015)。

通过文献调研发现,在对房地产中介企业的研究中,仅有少量文献关注企业整体的商业模式(吕鑫,崔晓扬,胡毅等,2016;刘洋,黄稚渊,纪尚伯等,2016),更多学者从战略和管理视角出发,主要关注房地产中介企业的组织管理模式等问题。陈艳莹和原毅军指出经纪中介组织是随着产业分工细化而出现的以提供经纪中介服务为营利手段的经济实体(原毅军,陈艳莹,丁春晖,2004)。吴翔华指出随着房地产市场的进一步发展,自产自销的模式很难再适应市场发展的需要,根据发达国家房地产市场发展的规律,结合国内近些年来房地产市场发展的趋势,可以说房地产开发与销售分离是房地产市场发展的必然趋势(吴翔华,2003)。王霖分析了21世纪不动产和本土房地产中介公司的发展情况,最后结合连锁经营和市场营销的相关理论有针对性地提出了采用直营连锁和特许连锁相结合的商业模式是今后我国房地产中介公司扩张的最佳选择(王霖,2010)。

2. 冰山理论与CET@I方法论

商业模式冰山理论(见图1),解释了"为什么成功的商业模式难以被复制"这一管理学难题。商业模式是一个复杂系统,冰山理论指出商业模式包含易于分析的显性知识和难以分析的隐性知识。商业模式的显性知识是可以通过商业模式画布等工具来进行研究的,它是客观存在的,但是受到观察者分析的角度、立场和对组织了解程度等的不同而存有认知差异。商业模式的隐性知识是需要建立新的研究方法来进行研究,包括企业文化、组织外部环境、行业类别等。

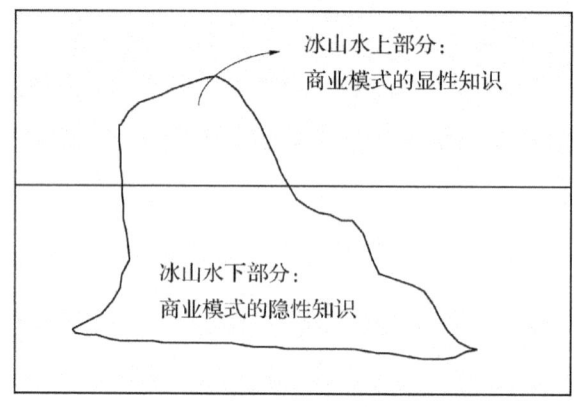

图1 冰山理论

CET@I方法论的分析基础是将组织的商业模式看作复杂系统,通过将商业模式的隐性知识分解为行业类别(Category)、地域环境(Environment)和科技水平(Technology)三个维度,之后将分析结果与显性商业模式的分析结果进行合成(@ Integration),从而得到更为完整的商业模式。用于分析商业模式隐性知识的CET@I方法论,其核心思想是商业模式根植于其所处行业、社会环境和科技发展中,是与组织自身条件匹配集成的复杂系统(见图2)。

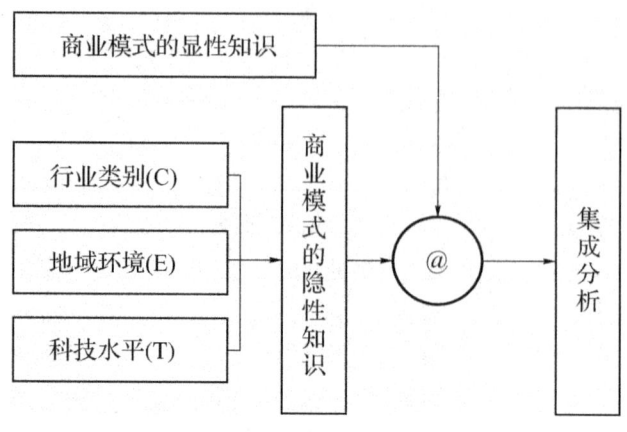

图2 CET@I分析框架

研究设计与数据

1. 研究方法与设计

本研究采用典型单个案例研究方法。选取国内成功的地产咨询顾问企业的商业模式案例进行深入系统的分析，可以为处在相同大环境下的我国其他地产中介企业提供借鉴和参考，因此适合采用单案例研究方法（Gummesson E,1991；Yin R K,2002）。

本研究严格遵循案例研究的流程：文献回顾→案例研究框架设计→案例资料收集→案例资料分析（Pan S L & Tan B,2011）。在文献回顾阶段，通过收集整理房地产中介商业模式和CET@I方法论的相关文献，确定研究问题和本研究的探索性研究价值。在案例研究框架设计过程中，明确了资料收集方法和分析策略。本研究的资料收集来源主要是期刊论文、企业官方发布和Wind数据库等。

2. 研究样本

本研究遵循典型性原则（Patton M Q,1987）选取世联地产顾问股份有限公司（以下简称"世联行"）作为案例研究样本。首先，世联行成立于1993年，是国内最早从事房地产专业咨询的服务机构。其次，经过多年发展，世联行形成了"咨询＋实施"独特的业务模式。世联行作为行业成功的案例，具有典型的研究价值。

案例分析

1. 案例描述

（1）世联行发展历程

世联行诞生于1993年，提供房地产信息咨询、交易代理、价格评估、投资策划等咨询业务。1997年，开始全面探索各种物业类型代理销售，并最早尝试店铺式经营，设立深圳上步分行，并于2001年成立了北京世联房地产顾问有限公司，标志着由区域公司向全国化战略起步。2003年，世联公司全面发展房地产三级市场业务，主要从事写字楼、商业及厂房类物业的租售业务，业务板块不断扩大。2011年，正式开展资产服务业务，完善和延展房地产全产业链服务；同时在互联网新兴技术推动下，世联行也积极推进"互联网＋"战略，并于2014年开启"祥云战略"，探索O2M（Offline to Mobile Internet）商业模式。2015年"世联集"系列问世，包括世联集房、世联集金、世联集客APP。根据世联行2015年年报显示，世联行营业收入47.1亿元，同比增长42%，利润额5.1亿元，同比增长29%，增速远远高于房地产开发行业（见图3）。

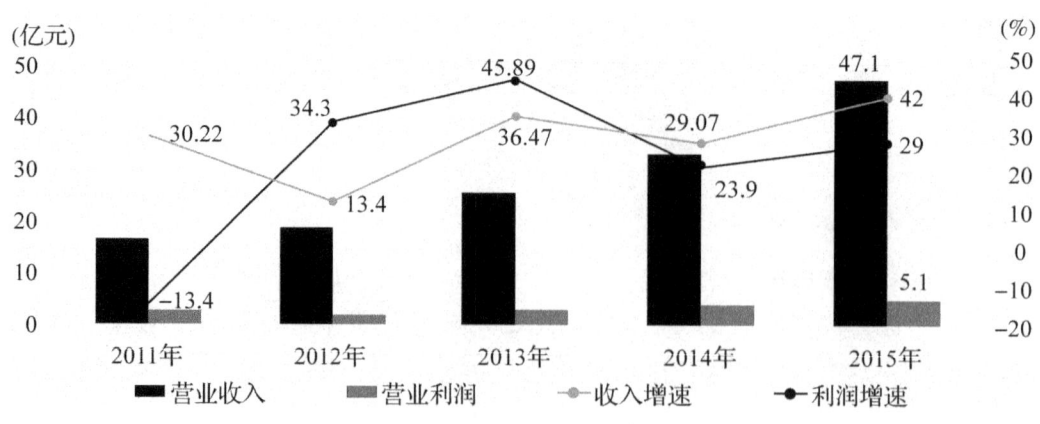

图3　世联行营业收入与利率

截止到2015年年底,世联行已成立66家分支机构,服务遍及164个城市、5个国家。

世联行以"服务、入口、开放、平台"为原则,以"让更多人享受真正的地产服务"为宗旨,确立泛交易、类金融、大资管、互联网与数据服务四大核心业务板块,以全国领先的房地产综合服务提供商身份,继续领跑市场。

（2）世联行商业模式构建

世联行最显著的显性知识是"产融网模式","产"即房地产服务,"融"即金融业务,"网"即O2M系列平台。世联行的隐性知识包括资源整合能力、移动互联技术、大数据等。

2. 案例商业模式分析

（1）世联行显性知识之"产融网模式"

"产"——房地产服务业务

世联行房地产服务业务包括三部分,分别为顾问咨询业务、代理销售业务和资产服务业务。

顾问咨询业务面向政府、开发商、专业机构、投资机构的高层管理人员和决策人士,紧扣开发链条中的热点、难点和痛点,围绕客户所需,延展服务深度,不断提升服务体验,具体业务包括战略顾问、开发咨询、综合体业务和营销顾问（见图4）。其中,2015年世联行顾问咨询收入3.7亿元,业务遍及30个省,累计完成顾问项目近5 000个。

代理销售业务主要为房地产开发企业出具创意性销售方案或代理销售。该业务从1994年起步,到2013年代理销售额率先突破3 000亿。截至2014年,代理销售业务进驻128个城市,2 000余个项目,累计服务超过868万个客户,凭借以43个分公司为核心的城市辐射圈、2 000余个项目的市场操作经验,世联行代理销售业务逐步形成了为房地产开发环节提供市场及客户分析、战略定位、建筑策划、营销策划、销售代理等"纵向一体化"的地产专业服务链。同时在进行代理销售业务的时候,世联行从四个方面考虑销售方案,包括品牌落地与优势、价值挖掘与整合、客户定位与拓展、营销创新与执行（见图5）。

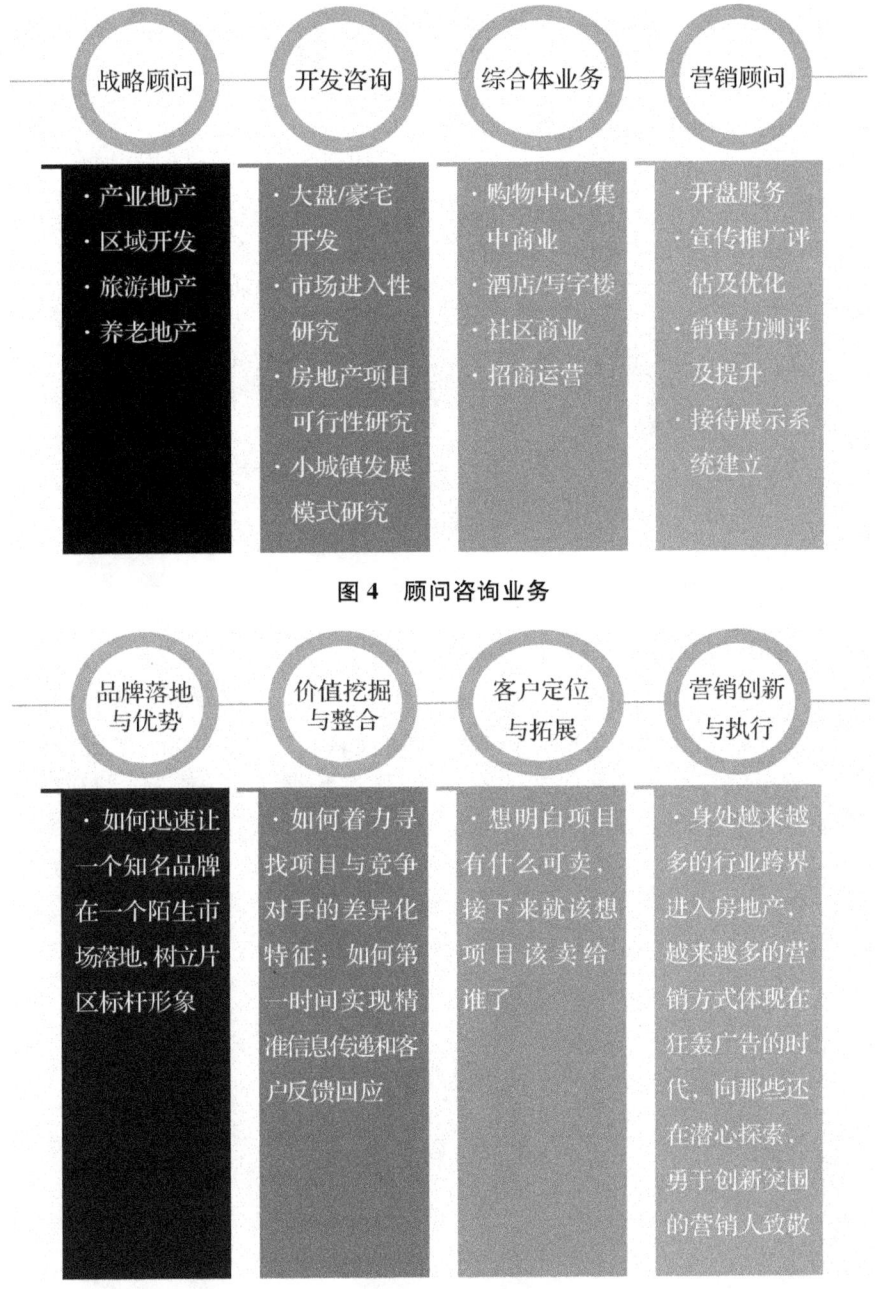

图 4 顾问咨询业务

图 5 代理销售业务

全生命周期投资咨询服务,该业务是以为客户提供长期、持续、稳健的现金流及资产增值为核心的,超越单纯、点式、狭义的思维;从投资决策到贬损衰退期,皆赋予资产"生命的活力",关注并创造资产全生命周期各个阶段的投资绩效。

"融"——金融业务

为了更好地服务于房地产咨询和销售业务,世联行结合当前 P2P 和互联网技术,推出金融业务(见图6)。2007 年,成立了小额贷款有限公司,并推出世联行个贷管家 APP。与世联行合作的不少楼盘都存在开发商补息的优惠。Q 房网作为国内领先的二手房交易平台之一,利用互联网和大数据库为客户提供二手房服务。入股Q房网,将进一步扩大公司小额贷款的潜在市场空间,同时除目前公司已开展的首付贷款外,未来公司可以利用其入口,进一步向下游装修、客厅经济等房地产后市场扩张,未来潜在的可衍生业务空间广阔(见图6)。

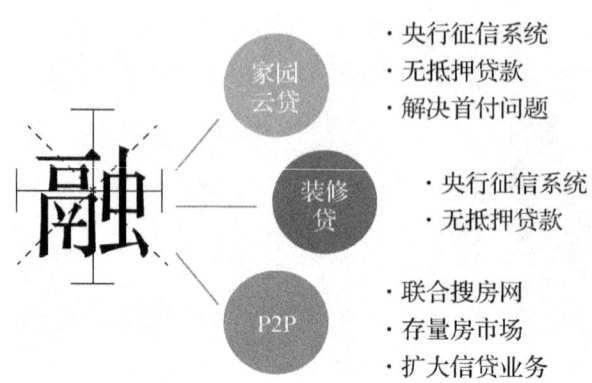

图6 金融业务模式

"网"——O2M(Offline to Mobile Internet)系列平台

2014年推出集房、集客、集金APP(见图7)。O2M中的O即Offline(线下)、Organization(组织),M为Mobile Internet(移动互联)、Middleoffice(中台能力)。O2M商业模式即在集合线下专业销售团队的基础上,通过数据分析、客户定制和产品设计,为客户提供更有针对性的服务。

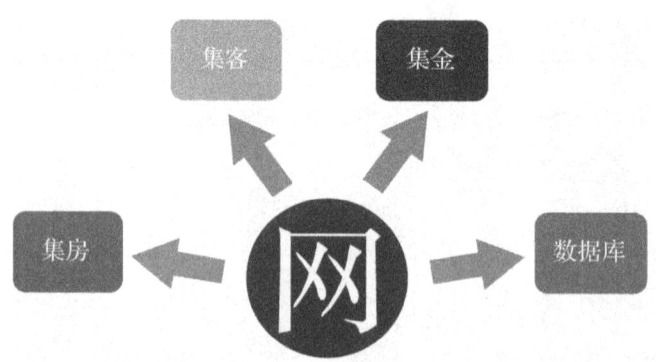

图7 O2M系列平台

至此,世联行形成了"产融网"的业务模式(见图8)。

(2) 世联行隐性知识

对于隐性知识我们采用CET@I里面的行业类别(Category)、地域环境(Environment)和科技水平(Technology)三个维度进行分析。

行业类别(Category)

房地产中介行业涉及咨询、评估及经济业务,同时也包括产业链的后市场,比如家居装修、物业服务、二手房交易、房屋租赁等。房地产开发业具有体量大的特点,房地产中介便可活化行业,因此有其存在的必要性。

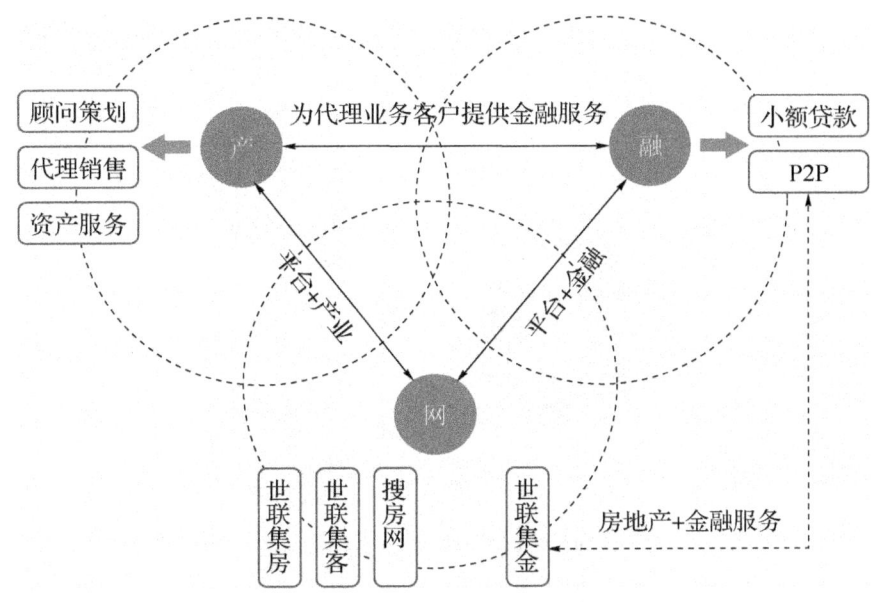

图 8　世联行显性知识之"产融网模式"

地域环境（Environment）

房地产中介商更多地要依赖于房地产市场的整体景气情况，因此在外部环境中不仅易受到宏观经济调控政策的影响，更易受房地产市场政策的影响。内部环境中，主要依赖于企业自身的人才战略和资源垄断能力（见图9）。

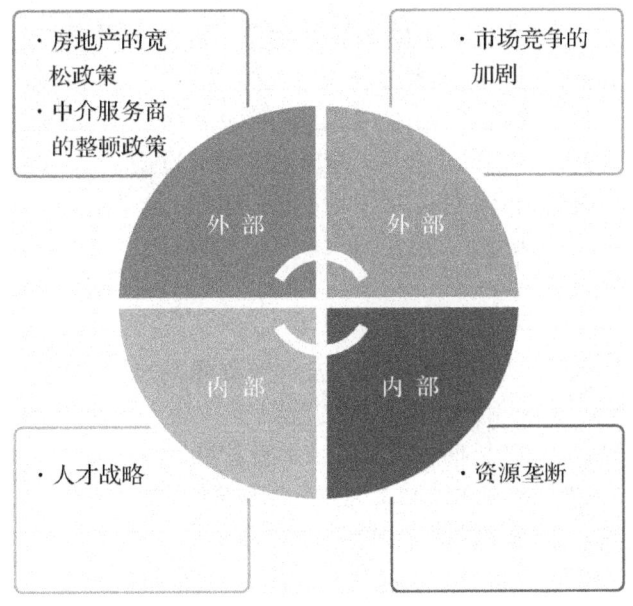

图 9　世联行隐性知识之地域环境

科技水平（Technology）

企业商业模式的变更不仅受到外部科技发展的推动，更多的是受企业自身所能够运用的科技水平的影响。在当前"互联网+"、大数据等新兴技术纷至沓来的时代，世联行与时俱进将这些新兴技术运用于自身业务中（见图10），并构成一个互联互通的系统，从而更好地发展其业务。

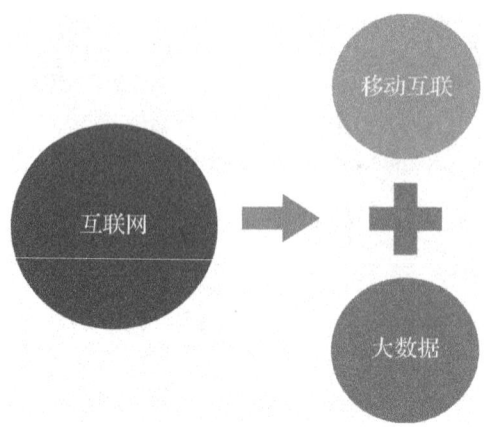

图 10　世联行隐性知识之科技水平

总结与展望

1. 主要结论

本研究通过冰山理论与CET@I方法论相结合的方法，分析了世联行的商业模式构成。从结构上来说，框架分为冰山上面的显性知识，即"产融网模式"，以及冰山下面的隐性知识，即行业类别、地域环境和科技水平。

通过该方法论分析发现，世联行通过构建"产融网"一体化的业务模式，形成了房地产服务业务和金融业务互联互通的模式，即房地产服务业务的收入可用于金融业务的资本，同时金融业务不仅获得资本收益，更多的是促进了房地产服务业务的发展，从而使世联行在房地产中介市场中保持市场份额第一，使公司具有强大的竞争力。

2. 管理启示

（1）培育和健全市场。通过各种方法、方式增强咨询意识，树立"咨询有用""咨询先行""咨询有偿"的意识，加强房地产信息库的建设。

（2）立足优势领域，实现专业化服务。咨询机构必须认真分析市场需求情况，选定与自身企业资源和优势适应的咨询领域，以及自身服务的客户群体。只要将自身优势领域的咨询服务做到较高水平，即可获得好的口碑。

（3）培养和造就大批咨询人才。房地产咨询机构是知识型企业，人力资源是其最重要的资源，其竞争力来源于知识型员工。只有加强人员培训、加强人力资本运营，才能提高咨询机构的整体竞争力。同时，要建立专门的咨询人员评审、监督、考核机构，实行咨询人员资格审查、考核和登记制度，保证咨询队伍的高素质。

Research on Business Model of Real Estate Agent—WorldUnion

CUI Xiaoyang[1,3], YAN Bingqian[2], LI Junru[1], QIAO Han[2], WANG Shouyang[1,2]

(1. Academy of Mathematics and Systems Science, Chinese Academy of Sciences;
2. School of Economics and Management, Chinese Academy of Sciences;
3. National Equities Exchange and Quotations Limited-liability Company)

Abstract: Based on the iceberg theory and CET@I theory, we propose an efficient framework to study the business model in the real estate industry. Under the framework, we study both the recessive and the dominant business models of WorldUnion, a domestic real estate integrated service provider. The operation mode featured with a combination of real estate characteristic and financial service is found to be contributable to the development of the primary real estate business, which is also the reason why WorldUnion has been the leader in the real estate integrated industry.

Key words: business model, CET@I, iceberg theory, WorldUnion

参考文献：

[1] Gummesson E. 1991. Qualitative Methods in Management Research[M]. London: Sage Publications.
[2] Pan S L, Tan B. 2011. Demystifying Case Research: A Structured-pragmatic-situational (SPS) Approach to Conducting Case Studies[J]. Information & Organization, 21(3): 161-176.
[3] Patton M. Q. 1987. How to Use Qualitative Methods in Evaluation[M]. London: Sage Publications.
[4] Yin R K. 2002. Case Study Research: Design and Method[M]. 4th ed. London: Sage Publications.
[5] 李雪蓉,张晓旭,李政阳,等. 2016. 商业模式的文献计量分析[J]. 系统工程理论与实践,36(2): 273-287.
[6] 吕鑫,崔晓杨,胡毅,等. 2016. 建筑业商业模式研究综述[J]. 科技促进发展,12(2): 135-143.
[7] 刘洋,黄稚渊,纪尚伯,等. 2016. 中国房地产业的商业模式[J]. 科技促进发展,12(2): 126-134.
[8] 任小勋,乔晗,黄稚渊,何乐平,汪寿阳. 2015. 商业模式钻石模型——平安金融旗舰店案例研究[J]. 管理评论,27(11): 231-240.
[9] 汪寿阳,乔晗,胡毅等. 2016. 商业模式全景图[M]. 北京:科学出版社.
[10] 汪寿阳,敖敬宁,乔晗,等. 2015. 基于知识管理的商业模式冰山理论[J]. 管理评论,27(6): 3-10.
[11] 吴翔华. 2003. 房地产中介机构的发展对策[J]. 企业改革与管理,(12): 22-23.
[12] 王霖. 2010. 中国房地产中介的商业模式探讨[J]. 江苏商论,(5): 141-143.
[13] 原毅军,陈艳莹,丁春晖. 2004. 经济中介服务业的产业组织理论研究[J]. 中国产业经济评论,(103).
[14] 张茜,李靖宇,饶佳艺,等. 2015. 基于利益相关者分析"女神的新衣":如何构建TV+商业模式[J]. 管理评论,27(8): 234-241

金融网络理论与金融风险传染研究述评

何建敏　李守伟[②]

摘要 现代金融系统显著的特点便是其高度的关联性,该关联性在给金融系统带来诸多经济效益的同时,也为金融风险传染提供了渠道。而网络理论为此提供了新的研究工具,针对此本文从金融网络的拓扑结构特征以及网络视角下的金融风险传染研究层面入手,基于不同的金融网络,包括银行网络、企业网络、银企网络以及股票市场网络,系统梳理了金融网络理论与金融风险传染的相关研究,以期为该领域的未来研究奠定基础。

关键词 网络理论;金融网络;网络结构;风险传染

一、引言

在21世纪的第一个十年,国际著名期刊Nature和Science出版了多期与复杂性和网络科学相关的专辑,网络理论的概念开始逐渐进入人们的视野。网络理论是数学领域的一个重要分支,是从图论中演化而来的。所谓网络,就是对系统的一个高度抽象,将系统内部的各个元素作为节点,元素之间的关系视为节点间的连接,那么系统就构成了一个网络。随着信息技术的快速发展,网络理论在计算机科学、社会科学、交通运输、生物学等诸多领域都有广泛的应用。

现代金融系统一个显著的特征便是其具有高度的关联性,该关联性在给金融系统带来诸多经济效应的同时也为金融风险传染提供了渠道。2007—2009年由美国次贷危机引发的全球性金融危机便是典型的例子。针对金融系统的高度关联性,网络理论被逐渐运用于金融领域,网络理论更是被金融机构监管者和学者认为是研究金融风险传染的新的重要工具。目前网络理论在金融领域的运用主要分为两大类:一是对现实金融系统的网络结构特征进行实证研究,二是基于金融网络结构研究金融风险传染。

网络理论为金融领域中相关问题研究提供了全新的视角,具有重要的理论与实际意

[①] 基金项目:国家自然科学基金项目(71371501,71201023,71671037)。
[②] 作者简介:何建敏,东南大学经济管理学院教授、博士生导师;李守伟,东南大学经济管理学院教授、博士生导师、金融系副主任。

义。而此领域的研究对象主要集中于银行、企业和股票市场,因此本文对与此相关的金融网络理论与金融风险传染的相关文献进行梳理,以期为该领域的进一步研究奠定基础。

二、金融网络结构特征研究

(一)银行网络结构特征

迄今为止,学者们已经对奥地利、日本、美国、英国、巴西、俄罗斯、中国、德国、匈牙利、荷兰、意大利、墨西哥、瑞士等国的银行网络结构特征进行了大量的实证研究,而研究的银行间关系主要是银行间信用拆借关系。现有的实证研究发现,银行网络具有一些典型网络结构特征,如无标度特征、小世界特征等,具体如下。

学者们研究发现银行网络结构具有无标度特征。Souma等(2003)在对日本银行网络结构研究中发现该银行网络具有无标度特征,且度的分布呈现出两段幂律。Boss等(2004)发现了奥地利银行网络度服从双幂律分布,该网络具有无标度性质。Inaoka等(2004)对日本银行网络中的自适应特征进行分析,研究表明:该银行网络的累积度分布服从幂律分布,银行网络是具有自相似特征的无标度网络。并且在该研究中建立了银行网络生长模型,解释了实证发现的幂律分布是一种自组织临界现象。Santos和Cont(2010)对巴西银行网络结构进行了研究,指出银行度分布具有幂律尾部,显示无标度特征。Leonidov和Rumyantsev(2016)对俄罗斯银行间市场进行实证分析,发现其网络出度和入度分布均服从幂律分布,也具有无标度特性。

银行网络结构的实证研究发现其还具有小世界特征。Soramaki等(2007)在研究美联储电子转移支付系统中银行间债务联系时,发现美国银行网络具有小世界网络特征。Becher等(2008)发现英国的银行数量远少于美国,但银行间资金网络与美国银行网络的平均路径长度接近,英国的银行网络也属于小世界网络。

部分学者还发现银行网络同时具有无标度和小世界双重特征。巴曙松等(2014)基于复杂网络理论,分别对中国不同类别和不同地区银行支付网络的拓扑结构进行实证分析,发现这两类网络不仅具有较小的平均最短距离以及较高的聚集系数,体现其"小世界网络"典型特征,而且网络节点度分布服从幂律分布,具有无标度网络的特性。Kanno(2015)对日本银行间市场进行实证分析,得到日本银行网络结构同样具有小世界和无标度的双重特征。

多国银行网络结构的实证研究还表明银行网络具有分层结构和货币中心结构。Boss等(2004)发现奥地利银行网络具有分层结构特征。Upper和Worms(2004)揭示了德国银行间市场存在货币中心结构,德国银行间市场分为上下两层结构,下层结构中的银行很少与其他类型银行发生连接,而上层银行间暴露较下层银行联系更紧密,更接近完全市场。Lublóy(2006)研究发现匈牙利银行间市场具有多货币中心的网络结构,有15个货币中心,且这15家银行联系紧密,60%的银行间交易发生在这15家银行间。Craig和Peter(2014)通过德国中央银行1999—2012年间银行双边暴露数据研究,表明德国银行系统存在很强的分层特征。Van 和 Lelyveld(2014)通过荷兰银行间市场同业数据显示核心外围模型是银行间市场的"程序化事实",并发现荷兰银行网络中的外围银行通过核心中介银行连接。而对银行网络分层结构和货币中心结构特征,Li 和 He(2012)以及 Li 和 Zhang(2016)分别构建了银行网络模型解释了它们的形成机制。

学者们还发现多国的银行网络存在群聚结构。Boss 等(2004)分析奥地利银行网络结构时,发现其具有群聚结构。Iori 等(2007)研究还发现意大利银行网络中具有两个群聚结构,其一由外国银行和大银行构成,其二由小银行组成。Cajueiro 和 Tabak(2008)发现巴西银行网络也具有群聚结构,另外还具有高度的异质性。对于巴西银行系统,Tabak 等(2009)采用最小生成树方法研究了其拓扑结构,研究发现私有银行和外国银行倾向于形成群聚结构,同时不同规模的银行更易于形成连接进而形成群聚结构。

此外,银行网络还具有其他一些特征。Muller(2006)对瑞士银行网络结构进行实证研究,发现瑞士银行间市场是相当稀疏和高度集中的网络,两家大银行的交易头寸占据非常大的比重,州银行和地区银行形成了清晰的子网络。Finger 等(2013)基于意大利银行间存款电子市场隔夜贷款数据对银行网络进行了研究,表明月度和季度网络的集聚系数明显高于随机集聚系数。Finger 和 Lux(2014)对意大利银行网络结构进行了研究,发现该网络并不服从幂律分布,负二项分布对网络连接分布拟合最好。Raddant(2014)利用意大利 1999 年至 2010 年隔夜市场的借贷数据,发现意大利银行网络具有高网络密度,并且存在拆借偏好。Martinez-Jaramillo 等(2014)对墨西哥银行间市场进行实证研究,分析了其网络拓扑特征,通过银行与其他银行的互联性度量银行的重要性,并发现银行的互联性与其资产规模无关。Leonidov 和 Rumyantsev(2016)利用俄罗斯 2011 年至 2013 年银行间拆借市场的交易数据,发现俄罗斯银行系统具有蝴蝶结网络结构并且微观结构随时间不断演化。Silva 等(2016)在对巴西银行网络的研究中发现该网络具有可变多核心结构,同时具有高度的异配性,另外通过聚集系数评估金融机构之间的可替代性,发现在正常时期大银行机构之间是可替代的交易对手。

(二)企业网络结构特征

大量研究表明企业系统网络结构呈现无标度特征。Watanabe 等(2012)基于 100 万个日本企业的销售额数据构建企业贸易网络,研究显示该网络具有无标度特征。Miura 等(2012)在对日本的资金流网络研究中发现其入度和出度都显示相同的无标度网络特性。Mizuno 等(2014)基于 2008—2012 年间超过 50 万家日本企业构成的消费者—供应商网络研究发现同样具有无标度网络特性。沙浩伟和曾勇(2014)基于中国 2004—2010 年沪深 A 股中涉及交叉持股的上市公司为样本,研究发现:企业交叉持股网络属于典型的无标度网络,网络节点度具有不均匀分布性质,网络具有较低的网络密度。Golo 等(2015)发现意大利企业商业信用网络也具有无标度网络结构特征。Mizuno 等(2016)分析了由消费者—供应商、被许可方—许可方和战略联盟这三种网络构成的全球企业网络结构特征,研究结果表明:三种企业网络都具有无标度特征。董纪昌等(2016)构建了企业跨国并购网络,由交易数量及交易金额加权的点权分布特征显示,跨国并购网络是无标度网络。

其次,学者们研究发现企业系统网络结构还具有小世界特征。Ohnishi 等(2010)对包含961 318个节点和3 667 521条边的企业交易网络研究发现：该企业网络具有小世界网络特性。吕一博等（2013）构建了企业集群网络演进的多主体仿真模型，分析探讨了集群网络化演进的规律和特点，研究结论显示："资源导向"下的企业集群网络的长期演进与集群的初始网络状态无关，且集群网络内部总会出现主导企业，网络结构演进呈现明显的小世界特征。

此外，也有部分学者研究表明：企业网络结构具有无标度和小世界的双重特征。张燕和徐福缘（2010）基于复杂网络方法分别建立强/弱关系网的演化模型，并进行了仿真分析，结果表明企业强势关系网既有小世界网络中平均距离小，又有节点度分布接近幂律分布的特征，而企业弱势关系网具有较小的聚集系数，度分布表现出明显的无标度特征。张峰等（2012）针对国内外典型企业协同生产模式的特点，建立了企业协同生产网络的拓扑学模型，研究结果表明企业协同生产网络具备小世界特性和无标度特性。吉艳冰等（2014）基于商业银行的企业担保关系数据构建企业担保网络，研究发现担保网络具有小世界、无标度特征，节点度表现为异配，并且节点的核数和介数与节点的度没有明显的关系。李政等（2016）基于信息溢出的视角，构建了2008—2015年我国上市公司关联网络，研究发现我国金融机构的关联网络具有小世界和无标度等网络性质。Wang等（2016）基于中国汽车供应关系构建企业网络，研究发现企业网络具有无标度和小世界的特征。谢逢洁和崔文田（2016）发现陆运快递网络是一个小世界网络，同时度分布形式为无标度分布，存在明显地与地理位置相关的社区结构，并表现出富人俱乐部现象和节点度异配特性。

（三）银企网络结构特征

学者们对于银企系统网络结构的相关研究较少，主要表现出无标度特征以及社团结构。Souma等（2003）对由银行和企业组成的商业信贷网络进行了研究，研究表明银行入度分布具有双幂律特性，该商业信贷网络为无标度网络。De Masi等（2011）对由银行和企业组成的日本信贷网络进行了研究，发现银行累积度分布具有幂律尾部。De Masi和Gallegati（2012）对意大利银企信贷网络进行了研究，他们的研究表明多边借贷广泛存在，小企业倾向于与小银行相连接，而大企业倾向于与许多银行连接，并且银行的度分布呈现厚尾特征。Miranda和Tabak（2013）实证研究了意大利银企信贷网络，研究发现银行和企业的度分布为厚尾的幂律分布。Iyetomi和Matsuura（2014）构建了包含银行和上市企业的信贷网络，研究发现每个社团都有它自己的城市银行。此外，Marotta等（2015）对日本1980—2011年共32年的银企信贷网络进行了实证研究，研究表明每一年的银行—企业信贷网络均具有社团结构。He等（2016）构建了一个银企多主体信贷网络模型，研究表明企业资产上尾分布服从幂律分布，银行资产规模分布是一个带有幂律尾部的对数正态分布，而银行入度分布是一个双幂律分布，具有无标度特征。

（四）股票市场网络结构特征

首先，大量研究表明股票市场网络结构具有无标度特征和小世界特征。Garlaschelli等（2005）提出了一个描述金融市场的投资网络模型，模型中的股票和股东都表示网络节点，股权表示网络连边，且投资者节点的入度和连接入边的权重分别对应股息和投资量。

通过对三种实际网络进行实证分析,发现节点入度和入边权重呈现为具有特定指数的幂律分布特征。Song 等(2009)基于国际货币基金组织在 2001 年至 2006 年间的协同证券投资调查数据,构建了世界投资网络模型,研究发现网络度分布和点权分布服从幂律分布,具有无标度特征。Tse 等(2010)依据价格、收益率、交易量三个指标相关性建立的网络均具有无标度特性,且少数公司对股票市场价格产生广泛影响。Namaki 等(2011)依据交叉相关性大小建立网络,研究发现当阈值在一定范围内时,TSE 市场股票网络节点度分布服从幂律分布,大多数股票具有相同的较小的市场波动,而少数股票具有较大的市场波动。Galazka(2011)对利用 WRG 和 MST 构建的网络进行对比分析,发现在这两个模型中网络节点度均是幂律分布,且影响力大的节点不变。卞曰瑭等(2011)运用基于节点属性的网络建模方法,构建股市投资广义网络及其扩展模型,研究结果表明股市投资广义网络和扩展网络均具有无标度特征和小世界特性。张来军等(2014)基于复杂网络理论对深沪 300 指数构建网络拓扑结构,研究结果表明股票收益率和成交量指标具有较强的关联性,具有小世界性质。曾志坚等(2015)运用复杂网络方法,建立无向无权网络,考量新能源板块内 88 支股票间的联动性,结果表明:新能源股票间的收益具有联动性,一些股票在网络中占据重要位置,对于信息在新能源股票网络中的传递起重要作用,所构建的网络具有小世界效应和无标度特性。

其次,股票市场网络还具有异配性特征。Kyriakopoulos 等(2009)对奥地利股票市场中由 423 个股市交易者相互间交易行为构成的交易网络进行实证分析,研究发现奥地利股票市场交易网络节点间具有异配性特征。Tseng 等(2010)基于 WEB 模拟了 2 095 个交易者在 97 天内所产生的 16 936 个交易行为实验,分析了股市交易者交易行为网络的无标度和异配性特征。Jiang and Zhou(2010)基于 2003 年深圳证券交易所中高流动性股票的交易数据,将投资者设定为网络节点,每一笔交易作为连接买卖二者之间的连边,交易量视为连边的权重,构建了每一个交易日的股票交易网络模型。研究发现交易网络具有幂律分布和异配性特征。

然后,股票市场网络还呈现出社团结构。王娟等(2010)利用改进的 Newman 贪婪算法将沪市 A 股成功分为 13 个社团,并根据其紧密程度,得到受内部股价波动影响比较敏感的社团,并根据股票间的吸引率对社团之间的影响程度进行量化,找到联系最紧密的两个社团。王静和吴豪(2013)发现农业板块内部存在创业板、林业类、常规类等社团结构,其中创业板中部分股票在网络中起关键信息传播"桥梁"作用。韩华等(2013)将 2000—2011 年上海证券交易所 884 家 A 股公司结算价时间序列划分为 10 个时间段研究网络拓扑演化规律,发现个体之间平均相关性和聚集程度基本稳定;社团结构越来越明显,其中制造业一直处于网络核心地位。

另外,股票网络是动态演化的。Salvatore 等(2003)以不同长度的时间窗口计算收益率和波动相关系数,表明收益率关联网络与波动关联网络中节点度都随着时间窗口的长度而变化,其中收益率关联网络更为稳定。Boginski 等(2005)揭示了股票市场结构属性随着时间动态变化的过程,表明股票市场是一种自组织系统,并且随着全球化的发展,最大团的规模以及边密度呈稳定增长态势。张鼎和庄新田(2011)基于 VaR 关联性构建网络,发现短期内局部关联网络股价下跌,长期内大部分股价下跌,呈现行业轮动特征。Song 等(2011)对由全球 57 个市场指数构成的网络结构进行研究,表明网络结构慢速动态变化与经济全球化关联,快速动态变化与危机等极端时间关联。Wiliński 等(2013)研究发现网络拓扑结构在不同时间段发生变化,网络主体部分节点度始终服从幂律分布,次要部分节点结构则发生变化;发现一个中等规模的公司在网络临界状态和亚稳状态时分别处于网络中心和超级中心位置。Shirokikh 等(2013)对美国股市 5 857 只股票网络结构的研究发现,尽管随着时间的推移诸如度分布、密率参数等全局特征不变,但局部特征则发生变化,如内聚簇、最高度节点等发生变化。Yang 等(2014)发现危机时期股票相关性及依据相关性构建的网络结构发生改变。秦春雷等(2015)研究了金融危机时期恒生成分股的网络结构,结果显示最小生成树长度、直径、特征路径程度、网络聚合系数以及平均度等均在危机早期、中期和后期发生变化。

此外,学者们还对股票网络的其他拓扑结构进行了研究。Huang 等(2009)对节点度分布、派系、聚集系数等拓扑结构,以及删除节点后的网络稳定性等进行研究。Tabak 等(2010)研究了巴西股票市场,建立了网络的最小生成树,考察了聚集系数和最大连通子图随阈值的变化情况。Jiang 等(2013)基于 2005 年 8 月 22 日至 2006 年 8 月 23 日间的宝钢股票和权证的交易数据,以交易者为节点、买卖双方间的两两关系为边构建了超过 1 100 个股市交易者网络,研究发现交易者网络的拓扑测度(包括网络的中心势、同配性和平均路径长度)与表征股票和权证的金融变量(包括收益率、波动率、交易久期以及交易量)之间存在强烈的同步相关性。黄玮强等(2015)研究了我国 A 股网络各关联结构指标的关系,并使用动态熵衡量网络弹性。庄霄威和金秀(2015)使用最小生成树方法构建上海证券市场股票网络,计算网络的基本拓扑指标,分析这些指标与股票市场波动率的相关性,结果表明:网络的平均路径长度和市场波动率成负相关,市场波动率越高,节点之间的距离越短,网络收缩越紧密;平均占有层和市场波动率成负相关,随着市场波动率增加,网络中的点更趋近于中心节点;节点的最大度和市场波动率成正相关,随着市场波动率增加,网络节点之间的关联性增强,协同运动趋势增强。

三、基于网络理论的金融风险传染研究

(一)基于网络理论的银行风险传染研究

1. 基于网络理论的银行风险传染机制研究

网络结构在银行风险传染中扮演什么角色呢? 学者们进行了大量的研究,如 Nier 等(2007)使用随机网络来揭示银行网络的连通度和集中度对风险传染的影响,研究发现:连通度对传染的影响是非单调的,起初连通度的小幅增加能加大传染效应,但是超过某个阈值后连通度的增加能改善银行系统吸收冲击的能力;银行系统的集中度越高,更容易发生大的系统性风险。万阳松(2007)构建了双幂律银行网络结构模型和宏观结构与微观主体相结合的银行风险传染分析框架,并分析了违约冲击和基于分摊初始冲击方式下银行网络的结构特征与银行风险传染效应之间的关系。Haldane(2009)认为连通度在一定范围内为银行网络中的银行提供了相互保险机制进而扮演了冲击吸收器,但是当超过该范围时则扮演冲击放大器,加大风险传播和金融系统的脆弱性。Krause 和

Giansante(2012)运用 Logit 回归分析银行危机传染程度决定因素,指出银行网络的拓扑结构是最重要的因素,并且越充分连接和存在越少层级结构的网络越可以减少传染发生的可能性。Tabak 等(2014)研究表明,聚集系数可以作为度量系统性风险的方式,并且聚集系数与利率负相关。李江和李红刚(2016)基于银行负债表构建了银行拆借网络,模拟了银行系统在面对储户提款冲击下,由银行间资金挤兑和投资资产打折出售而引发的流动性短缺危机在银行体系中的传播过程,研究发现银行间借贷网络结构在流动性短缺危机传染中起着重要作用。

学者们还分析了网络异质性对风险传染的影响。银行网络同质是指银行初始规模相同,而网络异质是指每个银行网络节点初始规模不同。Iori 等(2001)通过对银行主体行为建模,研究了银行初始规模为同质和异质时银行风险传染特征的差异。研究发现,当银行初始规模均同质时,银行失败规模随着市场集中度的降低而降低;但是,当银行初始规模均异质时,银行失败规模与市场集中度的变化没有一致性。Iori 等(2003)进一步分析了银行法定准备金与银行风险传染的关系。该研究表明,当银行均完全同质(即初始净资产额、存款规模和投资机会等都完全相同)时,银行法定准备金额越高越容易导致传染性银行失败,但银行间借贷仍具有保险功能;当银行均异质,且是平均流动性储备有异质性时,传染效应会很强,此时的银行间市场也失去了保险功能。Iori 等(2006)基于随机网络研究发现,在银行同质情况下,银行间市场对银行系统起到稳定的作用;当银行为异质时,银行间传染效应可能发生,银行间市场稳定作用仍然存在但比较模糊不定。

此外,学者们比较了不同网络结构下的银行风险传染效应。Allen 和 Gale(2000)的研究结果表明银行风险传染是一种均衡现象,完全市场结构下可以实现最优风险分担;非完全市场结构下也可以实现最优风险分担,但该市场结构在面临流动性冲击时表现得更脆弱,更容易发生银行风险传染。Cassar 等(2001)分别假定银行网络结构为局部网络和全局网络的条件下,研究发现当银行网络为局部连接时,风险传染速度慢,且流动性不足;当银行网络为全局连接时,银行风险传播速度快,银行间流动性短缺并不突出。Aleksiejuk 等(2002)基于不同的银行网络结构模型,分析了银行失败时银行风险传染持续时间与银行风险传染程度之间的关系。研究发现,在二维和四维网格的银行网络中,银行失败时风险传染持续时间与风险传染过程中未被传染的银行数目之间分别呈指数衰减分布和幂律分布;而在三维网格的银行网络中,这一关系呈现出从次临界行为到临界行为的连续变化。Degryse 和 Nguyen(2004)研究认为银行系统从完全结构向多重货币中心结构的转变提高了银行系统的集中度,同时降低了风险传染。侯明扬(2008)基于双向选择的无标度权重构建了银行网络,研究发现随机网络比无标度网络更容易发生传染,且传染范围更广。Georg(2011)研究了随机网络、无标度网络和小世界网络的稳定性,仿真结果表明,银行网络的稳定性取决于市场拓扑结构和连通度;高连通度的网络,风险冲击速度更快,平均最短路径长度较长的网络更加稳健。Gai 等(2011)研究发现,在随机保证金冲击下,几何分布网络较泊松分布网络稳健;而在目标保证金冲击下,泊松分布网络较几何分布网络更稳健。Chen 和 Ghate(2011)研究表明,对于随机冲击而言,幂律网络比随机网络具有更强的鲁棒性,但对于特定攻击,则表现得更加脆弱。Lenzu 和 Tedeschi(2012)通过主体彼此间的表现信任程度构建银行间的信贷联系,发现随机网络较无标度网络在面对流动性冲击时具有更好的弹性。李守伟和何建敏(2012)研究了银行随机网络、小世界网络和无标度网络中银行间传染风险特征及其差异,并发现随机性冲击与选择性冲击造成的传染风险效应与网络结构以及遭受冲击银行数目密切相关。Ladley(2013)通过内生的银行网络模型研究发现,不存在一种银行网络结构对所有条件的冲击均最优,当面对大范围冲击时稠密的网络结构较稀疏的网络结构更容易遭受冲击的破坏。Georg(2013)对随机网络、无标度网络、小世界网络中的风险传染进行了研究,研究表明随机网络和无标度网络中的传染比小世界网络中的更严重,但当不考虑中央银行行动的时候,小世界网络要比无标度网络和随机网络更加不稳定。隋聪等(2014)研究了不同银行网络结构下银行系统性风险,发现集中度越高的网络由于传染而倒闭的银行数量越多;但是,当基础违约的银行数量不多时,网络集中度越高,由于传染而倒闭的银行总资产越少。Lux(2016)研究银行网络遭受冲击的传染性问题,结果表明核心边缘结构的银行网络比随机网络更具有潜在传染性。Duffy(2016)研究在完全网络和非完全网络下银行间发生风险传染的可能性,研究显示这两种网络结构下都会发生风险传染,但在非完全网络状态下更容易发生风险传染。邓超和陈学军(2016)基于多主体建模分析了银行核心—边缘网络的系统性风险,研究发现核心—边缘网络比无标度网络更易遭受共同冲击和传染风险,但在一定条件下,核心—边缘网络比其他结构网络表现出更强的恢复力特性。

2. 基于网络理论的银行风险传染控制研究

部分学者从网络结构优化的角度对银行风险传染进行控制策略设计。Leitne 等(2002)对金融网络中的风险传染、私人部门援助及最优网络规模设计等问题进行了研究,认为风险传染的存在使得金融网络最优设计成为可能,研究结果表明:第一,风险传染的存在,使一些银行在没有事先签订援助合约的前提下仍会对其他银行进行援助,这使得金融连接最优设计成为可能;第二,金融连接的存在可以实现风险分担,但也可能导致金融系统的崩溃,而最优网络设计可以在两者之间取得一个平衡;第三,即使银行间没有签订正式的援助合约,通过金融连接实现的自发自愿的私人部门援助也是实现共同保险的一种形式。Webber 和 Willison(2011)用网络法测算了银行系统性风险后,通过改变银行系统的结构来观察是否能有效防范风险,分别从增加银行的规模、改变银行同业网络结构、增加传染破产的成本等方面来优化。

从银行间市场流动性的角度,学者们研究了相应的风险控制策略。Gai 等(2011)对银行间市场风险免疫控制策略进行了政策模拟,研究发现:提高银行网络中重要银行流动性资产比例较提高网络中所有银行的平均流动性资产比例能更有效地抑制流动性危机的发生;将银行的流动性资产提高到一定比例,即使保证金顺周期下降到零,也几乎不会发生流动性危机。Georg(2013)基于包含中央银行的银行网络,研究了流动性供给对于银行风险传染的控制问题。研究表明,当银行的流动性供给超过一定阈值时,银行系统稳定性明显提升;且稳定性提升的效果是非线性的,即在阈值附近,即使很小的流动性供给变化仍会有较大的稳定系统效果,但当远离阈值的时候,即使流动性供给变化较大,其稳定系统效果亦没有发生较大变化。Capponi 和 Chen(2015)分析了银行流动性救助对减少系统性风险的作用,发现对于"核心—外围"结构的银行间市场,流动性救助重要银行对降低系统性的风险更有效;对于随机网络最大化银行系统的总流动性是降低系统风险的有效方法。

此外，学者们还从银行主体行为决策视角给出了相应的风险控制策略。Thurner 和 Poledna(2013)引入债务排行来判定银企主体关联网络中节点的系统性风险。其试图通过在模型中设置规则来减少银企风险传染：基于银行债务从小到大的原则将银行主体进行排序，借款主体优先向系统风险小的主体借款。当系统风险小的主体流动性不足时，才能向系统风险大的主体发出借款申请。此规则能够有效地降低银企间的风险溢出，说明债务的透明化有利于银企间风险溢出的控制。Riccetti 等(2013)构建了基于金融加速器的杠杆网络，研究表明中央银行如果提高利率必须谨慎考量银行系统是否已经很好地资本化，存款准备金提升改善了银行体系对于冲击的弹性。Ladley(2013)通过一个计算模型来对内生银行的行为和其利率进行分析研究，得出在确定条件下不同银行间的贷款通过对风险共同承担和提供一个失败传播的渠道，来增加系统稳定性。但是在面对相关银行较多的大型金融系统的冲击时，银行间贷款的数量越多反而会导致问题更加恶化。同时对于没有银行间系统的市场的稳定性最大化问题，保险存款成本的提高可以减少大规模银行间贷款活动的规模，进而提高系统的稳定性以降低风险。Catullo 等(2015)在其所构建的银企网络模型中设置干预政策，即不允许被政策干预的银行主体向风险水平超过某一标准值的企业主体发放贷款，研究表明该政策的使用可有效减少危机发生的可能性。

(二) 基于网络理论的企业风险传染研究

目前基于网络视角的企业风险传染研究相对较少，主要包括外生冲击、网络结构以及企业主体微观行为对风险传染的影响。Boissay(2006)通过构建企业商业信用网络模型，研究了遭受冲击时企业间财务风险传染问题，并利用美国 1986—2004 年数据对模型进行校正与仿真分析。Battiston 等(2007)基于企业间供给消费关系构建企业间贸易信贷网络，研究网络结构是否具有稳定性从而防止多米诺效应的发生，发现商业信用是导致破产由下游企业向上游企业传染的主要原因。Barro 和 Basso(2010)研究了具有空间交互作用的企业业务关联网络中的信用风险传染问题。张乐才(2011)对企业间资金担保网络的研究发现，只有当整体经济环境有利时，资金担保网络才是有益的，否则会引发企业间风险传染，导致企业全部陷入困境。Henriet 等(2012)构造一个基于投入产出关系的企业生产网络进而研究外生冲击对系统稳定性的影响，研究显示自然灾害相关的外部损失取决于直接损失异质性以及经济系统的网络结构，构造的模型可以再现灾害引发的经济崩溃。张泽旭等(2012)基于企业间资金担保网络分析了风险传染过程，研究发现担保链危机发生一级近邻传染、二级近邻传染、停止传染的临界条件与企业担保调整后的资产负债率有关。Hou 等(2014)构建了上下游企业的生产网络，企业彼此间由商业信贷连接，其在研究中设置了三种主体间交易对手选择机制：价格优先连接、信用优先连接及随机连接。研究表明随机连接情况下的风险传染效应最小，价格优先连接的风险传染效应最大，信用优先连接则居于二者之间。苟文均等(2016)以 CCA 模型为基础，分析债务杠杆与系统性风险传染之间的关系，结果表明债务杠杆攀升能够通过推升国民经济各部门风险水平，并使风险积聚于占据网络结构中心的金融部门，进而通过债务和股权两个渠道显著影响系统性风险的生成与传递。Cao 和 Han(2016)基于参数调整网络结构构建企业网络，研究风险厌恶行为与风险传染的关系，研究表明集体风险厌恶将对风险传染起到放大效应,当风险厌恶行为存在异质网络时具有稳健性。

(三) 基于网络理论的银企风险传染研究

目前学者们基于网络视角对银企间风险传染也展开了一定分析,主要从杠杆率、网络结构、债务排行等角度进行相关风险研究。Gatti等(2010)等基于上游企业、下游企业以及银行间的信贷关系构建信贷网络,信贷网络的结构基于交易对手选择机制随时间动态演化,研究显示如果杠杆率在一个很高的水平则经济系统可能会遭受冲击或导致重要的网络节点主体破产。Riccetti等(2013)构建了基于金融加速器的杠杆网络,研究了不同参数变化下的银企间风险传染。Aoyama(2014)重新定义了债务排行的概念,并通过对银行施加额外冲击,探测银行的违约对经济产生的影响。研究发现,不仅大的银行对整体经济产生影响,即使是小的区域银行亦会通过与局部的重要企业的连接而对经济产生较大影响。Grilli等(2015)基于信贷关联构建了银企主体模型,研究了信贷和金融系统的不稳定性来源及银行信贷连接对宏观经济活动的影响。Catullo等(2015)构建了银企主体模型,通过仿真研究指出银企风险传染与信贷网络结构和主体杠杆率相关,当网络连接较高且主体杠杆率亦较高的时候,即使很小的冲击亦可能具有较强的系统性效果。值得一提的是,Miranda和Tabak(2013)利用实际数据构建了银行信贷网络、银企二分信贷网络,采用压力测试,研究了风险经由银行-企业二分信贷网络向银行信贷网络传染的机制。Thurner和Poledna(2013)在研究债务排行透明度对金融风险传染影响的时候,利用计算机仿真构建银行信贷网络、银行间信贷网络,但忽略了企业与企业间的商业信贷网络。Li和Sui(2016)基于上下游企业间、银行间以及银企间的信贷关系,构造一个内生的金融网络来研究相关风险传染问题,结果表明增加潜在拆借对象的数量会导致银行破产的增加,而企业破产数呈现先增后减的趋势;当密度选择参数超过一定阈值时,三个行业的破产数不断增加并且维持在一个相对较高的水平;随着拆借利率的改变,不同行业破产数表现出不同的趋势。Lux(2016)构建了一个银企信贷网络随机模型,研究显示单个个体的违约几乎不会产生连锁反应,但在一定条件下则会导致整个系统的崩溃。总体结果对企业特征(如贷款规模或数量)的依赖似乎是模糊的,比较银行间信贷风险和企业间风险暴露,后者对于系统崩溃更重要。

(四) 基于网络理论的股票市场风险传染研究

对于复杂网络视角下股票市场风险传染,学者们从投资者主体行为的角度展开相关研究。卞曰瑭等(2011)将股市投资者和股票标的物视为网络节点,二者间的所有权关系视为网络连边,运用基于节点属性的网络建模方法,构建股市投资广义网络及其扩展模型,研究表明股市投资扩展网络在随机攻击策略下的稳定性较高,在蓄意攻击策略下的稳定性较低。肖欣荣等(2012)利用2005-2010年公募基金季报数据,通过投资者网络模型量化分析了机构投资者行为的传染以及资产价格的"异象"。实证分析结果表明,在熊市和震荡市中基金重仓股票仓位的变化与其基金网络有显著的正相关关系,而在牛市中两者之间关系不显著。此外,研究结果还表明基金重仓股票的网络密度对股票的动量或反转没有显著影响。邹松涛和何建敏(2015)构建包含两种不同类型股票和一个无风险资产的人工市场仿真平台,投资者基于预期价格所提交的订单在连续双向拍卖市场中完成交易和市场出清,并逐步引入投资者基于人际网络模仿行为、进入与退出市场、资金宽松与紧缺等动态演化机制进行对比实验。研究表明,模仿行为使风险较大的股票波动明显扩大;若对股票内在价值预期不变,市场中资金和投资者人数的增加并不会导致市场风险累积;持有股票组合的投资者退出市场行为是股票间市场风险传染的重要渠道。

此外,部分学者还从量化数学模型的视角来研究股票市场的风险传染。张鼎和庄新田(2011)以上海市场股票为节点,利用股票 VaR 数组之间的相关系数作为权值构建一个无向无权网络,结果表明单边下跌条件下各支股票的价格波动影响较大,而各支股票的风险相互影响较小,时间跨度较小的情况下持有不同股票所遭受的损失相差较大,而时间跨度较大的情况下持有不同股票所遭受的损失相差较小。乔海曙和杨蕾(2016)以沪深 300 指数成分股为节点构建股票关联网络,运用 CoVaR 方法测度各成分股对整体市场的系统性风险贡献度,研究个股在股市中关联度的大小与其系统性风险的关系。结果发现,在股票关联网络中越处于核心位置的股票,其系统性风险贡献度就越高。说明在股票市场中,关联度越广的上市公司,其传导危机的可能性越高,对系统性风险的贡献度越大。

四、总结与展望

由 2007 年美国次贷危机引发的全球性金融危机使得金融风险传染问题受到普遍关注,这也反映了相关部门对金融风险监管和控制的重要性。目前我国正不断深化金融改革,扩大金融对外开放,国有银行与外资银行之间的联系日益紧密,"一带一路"助力中国企业积极走出去,沪港通、深港通的运作使得中国股票市场更加活跃,这些举措在促进中国国际化进程的同时也为金融系统性风险发生提供了可能性。因此,研究金融风险特别是在当前金融系统复杂形态下显得尤为重要和迫切,而网络理论为刻画金融系统的高度关联性和研究金融风险传染提供了新的分析工具。尽管目前学术界在此领域取得了丰富的研究成果,但仍有以下一些问题需要深入系统的研究。

首先,现有银行网络、企业网络、银企网络和股票市场网络研究中,网络节点间的关联往往是单一某种关系,而金融系统中经济主体间的关联形式是多种多样的,应细化经济主体间关联形式或者同时考虑多种关联构建金融网络模型。如银行网络中可以将同业拆借关系进一步细分为隔夜同业拆借关系、短期同业拆借关系和长期同业拆借关系等,进而可构建银行多层网络模型;在股票市场网络中股票价格关联又可以进一步细分为线性相关、非线性相关、尾部相关和部分相关等形式,进而可构建股票市场多层网络模型;或者构建银行网络时同时考虑银行间同业拆借关系和股票价格关联等。

其次,现有金融网络研究中,网络节点类型较少或者往往是同质的。而现实网络大多是异质性的,不同节点和连边所扮演的角色往往差异巨大。因此在构建金融网络时,一方面应根据经济主体特征差异构建节点具有异质性网络,如银行网络中可将银行进一步细分为国有银行、股份制银行等;企业网络中可将企业进一步细分为供应商、制造商、分销商和零售商等。另一方面,构建金融网络时,应将更多类型的经济主体纳入分析,如在银行网络中,可将金融监管者纳入。

然后，现有文献对于金融风险传染的仿真研究，大多基于网络结构视角或主体行为视角下单一冲击导致的风险传染，而现实金融系统中的风险传染往往是多个机构同时受到多渠道冲击，因此现有研究缺乏更贴合实际的风险传染研究。此外，金融系统中具体包含不同类型的金融市场，更缺少不同市场间的联动性、传染性分析。

最后，目前基于网络理论的金融风险传染研究大多采用仿真分析的方法，鲜有用实际数据进行分析。随着大数据和云计算技术的发展，将分散的数据信息整合起来才有更大的价值，因此有必要基于金融大数据进行相应的风险传染研究和风险控制策略研究，同时网络理论是基于大数据对复杂问题进行建模的比较好的工具。

Review of Financial Network Theory and Financial Risk Contagion

HE Jianmin, LI Shouwei

（School of Economics and Management, Southeast University）

Abstract: The distinguishing feature of the modern financial system is its high correlation, which brings many economic benefits to the financial system and also provides a channel for financial risk contagion. The network theory provides a new research tool for this purpose. From topology characteristics of financial networks and studies on financial risk contagion at the network perspective, this paper sorts out the related research on financial network theory and financial risk contagion based on different financial networks, which include bank networks, enterprise networks, bank-enterprise networks and stock market networks. This would lay the foundation for future research in this field.

Key words: network theory, financial network, network structure, risk contagion

参考文献

[1] Aleksiejuk A, Holyst J A, Kossinets G. 2002. Self-Organized Criticality in a Model of Collective Bank Bankruptcies[J]. International Journal of Modern Physics C, 13(03): 333-341.

[2] Allen F, Gale D. 2000. Financial Contagion[J]. Journal of Political Economy, 108(1): 1-33.

[3] Allen F, Hryckiewicz A, Kowalewski O, et al. 2014. Transmission of Financial Shocks in Loan and Deposit Markets: Role of Interbank Borrowing and Market Monitoring[J]. Journal of Financial Stability, 15: 112-126.

[4] Aoyama H. 2014. Systemic Risk in Japanese Credit Network[M]. Econophysics of Agent-Based Models: Springer International Publishing.

[5] Barro D, Basso A. 2010. Credit Contagion in a Network of Firms With Spatial Interaction[J]. European Journal of Operational Research,205(2):459-468.

[6] Battiston S, Gatti D D, Gallegati M, et al. 2007. Credit Chains and Bankruptcy Propagation in Production Networks[J]. Journal of Economic Dynamics and Control,31(6):2061-2084.

[7] Battiston S, Gatti D D, Gallegati M, et al. 2012. Liaisons Dangereuses: Increasing Connectivity, Risk Sharing, and Systemic Risk[J]. Journal of Economic Dynamics and Control,36(8):1121-1141.

[8] Becher C, Millard S, Soramaki K. 2008. The Network Topology of CHAPS Sterling[R]. Bank of England Working Paper No. 355.

[9] Boginski V, Butenko S, Pardalos P M. 2005. Statistical Analysis of Financial Networks[J]. Computational Statistics & Data Analysis,48(2):431-443.

[10] Boissay F. 2006. Credit Chains and the Propagation of Financial Distress[R]. ECB Working Paper No. 573.

[11] Boss M, Elsinger H, Summer M, et al. 2004. Network Topology of the Interbank Market[J]. Quantitative Finance,4(6):677-684.

[12] Cajueiro D O, Tabak B M. 2008. The Role of Banks in the Brazilian Interbank Market: Does Bank Type Matter? [J]. Physica A: Statistical Mechanics and Its Applications,387(27):6825-6836.

[13] Cao Y, Han J. 2016. A Simple Contagion Model of Collective Risk-Averse Behavior on Inter-Enterprise Network[C]. Proceedings of the 2016 8th International Conference on Information Management and Engineering. ACM,47-51.

[14] Capponi A, Chen P C. 2015. Systemic Risk Mitigation in Financial Networks[J]. Journal of Economic Dynamics & Control,58:152-166.

[15] Cassar A, Duffy N, Version F. 2001. Contagion of Financial Crises Under Local and Global Networks[M]. Agent-Based Methods in Economics and Finance: Springer US.

[16] Catullo E, Gallegati M, Palestrini A. 2015. Towards a Credit Network Based Early Warning Indicator for Crises[J]. Journal of Economic Dynamics and Control,50:78-97.

[17] Chen X, Ghate A. 2011. Financial Contagion on Power Law Networks[R]. https://ssrn.com/abstract=1751143 or http://dx.doi.org/10.2139/ssrn.1751143

[18] Craig B, Peter G. 2014. Interbank Tiering and Money Center Banks[J]. Journal of Financial Intermediation,23(3):322-347.

[19] De Masi G, Fujiwara Y, Gallegati M, et al. 2011. An Analysis of the Japanese Credit Network[J]. Evolutionary and Institutional Economics Review,7(2):209-232.

[20] De Masi G, Gallegati M. 2012. Bank-Firms Topology in Italy[J]. Empirical Economics,43(2):851-866.

[21] Degryse H, Nguyen G. 2004. Interbank Exposure: An Empirical Examination of Systemic Risk in the Belgian Banking System[J]. Social Science Electronic Publishing,4(2):123-172.

[22] Duffy J, Karadimitropoulou A, Parravano M. 2016. Financial Contagion in the Laboratory: Does Network Structure Matter? [R]. https://ssrn.com/abstract=2793099.

[23] Finger K, Fricke D, Lux T. 2013. Network Analysis of the E-MID Overnight Money Market: The Informational Value of Different Aggregation Levels for Intrinsic Dynamic Processes [J]. Computational Management Science,10(2-3):187-211.

[24] Finger K, Lux T. 2014. Friendship Between Banks: An Application of an Actor-Oriented Model of Network Formation on Interbank Credit Relations[R]. Kiel Working Paper.

[25] Gai P, Haldane A, Kapadia S. 2011. Complexity, Concentration and Contagion[J]. Journal of Monetary Economics,58(5):453-470.

[26] Gai P,Kapadia S. 2010. Contagion in Financial Networks[J]. Proceedings of the Royal Society A: Mathematical,Physical and Engineering Science,466(2120):2401-2423.

[27] Galazka M. 2011. Characteristics of the Polish Stock Market Correlations[J]. International Review of Financial Analysis,20(1):1-5.

[28] Garlaschelli D,Battiston S,Castri M,et al. 2005. The Scale-Free Topology of Market Investments[J]. Physica A:Statistical Mechanics and Its Applications,350(2):491-499.

[29] Gatti D D,Gallegati M,Greenwald B,et al. 2010. The Financial Accelerator in an Evolving Credit Network[J]. Journal of Economic Dynamics and Control,34(9):1627-1650.

[30] Georg C P. 2011. Basel III and Systemic Risk Regulation—What Way Forward[R]. Graduate School "Global Financial Markets—Stability and Change" Working Papers.

[31] Georg C P. 2013. The Effect of The Interbank Network Structure on Contagion and Common Shocks[J]. Journal of Banking & Finance,37(7):2216-2228.

[32] Golo N,Kelman G,Bree D S,et al. 2015. Many-to-One Contagion of Economic Growth Rate Across Trade Credit Network of Firms[J]. Arxiv Preprint Arxiv:1506.01734.

[33] Grilli R,Tedeschi G,Gallegati M. 2015. Markets Connectivity and Financial Contagion[J]. Journal of Economic Interaction and Coordination,10(2):287-304.

[34] Haldane AG. 2009. Rethinking the Financial Network[R]. Speech Delivered at the Financial Student Association,Amsterdam.

[35] He J,Sui X,Li S. 2016. An Endogenous Model of the Credit Network[J]. Physica A:Statistical Mechanics and Its Applications,441:1-14.

[36] Henriet F,Hallegatte S,Tabourier L. 2012. Firm-Network Characteristics and Economic Robustness to Natural Disasters[J]. Journal of Economic Dynamics and Control,36(1):150-167.

[37] Hou Y,Xiong Y,Wang X,et al. 2014. The Effects of a Trust Mechanism on a Dynamic Supply Chain Network[J]. Expert Systems With Applications,41(6):3060-3068.

[38] Huang W Q,Zhuang X T,Yao S. 2009. A Network Analysis of the Chinese Stock Market[J]. Physica A:Statistical Mechanics and Its Applications,388(2):2956-2964.

[39] Inaoka H,Takayasu H,Shimizu T,et al. 2004. Self-Similarity of Banking Network[J]. Physica A:Statistical Mechanics and Its Applications,339(3):621-634.

[40] Iori G,De Masi G,Precup O V,et al. 2008. A Network Analysis of the Italian Overnight Money Market[J]. Journal of Economic Dynamics and Control,32(1):259-278.

[41] Iori G,Jafarey S,Padilla F G. 2006. Systemic Risk on The Interbank Market[J]. Journal of Economic Behavior & Organization,61(4):525-542.

[42] Iori G,Jafarey S,Padilla F. 2003. Interbank Lending and Systemic Risk King's College[R]. Department of Mathematics Working Paper.

[43] Iori G,Jafarey S. 2001. Criticality in a Model of Banking Crises[J]. Physica A:Statistical Mechanics and Its Applications,299(1):205-212.

[44] Iori G,Reno R,De Masi G,et al. 2007. Trading Strategies in the Italian Interbank Market[J]. Physica A:Statistical Mechanics and Its Applications,(376):467-479.

[45] Iyetomi H,Matsuura Y. 2014. Community Structure of a Bank-Firm Credit Network in Japan[C]. APS Meeting Abstracts,(1):17008.

[46] Jiang Z Q,Xie W J,Xiong X,et al. 2013. Trading Networks,Abnormal Motifs and Stock Manipulation[J]. Quantitative Finance Letters,1(1):1-8.

[47] Jiang Z Q,Zhou W X. 2010. Complex Stock Trading Network Among Investors[J]. Physica A:Statistical Mechanics and Its Applications,389(21):4929-4941.

[48] Kanno M. 2015. The Network Structure and Systemic Risk in the Japanese Interbank Market[J]. Japan and the World Economy,36:102-112.

[49] Krause A,Giansante S. 2012. Interbank Lending and the Spread of Bank Failures:A Network Model of Systemic Risk[J]. Journal of Economic Behavior & Organization,83(3):583-608.

[50] Kuzubaş T U,Ömercikoğlu I,Saltoğlu B. 2014. Network Centrality Measures and Systemic Risk:An Application to the Turkish Financial Crisis [J]. Physica A: Statistical Mechanics and Its Applications,405:203-215.

[51] Kyriakopoulos F,Thurner S,Puhr C,et al. 2009. Network and Eigenvalue Analysis of Financial Transaction Networks[J]. The European Physical Journal B—Condensed Matter and Complex Systems,71(4):523-531.

[52] Ladley D. 2013. Contagion and Risk-Sharing on the Inter-Bank Market[J]. Journal of Economic Dynamics and Control,37(7):1384-1400.

[53] Leitner H,Pavlik C,Sheppard E. 2002. Networks,Governance,and the Politics of Scale:Inter - Urban Networks and The European Union[M]. Geographies of Power:Placing Scale.

[54] Lenzu S,Tedeschi G. 2012. Systemic Risk on Different Interbank Network Topologies[J]. Physica A:Statistical Mechanics and Its Applications,391(18):4331-4341.

[55] Leonidov A V,Rumyantsev E L. 2016. Default Contagion Risks in Russian Interbank Market[J]. Physica A:Statistical Mechanics and Its Applications,451:36-48.

[56] Li S,He J. 2012. Fitness Model for Tiered Structure in the Interbank Market[J]. Complexity,17(5):37-43.

[57] Li S,Sui X. 2016. Contagion Risk in Endogenous Financial Networks[J]. Chaos,Solitons & Fractals,91:591-597.

[58] Li S,Zhang M. 2016. Money-Center Structures in Dynamic Banking Systems[J]. The European Physical Journal B,89(10):226.

[59] Li S,Zhuang Y,He J. 2016. Stock Market Stability:Diffusion Entropy Analysis[J]. Physica A: Statistical Mechanics and Its Applications,450:462-465.

[60] LublÓY A. 2006. Topology of the Hungarian Large-Value Transfer System[R]. MNB Occasional Papers.

[61] Lux T. 2016. A Model of The Topology of The Bank - Firm Credit Network and Its Role As Channel of Contagion[J]. Journal of Economic Dynamics and Control,66:36-53.

[62] Lux T. 2016. Network Effects and Systemic Risk in the Banking Sector[R]. Finmap-Working Paper.

[63] Maeno Y,Morinaga S,Matsushima H,et al. 2012. Transmission of Distress in a Bank Credit Network[J]. Arxiv Preprint Arxiv:1204.5661.

[64] Markose S,Giansante S,Shaghaghi A R. 2012. 'Too Interconnected To Fail'Financial Network of US CDS Market:Topological Fragility and Systemic Risk[J]. Journal of Economic Behavior & Organization,83(3):627-646.

[65] Marotta L,MiccichÈ S,Fujiwara Y,et al. 2015. Bank-Firm Credit Network in Japan:An Analysis of a Bipartite Network[J]. Plos One,10(5):E0123079.

[66] Martinez-Jaramillo S,Alexandrova-Kabadjova B,Bravo-Benitez B,et al. 2014. An Empirical Study of the Mexican Banking System's Network and Its Implications for Systemic Risk[J]. Journal of Economic Dynamics and Control,40:242-265.

[67] MartÍNez-Jaramillo S,PÉRez O P,Embriz F A,et al. 2010. Systemic Risk,Financial Contagion and Financial Fragility[J]. Journal of Economic Dynamics and Control,34(11):2358-2374.

[68] Miranda R, Tabak B. 2013. Contagion Risk Within Firm-Bank Bivariate Networks[R]. Central Bank of Brazil, Research Department.

[69] Miura W, Takayasu H, Takayasu M. 2012. The Origin of Asymmetric Behavior of Money Flow in the Business Firm Network[J]. The European Physical Journal Special Topics, 212(1): 65-75.

[70] Mizuno T, Ohnishi T, Watanabe T. 2016. Structure of Global Buyer-Supplier Networks and Its Implications for Conflict Minerals Regulations[J]. EPJ Data Science, 5(1): 1-15.

[71] Mizuno T, Souma W, Watanabe T. 2014. The Structure and Evolution of Buyer-Supplier Networks [J]. Plos One, 9(7): E100712.

[72] Muller J. 2006. Interbank Credit Lines as a Channel of Contagion [J]. Journal of Financial Services Research, 29(1): 37-60.

[73] Namaki A, Shirazi A H, Raei R, et al. 2011. Network Analysis of a Financial Market Based on Genuine Correlation and Threshold Method [J]. Physica A: Statistical Mechanics and Its Applications, 390(1): 3835-3841.

[74] Nier E, Yang J, Yorulmazer T, et al. 2007. Network Models and Financial Stability[J]. Journal of Economic Dynamics and Control, 31(6): 2033-2060.

[75] Ohnishi T, Takayasu H, Takayasu M. 2010. Network Motifs in an Inter-Firm Network[J]. Journal of Economic Interaction and Coordination, 5(2): 171-180.

[76] Raddant M. 2014. Structure in The Italian Overnight Loan Market[J]. Journal of International Money and Finance, 41: 197-213.

[77] Riccetti L, Russo A, 2013. Gallegati M. Leveraged Network-Based Financial Accelerator[J]. Journal of Economic Dynamics and Control, 37(8): 1626-1640.

[78] Salvatore Miccichè, Giovanni Bonanno, Fabrizio Lillo, et al. 2003. Degree Stability of A Minimum Spanning Tree of Price Return and Volatility [J]. Physica A: Statistical Mechanics and Its Applications, 324(1-2): 66 – 73.

[79] Santos E, Cont R. 2010. The Brazilian Interbank Network Structure and Systemic Risk[R]. Central Bank of Brazil, Research Department Working Papers.

[80] Shirokikh O, Pastukhov G, Boginski V, et al. 2013. Computational Study of the US Stock Market Evolution: A Rank Correlation-Based Network Model[J]. Computational Management Science, 10(2-3): 81-103.

[81] Silva T C, De Souza S R S, Tabak B M. 2016. Network Structure Analysis of the Brazilian Interbank Market[J]. Emerging Markets Review, 26: 130-152.

[82] Song D M, Jiang Z Q, Zhou W X. 2009. Statistical Properties of World Investment Networks[J]. Physica A: Statistical Mechanics and Its Applications, 388(12): 2450-2460.

[83] Song D M, Tumminello M, Zhou W X, et al. 2011. Evolution of Worldwide Stock Markets, Correlation Structure, and Correlation-Based Graphs[J]. Physical Review E, 84(2): 93-99.

[84] Soramäki K, Bech M L, Arnold J, et al. 2007. The Topology of Interbank Payment Flows[J]. Physica A: Statistical Mechanics and Its Applications, 379(1): 317-333.

[85] Souma W, Fujiwara Y, Aoyama H. 2003. Complex Networks and Economics[J]. Physica A: Statistical Mechanics and Its Applications, 324(1): 396-401.

[86] Tabak B M, Cajueiro D O, Serra T R. 2009. Topological Properties of Bank Networks: The Case of Brazil [J]. International Journal of Modern Physics C, 20(08): 1121-1143.

[87] Tabak B M, Serra T R, Cajueiro D O. 2010. Topological Properties of Stock Market Networks: The Case of Brazil [J]. Physica A: Statistical Mechanics and Its Applications, 389(2): 3240-3249.

[88] Tabak B M, Takami M, Rocha J M C, et al. 2014. Directed Clustering Coefficient as a Measure of

Systemic Risk in Complex Banking Networks[J]. Physica A：Statistical Mechanics and Its Applications，394：211-216.

[89] Thurner S，Poledna S. 2013. Debtrank-Transparency：Controlling Systemic Risk in Financial Networks[J]. Scientific Reports,(3)：10-17.

[90] Tse C K，Liu J，Lau F C M. 2010. A Network Perspective of the Stock Market[J]. Journal of Empirical Finance,17：659-667.

[91] Tseng J J，Li S P，Wang S C. 2010. Experimental Evidence for the Interplay Between Individual Wealth and Transaction Network[J]. The European Physical Journal B,73(1)：69-74.

[92] Upper C，Worms A. 2004. Estimating Bilateral Exposures in the German Interbank Market：Is There a Danger of Contagion？[J]. European Economic Review,48(4)：827-849.

[93] Van，Lelyveld I. 2014. Finding the Core：Network Structure in Interbank Markets[J]. Journal of Banking & Finance,49：27-40.

[94] Wang L，Liu S，Pan L，et al. 2016. Building and Analyzing of Enterprise Network：A Case Study on China Automobile Supply Network[J]. International Journal of Web Services Research (IJWSR),13(3)：64-87.

[95] Watanabe H，Takayasu H，Takayasu M. 2012. Biased Diffusion on the Japanese Inter-Firm Trading Network：Estimation of Sales From The Network Structure[J]. New Journal of Physics,14(4)：043034.

[96] Webber L，Willison M. 2011. Systemic Capital Requirements[R]. Bank of England Working Paper No. 436.

[97] Wiliński M，Sienkiewicz A，Gubiec T，et al. 2013. Structural and Topological Phase Transitions on the German Stock Exchange[J]. Physica A：Statistical Mechanics and Its Applications,392(23)：5963-5973.

[98] Yang C，Zhu X，Li Q，et al. 2014. Research on the Evolution of Stock Correlation Based on Maximal Spanning Trees[J]. Physica A：Statistical Mechanics and Its Applications,415(415)：1-18.

[99] 巴曙松,左伟,朱元倩. 2014. 中国银行间支付网络及其结构特征[J]. 系统工程,(11)：1-10.

[100] 卞曰瑭,何建敏,庄亚明. 2011. 股市投资网络模型构建及其稳定性[J]. 系统工程,29(12)：19-25.

[101] 曾志坚,岳凯文,齐力. 2015. 基于复杂网络的新能源股票间联动性研究[J]. 财经理论与实践,(6)：44-49.

[102] 邓超,陈学军. 2016. 基于多主体建模分析的银行间网络系统性风险研究[J]. 中国管理科学,24(1)：67-75.

[103] 董纪昌,焦丹晓,孙熙隆. 2016. 基于社会网络分析的全球跨国并购研究[J]. 管理评论,28(10)：202-213.

[104] 苟文均,袁鹰,漆鑫. 2016. 债务杠杆与系统性风险传染机制——基于CCA模型的分析[J]. 金融研究,2016(3)：74-91.

[105] 韩华,刘婉璐,汪金水. 2013. 证券市场的动态网络模型构建与演化规律研究[J]. 管理学报,10(2)：299-304.

[106] 侯明扬. 2008. 基于复杂网络的银行危机传染研究[D]. 青岛：青岛大学.

[107] 黄玮强,庄新田,姚爽. 2015. 我国股票关联网络拓扑结构与网络弹性关系研究[J]. 系统管理学报,(1)：71-77.

[108] 吉艳冰,王伟,赵亚伟. 2014. 基于复杂网络理论的担保网络研究[J]. 复杂系统与复杂性科学,11(2)：17-23.

[109] 李江,李红刚. 2016. 基于流动性配置的银行系统性风险研究[J]. 系统工程理论与实践,36(5)：1128-1135.

[110] 李守伟,何建敏.2012.不同网络结构下银行间传染风险研究[J].管理工程学报,26(4):71-76.
[111] 李政,梁琪,涂晓枫.2016.我国上市金融机构关联性研究——基于网络分析法[J].金融研究,(8):95-110.
[112] 吕一博,程露,苏敬勤.2013."资源导向"下企业集群网络演进的多主体仿真研究[J].系统工程学报,28(1):8-18.
[113] 乔海曙,杨蕾.2016.沪深300指数成分股系统性风险贡献分析——基于股票指标关联网络的研究[J].中南大学学报(社会科学版),22(3):114-123.
[114] 秦春雷,张巍,朱艳春.2015.金融危机下证券市场网络结构演化的实证分析[J].商业研究,57(3):98-103.
[115] 沙浩伟,曾勇.2014.交叉持股,网络位置与公司绩效的实证研究[J].管理科学,27(1):131-142.
[116] 隋聪,迟国泰,王宗尧.2014.网络结构与银行系统性风险[J].管理科学学报,17(4):57-70.
[117] 万阳松.2007.银行市场间风险传染形成机制及免疫策略研究[D].上海:上海交通大学.
[118] 王静,吴豪.2013.基于复杂网络的中国股市农业板块结构特征建模及实证分析[J].西北农林科技大学学报(社会科学版),(6):51-60.
[119] 王娟,王卫华.2010.基于复杂网络的股票社团化分析[J].武汉理工大学学报:信息与管理工程版,32(5):829-831.
[120] 邬松涛,何建敏.2015.股票市场风险成因及传染:基于多主体仿真研究[J].大连理工大学学报(社会科学版),36(3):54-60.
[121] 肖欣荣,刘健,赵海健.2012.机构投资者行为的传染——基于投资者网络视角[J].管理世界,(12):35-45.
[122] 谢逢洁,崔文田.2016.陆运快递网络的复杂结构特性及演化模型[J].系统管理学报,25(2):364-369.
[123] 张鼎,庄新田.2011.上海股市单边下跌股票风险复杂网络特性分析[J].东北大学学报(自然科学版),32(4):604-608.
[124] 张峰,杨育,贾建国等.2012.企业协同生产网络的拓扑特性分析[J].重庆大学学报,35(6):21-27.
[125] 张来军,杨治辉,路飞飞.2014.基于复杂网络理论的股票指标关联性实证分析[J].中国管理科学,22(12):85-92.
[126] 张乐才.2011.企业资金担保链:风险消释,风险传染与风险共享——基于浙江的案例研究[J].经济理论与经济管理,(10):57-65.
[127] 张燕,徐福缘.2010.基于复杂网络的企业关系网演变研究[J].科技与管理,12(5):70-74.
[128] 张泽旭,李鹏翔,郭菊娥.2012.担保链危机的传染机制[J].系统工程,(4):25-31.
[129] 赵胜民,谢晓闻,方意.2013.中国在全球股市风险传染网络中的角色研究——基于次贷危机和欧债危机时期的样本分析[J].财经论丛,(5):59-65.
[130] 庄霄威,金秀.2015.上海股票市场网络拓扑指标与波动率的相关性[J].东北大学学报(自然科学版),36(3):453-456.

产业升级进程中政府与市场的耦合机制

王文平　杨洲木

摘要：基于新古典生产函数理论和效用函数理论建立数学模型，阐释在产业升级的过往历史阶段、各种扭曲的诱因，进而聚焦于现阶段中国，剖析中国应如何实现低碳绿色型产业升级。主要结论包括：（1）过往历史阶段，产业升级目标与要素禀赋结构不匹配、即过度追赶是各种扭曲的诱因。（2）秉持绿色发展理念的当下中国，对于能源技术禀赋具有异质性的不同区域而言，政府与市场的耦合模式需要转型。在能源技术禀赋满足低碳绿色型产业升级约束条件的区域，政府与市场应形成"市场增进型耦合模式"；其他不满足能源技术禀赋约束条件的区域，政府与市场应形成"绿色能源技术共享型耦合模式"。（3）消除要素价格扭曲，是使得中西部避免走东部"先污染后治理"的旧有路径的抓手。

关键词：产业升级；要素禀赋；低碳绿色型产业；耦合

一、引言

改革开放以来，中国经济快速发展，中国的工业化进程创造了空前未有的物质财富，也产生了难以修复的生态创伤。从中国产业系统的现状来看，"大而不优"和"资源环境损耗严重"成为产业升级进程中亟待解决的问题。毋庸讳言，今天的中国正处于新旧动能转换、产业升级和结构转型的重要关口，直面经济增速换挡、环境压力剧增、要素红利渐罄、发展空间逼仄的现实情境，急需我们探寻中国经济低碳、绿色、循环、可持续增长[3]的新动能，中国产业升级的实践也催生了越来越多的经济体制深层次改革的需求，产业

---

① 基金项目：国家社会科学基金重大招标项目（12&ZD207）；国家自然科学基金项目（71273047，71172044），江苏省高校哲学社会科学研究重大项目（2014ZDAXM002）。

② 作者简介：王文平，东南大学经济管理学院教授、博士生导师；杨洲木，南京信息工程大学数学与统计学院讲师。

③ 相关背景也可参见：中国在"国家自主贡献"中明确提出，相比于2005年，中国在2030年的单位GDP碳排放下降60%~65%。2017年1月18日，习近平主席在联合国日内瓦总部发表的《共同构建人类命运共同体》的主旨演讲中，强调"坚持绿色低碳，建设一个清洁美丽的世界"是全人类共同的责任。2017年5月14日，习近平主席在"一带一路"国际合作高峰论坛上的主旨演讲中重申："我们要践行绿色发展的新理念，倡导绿色、低碳、循环、可持续的生产生活方式，加强生态环保合作，建设生态文明，共同实现2030年可持续发展目标。"

升级进程中,政府与市场间的关系及各自的边界更是亟待厘清(蔡昉,2016a)。

正如十八届三中全会提出的那样,让市场在资源配置中起决定性作用,更好地发挥政府作用。即在产业升级进程中,市场和政府都要发挥好的作用,那么,两者之间到底如何分配"决定性的作用"和"好的作用"?这个问题在理论上没有定论(胡家勇,2016a)。有很多自成一家的很严谨的理论体系,但在实践中,如在中国、在非洲、在东亚、在拉美,其效果并非相同,甚至大相径庭(蔡昉,2016b;蔡昉,2016c)。譬如,发展经济学的第一波思潮——结构主义认为,政府应该是产业升级的主体,而随着二战结束以来,奉行"进口替代战略"的结构主义在指导发展中经济体产业升级中不断失误,结构主义的影响日渐式微;发展经济学的第二波思潮——新自由主义则秉持"华盛顿共识",认为发展中经济体产业升级滞后、经济绩效不佳的原因在于政府对市场的过度干预,进而主张快速推行以私有化、市场化、自由化为特征的"休克疗法",20世纪90年代,随着实施"休克疗法"的转型国家普遍陷于崩溃、停滞、危机不断的境地,新自由主义也引起了广泛的反思乃至批判(林毅夫,2016);林毅夫教授引领的发展经济学第三波思潮——新结构经济学[①]将要素禀赋结构带回经济研究的核心,强调产业结构的内生性,认为一个经济体的最优产业结构内生于该经济体的要素禀赋结构,且随时间动态演化(林毅夫、刘明兴,2004;林毅夫、龚强,2010;徐朝阳、林毅夫,2010;王勇,2013;Ju et al.,2015;林毅夫,2016),在产业升级进程中,"有效市场"和"有为政府"需要协同发力,"市场有效"以"政府有为"作前提,"政府有为"以"市场有效"为依归(林毅夫、苏剑,2014;王勇、华秀萍,2017),新结构经济学开启了一场经济学的结构革命(付才辉,2017a)。

发展经济学理论应正本清源,过往历史中,在中国追求民族复兴、加快发展的时间阶段,不可或缺地实施了产业升级的追赶战略,甚至是赶超战略(林毅夫、刘明兴,2004)。而对新常态下的中国而言,一方面,各区域的产业升级路径呈现出"异质性",伴随着东部沿海增速换挡后的产业升级,有中部资源大省力争摆脱"资源诅咒"的深入探索,也有东北老工业基地持续增长的难以为继,更有西部基于比较优势的稳步崛起(杨洲木等,2017);另一方面,各区域的工业化进程展现出"梯度性",大部分中西部区域位于工业化初、中期,而上海、北京、江苏等东部区域大多已步入工业化后期[②]。面对"保增长"和"调结构"的双重挑战,诸多学者纷纷解读、献策,"产业梯度转移理论"应运而生,其要义是政府因势利导,从而疏通东部的传统制造业,特别是劳动密集型产业向具有要素禀赋比较优势的中西部转移的路径(干春晖,2016;欧阳煌等,2016)。"产业梯度转移理论"擘画的是中国东、中、西部的产业梯度发展图景,但尚未澄清"产业梯度转移"完成后的产业升级逻辑。

直面东部"蓝天保卫战"和中西部"增长渴望"的现实,本文聚焦于以下亟待研究和解决的问题:(1)针对位于工业化初、中期,承接产业转移的部分中、西部区域而言,政府与

---

① 按照新结构经济学的新的洞见,传统的发展经济学理论的局限性在于以发达国家为圭臬,结构主义重视政府作用而忽视市场作用,将政策的落脚点聚集于发展中国家"缺什么"(如先进的产业),倡导"进口替代战略";新自由主义以华盛顿共识为依照,重视市场作用而忽视政府作用,眷注于发展中国家"什么做得不好"(民主体制、市场经济制度等),实施"休克疗法"。结构主义和新自由主义均将发达国家的今天视为发展中国家的明天,主张发展中国家以发达国家为标尺,奉行脱离实际的产业升级政策。这种做法的流弊在于,它忽视了发展中国家有什么(要素禀赋)、能够做好什么(比较优势)、以及政府在甄别增长动力和瓶颈制约因素等方面的作用。

② 可参见黄群慧、韵江、李芳芳,2015:《工业化蓝皮书:"一带一路"沿线国家工业化进程报告》,社会科学文献出版社。

市场如何协同发力,使得中、西部避免走东部"先污染后治理"的老路?(2)对于上海、北京、江苏等步入工业化后期的东部区域而言,又该如何协调好政府与市场的关系,以因地施策、因结构而制宜,进而率先实现劳动密集型产业、资本密集型产业升级为低碳绿色型产业[①]?

本文在新结构经济学的理论框架下,基于新古典生产函数理论和效用函数理论建立数学模型,试图剖析产业升级进程中政府与市场的耦合机制,以期为力争突破产业升级藩篱的当下中国增添助力。本文接下来的安排如下:第二部分为产业升级进程中政府—市场间关系的文献回顾;第三部分为基本模型,具体而言,包括"资本密集型产业追赶战略"的政府—市场耦合模型、"低碳绿色型产业扶持战略"的市场—政府耦合模型;第四部分给出了本文主要结论及政策建议,并对未来的研究提出展望。

二、文献回顾:产业升级进程中政府与市场的关系

正如当代经济学著名的"卢卡斯之问"——"经济增长的秘密和机制到底是什么",很长一段时间里,无论是在经济学还是在政治学,抑或是在管理学领域,政府和市场扮演的经济角色分别是什么、应该是什么,以及如何确定最优政府规模(government size),是经久不衰的研究课题(顾昕,2016),学界的聚讼从未停止,有关政府—市场间关系的讨论、辩论、争论更是不绝于耳[②]。1945年,Hayek在《美国经济评论》上的经典论文《知识在社会中的应用》[③],从信息角度揭示了计划经济为什么效率低下:由于信息的不完备,无论中央计划者多么努力,都难以做出正确的计划(Hayek,1945)。Hayek以简洁而强有力的逻辑,说明了不存在一个全知全能的计划者,相应的解决方案是政府将权力交还市场,即推行市场经济(黄张凯,2017)。与之相应,Grossman和Stiglitz(1980)却认为,虽然在信息分散的市场经济中,市场化的价格体系是要素配置的有效手段,但由于信息成本的存在,使得价格无法完全反映信息,竞争均衡与有效信息市场是相互矛盾的[④],其潜在的逻辑是,虽然"看不见的手"在亚当·斯密的简化世界中运转良好,但在具有私人信息、交易成本和外部性的复杂现实世界中,并不总是成功,因此,政府的有为作用同样必不可少。历史长河中,经济学大师间层出不穷的学术争鸣背后,是对产业升级进程中政府—市场

[①] 本文把单位产出人均能耗以及人均 CO_2 排放远低于社会平均水平的产业称为低碳绿色型产业,也可参见:佟贺丰,等.中国绿色经济展望:2010—2050[M].北京:科学技术文献出版社,2015。与之相应的一个背景是,2015年4月25日,中共中央、国务院发布了《关于加快推进生态文明建设的意见》,明确提出了"发展绿色产业、推进节能减排"的目标,"绿色发展"作为"五大发展理念"之一应运而生,其要义是政府审时度势,引导劳动密集型产业、资本密集型产业升级为低碳绿色型产业。

[②] 20世纪30年代,哈耶克(Hayek)与凯恩斯(Keyens)之间曾发生过一场影响深远的理论论战,不但推进了对现代市场经济运行的认识,也催生了经济学理论中的"凯恩斯革命"。可参见:韦森.重读哈耶克[M].北京:中信出版社,2014。另外,2016年,围绕着产业升级进程中政府扮演的经济角色定位,到底是"有为政府""有限政府""有效政府",抑或"有限的有为政府",国内学术界存在诸多学术争鸣,可参见:王勇,华秀萍.详论新结构经济学中"有为政府"的内涵——兼对田国强教授批评的回复[J].经济评论,2017,3(205):17—30.

[③] 2011年第1期《美国经济评论》出版了百年纪念特刊,并公布了由阿罗(K. J. Arrow)、索洛(R. M. Solow)等六位著名经济学家组成的评选委员会所甄选出的、对经济学发展与实践产生深远、重大影响,且富有创造性的"20篇最佳论文",哈耶克的《知识在社会中的应用》位列第二。

[④] Grossman 和 Stiglitz 的经典论文——《论信息有效市场的不可能性》,同样位列《美国经济评论》百年纪念特刊。

间关系的深度追问。

追寻历史演化的轨迹,早在1776年,亚当·斯密在《国富论》中就曾指出,政府应当扮演"守夜人"的角色,而将经济发展交由市场"看不见的手"去调控,亦即"恺撒的归恺撒"——政府的问题政府解决,"上帝的归上帝"——市场的问题市场解决(付才辉,2017b)。"最好的政府是管事最少的政府",这句在英语世界广为流传的名言是古典自由主义"守夜人政府""小政府大社会"等倡议的经典概括(秦晖,2005),然而两个多世纪后的今天,这样的政府在现实中、包括在英语世界里,仍是海市蜃楼式的虚幻。或许正如李普曼的深刻洞悉:"最好的政府是对市场管制最少的政府,这完全正确;但同样正确的是:最好的政府也是提供服务最多的政府。"(叶青青,2010)不可置疑的是,市场具有达尔文式的优胜劣汰机制,但同样,政府职能也不可或缺。公共财政学的创始人马斯格雷夫也曾指出,提升要素配置效率以弥补市场失灵,保持经济稳定,以及进行收入再分配是政府的三大使命(顾昕,2016)。回顾产业升级进程中政府—市场间关系的学术文献,主要包括以下两种主要理论:"发展型政府理论"(developmental state theory)、"市场增进型政府理论"(market-augmenting government theory)。

"发展型政府理论"于20世纪80年代兴起[①],旨在解释发生在日本、韩国和中国台湾地区的"东亚经济奇迹",随之演化为政府主导型发展模式的理论基础(顾昕,2013a)。"发展型政府"聚焦于国家与市场间关系的不同情境,意指一种特定的政府行为、政策和制度模式,这样的政府拥有一批具有强烈发展意愿的精英,他们超脱于社会力量或利益集团的左右,有能力自主地制定高瞻远瞩的国家发展战略,并最终将有限的资源动员起来,通过产业政策的实施,进而推动所管辖地区的产业升级和经济繁荣(顾昕,2013a)。"发展型政府理论"通首至尾,在学术界引发了广泛的关注和讨论。琳达·维斯等(2009)将比较历史分析引入其中,将政府主导型发展模式看作普世现象、而不仅仅是东亚经济奇迹;在《国家与经济发展》一书中,琳达·维斯进一步认为,政企之间的竞争性合作关系(competitive collaboration)是政府主导型发展的典型特征。Evans和Peter(1997)在《嵌入型自主性:国家与工业转型》一书中也指出,发展型政府的体制性特征并不局限于国家自主性,还包括连通宏观层面政府的发展战略、与微观层面企业的生产经营活动之间的"制度化管道"。阿姆斯登将发展型政府视为所谓的"修正主义发展模式",是对西方"新自由主义"发展模式的挑战,在《"余者"的兴起:后发工业化经济体对西方的挑战》中,阿姆斯登将政府主导型发展解读为有别于自由市场主导型之外的新发展模式(顾昕,2013b)。阿图尔·科利等(2007)着眼于发展中经济体政府干预经济发展的各种政策、战略,亦即"发展主义发展模式",冀图从政治经济学的比较制度分析视角,勾画出一个统一的理论分析框架。许小年认为(佚名,2015),中国自改革开放后长达30多年的经济高速增长奇迹,其背后蕴含着政府的主导作用,即有赖于政府投入、配置资源进而为产业升级、经济增长增添活力,也因而,中国的经济增长模式由"斯密模式"转变为"凯恩斯模式","无形之手"的活动范围被大大压缩,产业升级对"有形之手"的依赖愈发增强,也滋生出政策套利的空间(蔡庆丰等,2017)。

[①] "发展型政府理论"源于查莫斯·约翰逊(Chalmers Johnson)在1982年出版的《通产省与日本奇迹》一书,此书论证了日本政府通过产业政策的实施对日本奇迹的重大推进作用。可参见:Johnson C. MITI and the Japanese Miracle [M]. Stanford: Stanford University Press, 1982.

虽然在追求经济繁荣的历史进程中,政府主导型发展模式不乏成功的案例,但对其质疑也不胜枚举,政府主导的产业升级并非永远是灵丹妙药。譬如,诸多经济学家质疑"发展型政府理论"中的"好人政府"暗含假设,即政府被视为众多"一心一意谋发展的楷模"的集合,他们不仅深谙经济发展规律,而且充满利他主义情怀,即具有高人一等的知识、洞察力和责任感(顾昕,2013c)。基于对"发展型政府理论"的反思,奥尔森提出了"市场增进型政府理论"(顾昕,2013a),其理论基础可以理解为一个强政府是弥补市场失灵的必要条件(王勇、华秀萍,2017),但问题的关键是,当市场失灵时政府也可能失灵,因而政府干预有效或政府失灵概率较低的情形,依赖于政府是市场的补充而非主导,政府的功能体现在改善市场以及解决协调失灵(顾昕,2013a;王勇、华秀萍,2017)。Bardhan(2015)则指出,政府不应该仅仅充当市场的"守夜人",在不同的发展阶段和不同的地缘政治情境下,政府甚至需要充当产业升级、经济活动的向导、协调员。诺贝尔经济学奖得主诺思则多次强调,国家的创立和运行不仅是经济增长的基本前提条件,往往也是经济下滑的原因之一(顾昕,2013c)。毋庸讳言,市场机制在为基本要素估值、提供正确的价格信号和适当的激励机制,以及驱使要素达到帕累托有效配置等方面不可或缺,然而,现代经济增长本质上是技术创新、产业升级和多样化的过程,也是各类软的基础设施和硬的制度环境不断改善的过程(林毅夫、苏剑,2014)。在产业升级动态过程中,如何合理定位,抑或澄清政府与市场间的关系,时不我待。

跳出狭义上政府与市场"零和博弈"的窠臼,回归广义上政府与市场协同发展的本真,正如顾昕(2013c)所言:"如果能超越国家与市场的二元对立,那么奥尔森的国家兴衰之谜和诺思关于国家的困惑①,就会有全新的答案。"市场设计并不是要么市场、要么政府的问题,而是市场加上政府才能解决的问题(胡家勇,2016b)。同样,产业升级中,政府干预不是要不要的问题,而是应该如何去做的问题。

三、基本模型

考察资本、劳动力、能源存量分别为 K、L、E 的发展中经济体,有三种类型产品——劳动密集型产品、资本密集型产品、低碳绿色型产品,其外生价格分别为 p_1、p_2、p_3。K_i、L_i、E_i 分别表示三种产品相应的资本、劳动力、能源投入,三要素生产函数 $Q_i = F_i(K_i, L_i, E_i)$,$i=1,2,3$ 满足新古典假设,即 $Q_i = F_i(K_i, L_i, E_i)$ 满足:①一次齐次性,即 $F_i(\lambda K_i, \lambda L_i, \lambda E_i) = \lambda F_i(K_i, L_i, E_i)$,其中 $\lambda > 0$;②二阶连续可微,且为凹函数;③Inada 条件,即一阶偏导数大于 0,二阶偏导数小于 0,且当要素投入趋于 0 时,一阶偏导数趋于无穷大,当要素投入趋于无穷大时,一阶偏导数极限为 0。记利率(资本的价格)为 r、工资率(劳动力价格)为 w、能源价格为 e,则要素价格向量可表示为 $\omega = (r, w, e)$。对于任意的要素价格向量,记生产 1 单位产品 $i=1,2,3$ 的最小成本为 $\alpha_i(\omega)$,$\beta_i(\omega) = [K_i(\omega), L_i(\omega), E_i(\omega)]$ 表示成本最小化时生产 1 单位产品 $i=1,2,3$ 的要素投入组合。

---

① 诺思在多部论著中指出,国家的创立和运行是经济增长的基本先决条件,但在很多情况下,国家也是经济下滑的原因。即所谓的"诺思悖论"或"诺思困惑"。

资本禀赋与能源技术禀赋假设要求对任意的要素价格向量 $\omega=(r,w,e)$，满足：$\frac{K_1(\omega)}{L_1(\omega)}<\frac{K_2(\omega)}{L_2(\omega)}$，$\frac{E_3(\omega)}{L_3(\omega)}<\min\left\{\frac{E_1(\omega)}{L_1(\omega)},\frac{E_2(\omega)}{L_2(\omega)}\right\}$。记 $\hat{\omega}=(\hat{r},\hat{w},\hat{e})$ 为三种类型产品的外生价格分别等于单位生产成本时相应的要素价格，在市场有效度 $X_M\in[0,1]$、政府有为度 $X_G\in[0,1]$、政府与市场的协同度 $X_{GM}\in[0,1]$①给定的情形下，关于要素禀赋和产业结构之间的关系，我们直接给出以下性质和定义：

性质1：不考虑能源 E 约束的情况下，随着经济体要素禀赋 K、L 的变化，按照比较优势理论，由要素禀赋内生出的产业结构的具体形式为：① 若 $\left\{(K,L,E)\in R_+^3:\frac{K}{L}<\frac{K_1(\hat{\omega})}{L_1(\hat{\omega})},E\in R^+\right\}$，即经济体在生产劳动密集型产品方面，资本稀缺、劳动力充裕，则经济体偏向于专业化生产劳动密集型产品②；② 若 $\left\{(K,L,E)\in R_+^3:\frac{K}{L}>\frac{K_2(\hat{\omega})}{L_2(\hat{\omega})},E\in R^+\right\}$，即经济体在生产资本密集型产品方面，资本充裕、劳动力稀缺，则经济体偏向于专业化生产资本密集型产品③；③ 若 $\left\{(K,L,E)\in R_+^3:\frac{K_1(\hat{\omega})}{L_1(\hat{\omega})}<\frac{K}{L}<\frac{K_2(\hat{\omega})}{L_2(\hat{\omega})},E\in R^+\right\}$，即经济体在生产劳动密集型产品方面，资本充裕、劳动力稀缺，而在生产资本密集型产品方面，资本稀缺、劳动力充裕，则经济体既会生产劳动密集型产品，也会生产资本密集型产品。

性质2：不考虑资本 K 约束的情况下，随着经济体要素禀赋 L、E 的变化，按照比较优势理论，由要素禀赋内生出的产业结构的具体形式为：① 若 $\left\{(K,L,E)\in R_+^3:\frac{E}{L}<\frac{E_3(\hat{\omega})}{L_3(\hat{\omega})},K\in R^+\right\}$，则经济体偏向于专业化生产低碳绿色型产品④；② 若 $\left\{(K,L,E)\in R_+^3:\frac{E}{L}>\max\left\{\frac{E_1(\hat{\omega})}{L_1(\hat{\omega})},\frac{E_2(\hat{\omega})}{L_2(\hat{\omega})}\right\},K\in R^+\right\}$，则经济体会生产资本密集型和劳动密集型产品；③ 若 $\left\{(K,L,E)\in R_+^3:\frac{E_3(\hat{\omega})}{L_3(\hat{\omega})}<\frac{E}{L}<\min\left\{\frac{E_1(\hat{\omega})}{L_1(\hat{\omega})},\frac{E_2(\hat{\omega})}{L_2(\hat{\omega})}\right\},K\in R^+\right\}$，则经济体会同时生产劳动密集型、资本密集型以及低碳绿色型产品。

定义1：绿色发展理念提出之前，中国在劳动密集型产业向资本密集型产业升级的过程中，当要素禀赋结构满足 $\left\{(K,L,E)\in R_+^3:\frac{K_1(\hat{\omega})}{L_1(\hat{\omega})}<\frac{K}{L}<\frac{K_2(\hat{\omega})}{L_2(\hat{\omega})},E\in R^+\right\}$ 时，政府通过

---

① 理论上，在每一个特定的时刻，经济发展的外部环境——政府和市场的"状态"是给定的，本文的"市场有效度""政府有为度"以及"政府与市场的协同度"受林毅夫教授创立的"新结构经济学"中有效市场、有为政府的启发，作为初始的原创性尝试，笔者姑且"杜撰""市场有效度""政府有为度"以及"政府与市场的协同度"这三个词，以求教于学界。

② 需要说明的是，专业化生产劳动密集型产品是理论情景，现实中，出于产业多样性的考虑，政府会激励部分资本密集型产品的生产。

③ 现实中，出于保障就业率的考量，政府会激励部分劳动密集型产品的生产。

④ 现实世界中，出于保障产业多样性和就业率的双重考量，政府会激励部分劳动密集型产品和资本密集型产品的生产。譬如，当下美国，特朗普政府所提出的"制造业再回归"便是例证。

优化政府有为度 X_G、政府与市场的协同度 X_{GM}①，以及制定产业政策，进而引导劳动密集型产业向资本密集型产业升级的策略称为"资本密集型产业追赶战略"。

定义 2：绿色发展理念提出之后，对于现阶段正处于劳动密集型产业、资本密集型产业向低碳绿色型产业升级进程中的中国而言，当要素禀赋结构满足 $\left\{(K,L,E) \in R_+^3 : \frac{E_3(\hat{\omega})}{L_3(\hat{\omega})} < \frac{E}{L} < \min\left\{\frac{E_1(\hat{\omega})}{L_1(\hat{\omega})}, \frac{E_2(\hat{\omega})}{L_2(\hat{\omega})}\right\}, K \in R^+\right\}$ 时，政府通过优化市场有效度 X_M、政府与市场的协同度 X_{GM}②，以及制定产业政策，进而引导劳动密集型产业、资本密集型产业向低碳绿色型产业升级的策略称为"低碳绿色型产业扶持战略"③。

（一）"资本密集型产业追赶战略"的政府—市场耦合模型

绿色发展理念提出以前，不考虑能源 E 约束的前提下，当 $\frac{K_1(\hat{\omega})}{L_1(\hat{\omega})} < \frac{K}{L} < \frac{K_2(\hat{\omega})}{L_2(\hat{\omega})}$ 时，可求出完全竞争的市场经济条件下的要素的均衡价格 $\omega^\# = (\omega^\#, r^\#, e^\#)$、均衡的要素配置 $K_i^\#, L_i^\#, E_i^\#$ 以及均衡产出水平 $Q_i^\# = F_i(K_i^\#, L_i^\#, E_i^\#)$，$i = 1, 2, 3$。进而，由罗伯津斯基定理④，伴随着资本禀赋 $\frac{K}{L}$ 的增大（即资本积累导致要素禀赋结构提升），资本密集型产业的均衡产出 $Q_2^\#$ 增加、劳动密集产业的均衡产出 $Q_1^\#$ 减少。以上分析说明，在政府不施加干预的情形下，劳动密集型与资本密集型产业的实际产出分别等于均衡产出 $Q_1^\#$、$Q_2^\#$。历史情境中，在追求经济繁荣抑或民族复兴的轨道上，"追赶"成了发展中经济体的"常态"，中国也不例外，与之相应，政府往往制定"资本密集型产业追赶战略"，会偏好于提高资本密集型产业的产出。

受张鹏飞（2011）、Zhu（2017）的启发，假设政府可由典型性的领导人 A 所代表，A 关注政府—市场的功能耦合所带来的社会总福利变化，着眼于四个变量：政府有为度 $X_G \in [0,1]$、政府与市场的协同度 $X_{GM} \in [0,1]$、政府对劳动密集型产业征收的从量税税率 $\eta_1 \geq 0$、政府对资本密集型产业的消费补贴率 $\eta_2 \geq 0$。进一步，我们假设，资本密集型产业的实际产出 Q_2 可被视为 X_M⑤、X_G 和 X_{GM} 的函数，即 $Q_2 = Q_2(X_G, X_M, X_{GM}) = F_2(K_2, L_2, E_2 | X_G, X_M, X_{GM})$⑥。于是，政府预算平衡可表示为 $\eta_1 Q_1 = \eta_2 Q_2$。进而，政府—

---

① 劳动密集型产业向资本密集型产业升级的阶段，为简化见，我们将市场有效度 X_M 视为常数。正如黄少安教授所言："我们没法设想：一个贫穷的发展中国家，假如没有政府的作为能怎样发展？"其潜在的逻辑是，在此阶段，由于市场化改革的逻辑起点较低（亦即市场有效度较低），是政府主导型发展模式，需要着重突出政府的有为作用，而并非意味着市场不重要。另外，不可置疑的是，在此阶段，市场有效度 X_M 的提高也依赖于有为政府的"主动改革"。

② 绿色发展理念提出之后的产业升级阶段，为简化见，我们将政府有为度 X_G 视为常数。其潜在的逻辑是，在此阶段，需要充分发挥有效市场的作用，政府只是市场的"辅助之手"。

③ 需要说明的是，本文对产业升级两个阶段的划分是基于"绿色发展理念"提出的时间点，虽然有必要，但毋庸置疑有过度简化之感。还需要说明的是，无论是在昨天、今天还是明天，民众均有"仰望蓝天"和"收入增长"的双重美好诉求，本文的定义 1 和定义 2 并非意味着中国在绿色发展理念提出之前政府和民众缺乏"低碳绿色型产业升级"的动力，其潜在的逻辑是产业升级需要因时制宜、因发展阶段而制宜。正如 Beckerman 所言"too poor to be green"（太穷了以至于不能绿色发展），可参见：Beckerman, W. Economic Growth and the Environment: Whose Growth? Whose Environment? [J]. World Development, 1992, 20(4): 481-496.

④ 假设是封闭的情形，则有：在商品相对价格不变的前提下，某一要素的增加会导致密集使用该要素部门的生产增加，而另一部门的生产则下降。

⑤ 如前文所述，此时，市场有效度 X_M 视为常数。

⑥ 可理解为 X_M、X_G 和 X_{GM} 是生产的外部条件。下文同。

市场的功能耦合所带来的社会总福利增加额①可表示为：

$$U_A = \varphi(Q_2(X_G, X_M, X_{GM})) - \phi(\eta_1) \tag{1}$$

式(1)中，$\varphi(Q_2(X_G, X_M, X_{GM}))$表示资本密集型产业的实际产出所带来的社会福利②，$\phi(\eta_1)$表示由于对劳动密集型产业征税而导致的社会福利损失③，且满足：①$\frac{\partial Q_2}{\partial X_G} > 0$，即其他变量不变的情形下，$X_G$越大，$Q_2$越大；②$\frac{\partial^2 Q_2}{\partial X_G^2} < 0$，即$X_G$的提高所带来的资本密集型产业的边际产出递减；③$\frac{\partial Q_2}{\partial X_{GM}} > 0$，即其他变量不变的情形下，$X_{GM}$越大，$Q_2$越大；④$\frac{\partial^2 Q_2}{\partial X_{GM}^2} < 0$，即$X_{GM}$的提高所带来的资本密集型产业的边际产出递减；⑤$\frac{\partial \varphi(Q_2)}{\partial Q_2} > 0$，即其他变量不变的情形下，$Q_2$越大，所带来的社会福利越大；⑥$\frac{\partial^2 \varphi(Q_2)}{\partial (Q_2)^2} < 0$，即$Q_2$的增加所带来的边际社会福利递减；⑦当$\eta_1 > 0$时，$\frac{\partial \phi(\eta_1)}{\partial \eta_1} > 0$，即其他变量不变的情形下，对劳动密集型产业所征从量税税率η_1越高，社会福利损失越大；⑧当$\eta_1 = 0$时，$\phi(\eta_1) = 0$且$\frac{\partial \phi(\eta_1)}{\partial \eta_1} = 0$，即对劳动密集型产业所征从量税税率为0时，社会福利损失为0且边际社会福利损失也为0；⑨$\frac{\partial^2 \phi(\eta_1)}{\partial (\eta_1)^2} > 0$，即社会福利损失随着$\eta_1$的增大而加速上升。

对于领导人A而言，"资本密集型产业追赶战略"转化为以下的非线性规划问题④：

目标函数：
$$\max_{X_G, X_{GM}, \eta_1, \eta_2} U_A = \varphi(Q_2(X_G, X_M, X_{GM})) - \phi(\eta_1) \tag{2}$$

约束条件：
$$K_1 + K_2 = K - K_3, \quad L_1 + L_2 = L - L_3, \quad E_1 + E_2 = E - E_3 \tag{3}$$

$$\eta_1 F_1(K_1, L_1, E_1) = \eta_2 F_2(K_2, L_2, E_2) ⑤ \tag{4}$$

$$(p_1 - \eta_1)\frac{\partial F_1(K_1, L_1, E_1)}{\partial K_1} = (p_2 + \eta_2)\frac{\partial F_2(K_2, L_2, E_2)}{\partial K_2} \tag{5}$$

$$(p_1 - \eta_1)\frac{\partial F_1(K_1, L_1, E_1)}{\partial L_1} = (p_2 + \eta_2)\frac{\partial F_2(K_2, L_2, E_2)}{\partial L_2} \tag{6}$$

$$(p_1 - \eta_1)\frac{\partial F_1(K_1, L_1, E_1)}{\partial E_1} = (p_2 + \eta_2)\frac{\partial F_2(K_2, L_2, E_2)}{\partial E_2} \tag{7}$$

其中式(3)是要素市场出清条件，式(4)为政府预算平衡约束，式(5)、(6)、(7)为市场在配置资源（资本K、劳动力L、能源E）时相应的要素跨产业流动条件。当$(p_1 - \eta_1)\frac{\partial F_1(K_1, L_1, E_1)}{\partial K_1} > (p_2 + \eta_2)\frac{\partial F_2(K_2, L_2, E_2)}{\partial K_2}$时，资本将从资本密集型产业流

---

① U_A也可解释为领导人A的效用函数。
② $\varphi(Q_2)$也可解释为领导人A从实施"资本密集型产业追赶战略"中所获收益。
③ $\phi(\eta_1)$也可解释为由于对劳动密集型产业征税而导致的政治成本。
④ 即政府通过优化政府有为度X_G、政府与市场的协同度X_{GM}，结合调控产业政策工具变量η_1、η_2，使得社会总福利增加额最大。
⑤ 为简化记，将$F_1(K_1, L_1, E_1 | X_G, X_M, X_{GM})$简记为$F_1(K_1, L_1, E_1)$、$F_2(K_2, L_2, E_2 | X_G, X_M, X_{GM})$简记为$F_2(K_2, L_2, E_2)$。下文同。

向劳动密集型产业,这是实施"资本密集型产业追赶战略"的领导人所不愿看到的;当 $(p_1-\eta_1)\frac{\partial F_1(K_1,L_1,E_1)}{\partial K_1}<(p_2+\eta_2)\frac{\partial F_2(K_2,L_2,E_2)}{\partial K_2}$ 时,资本将从劳动密集型产业流向资本密集型产业,此时,无法满足政府预算平衡约束式(4)。约束条件式(6)、(7)分别为劳动力、能源跨产业流动条件,可与式(5)作类似解释。

把式(3)、(4)代入目标函数,该非线性规划问题的 Lagrange 函数为:

$$\tilde{\zeta}=\varphi[F_2(K_2,L_2,E_2)]-\phi(\eta_1)+\lambda_k\left[(p_1-\eta_1)\frac{\partial F_1(K_1,L_1,E_1)}{\partial K_1}-(p_2+\eta_2)\frac{\partial F_2(K_2,L_2,E_2)}{\partial K_2}\right]$$
$$+\lambda_L\left[(p_1-\eta_1)\frac{\partial F_1(K_1,L_1,E_1)}{\partial L_1}-(p_2+\eta_2)\frac{\partial F_2(K_2,L_2,E_2)}{\partial L_2}\right]$$
$$+\lambda_E\left[(p_1-\eta_1)\frac{\partial F_1(K_1,L_1,E_1)}{\partial E_1}-(p_2+\eta_2)\frac{\partial F_2(K_2,L_2,E_2)}{\partial E_2}\right] \quad (8)$$

一阶条件为(数学公式的具体推导见附录 A1):

$$\frac{\partial \tilde{\zeta}}{\partial X_G}=0 \quad (9)$$

$$\frac{\partial \tilde{\zeta}}{\partial X_{GM}}=0 \quad (10)$$

$$\frac{\partial \tilde{\zeta}}{\partial \eta_1}=0 \quad (11)$$

$$\frac{\partial \tilde{\zeta}}{\partial K_2}=0 \quad (12)$$

$$\frac{\partial \tilde{\zeta}}{\partial L_2}=0 \quad (13)$$

$$\frac{\partial \tilde{\zeta}}{\partial E_2}=0 \quad (14)$$

由一阶条件式(9)~(14),结合预算平衡约束式(4)、要素跨产业流动条件式(5)、(6)、(7),可求解出[1]使得社会总福利增加额 U_A 取到最大值时相应的政府有为度 X_G^*、政府与市场的协同度 X_{GM}^*、从量税税率 η_1^*、消费补贴率 η_2^* 和均衡要素配置 K_2^*、L_2^*、E_2^*,以及 Lagrange 乘子 λ_k、λ_L、λ_E。进而可求出政府通过优化政府有为度、政府与市场的协同度,以及税收、补贴政策所能达到的"资本密集型产业追赶战略"追赶度阈值 $Q_2^*=F_2(K_2^*,L_2^*,E_2^*)$ 及社会总福利最大增加额 U_A^*。

若领导人希望达到的追赶度阈值大于 Q_2^*,由于政府无法借助于优化政府有为度、政府与市场的协同度以及税收、消费补贴政策实现该目标,此时可进一步通过压低要素价格的政策措施加以实现。当从量税税率为 η_1^*、消费补贴率为 η_2^* 时,由斯托尔珀—萨缪尔森定理[2],利率(资本均衡价格)上升,工资率(劳动力均衡价格)下降,即:

---

[1] 劳动密集型产业升级到资本密集型产业阶段,低碳绿色型产业的要素投入 K_3、L_3、E_3 视为常数。此时,求解问题转化为 10 个方程求解 10 个未知数,若具体函数形式给定,理论上可求解出此 10 个未知数。

[2] 该定理证明了在封闭的情形下,实行保护主义会提高经济体中相对稀缺要素的实际报酬。下文作同样理解。

$(p_2+\eta_2^*)\dfrac{\partial F_2(K_2^*,L_2^*,E_2^*)}{\partial K_2}=\tilde{r}>r^{\#}$,$(p_2+\eta_2^*)\dfrac{\partial F_2(K_2^*,L_2^*,E_2^*)}{\partial L_2}=\tilde{w}<w^{\#}$。若将工资率压低到$\tilde{w}$以下、利率压低到$\tilde{r}$以下,则劳动密集型产业和资本密集型产业都会对劳动力和资本有过度需求,为了实现产业升级目标,政府需要将生产要素优先配置到资本密集型产业。

综合以上分析,在"资本密集型产业追赶战略"的政府-市场耦合模型框架内,我们有以下主要结论:

1. 满足资本禀赋约束的前提下,政府通过实施有为政府的"主动改革"以及制定与资本禀赋"最优匹配"的产业政策①,即当政府有为度为X_G^*、政府与市场的协同度为X_{GM}^*,且设定对劳动密集型产业征收的从量税税率为η_1^*、设定对资本密集型产业的消费补贴率为η_2^*时,可达到追赶度阈值Q_2^*及社会总福利的最大增加额U_A^*。

2. 满足资本禀赋约束的前提下,由于通过优化政府有为度、政府与市场的协同度,结合调控产业政策(从量税税率、消费补贴率),所能达到的最大追赶度(即追赶度阈值Q_2^*)是一定值,当政府所设置的产业升级目标超越了追赶度阈值,便会引致各种扭曲(包括压低工资率和利率、要素扭曲配置等)的出现,即过度追赶是各种扭曲的诱因。

(二)"低碳绿色型产业扶持战略"的市场-政府耦合模型

记$\hat{\omega}=(\hat{r},\hat{w},\hat{e})$为三种类型产品的价格分别等于单位生产成本时的要素价格,由性质2能源技术禀赋假设②,由劳动密集型产业、资本密集型产业升级为低碳绿色型产业的前提条件是能源技术禀赋$\dfrac{E}{L}$满足③:$\dfrac{E_3(\hat{\omega})}{L_3(\hat{\omega})}<\dfrac{E}{L}<\min\left\{\dfrac{E_1(\hat{\omega})}{L_1(\hat{\omega})},\dfrac{E_2(\hat{\omega})}{L_2(\hat{\omega})}\right\}$。与上一节建模思路类似,假设政府在产业升级进程中着眼于五个变量:市场有效度④X_M、政府与市场的协同度X_{GM}、政府对劳动密集型产业征收的环境保护税⑤税率$\gamma_1\geqslant 0$、政府对资本密集型产业征收的环境保护税税率$\gamma_2\geqslant 0$、政府对低碳绿色型产业的消费补贴率⑥$\gamma_3\geqslant 0$。进一步,我们假设,低碳绿色型产业的实际产出Q_3可被视为X_M、X_G⑦和X_{GM}的函数,即$Q_3=Q_3(X_G,X_M,X_{GM})=F_3(K_3,L_3,E_3|X_G,X_M,X_{GM})$。于是,政府预算平衡可表示为$\gamma_1 Q_1+\gamma_2 Q_2=\gamma_3 Q_3$。进而,市场-政府的功能耦合所带来的社会总福利增加额⑧可表示为:

$$U_G=\Psi(Q_3(X_G,X_M,X_{GM}))-\Phi_1(\gamma_1)-\Phi_2(\gamma_2) \tag{15}$$

---

① 需要说明的是,这是理论情景。
② 即针对劳动密集型产业、资本密集型产业以及低碳绿色型产业而言,低碳绿色型产业的单位产出人均能源投入最小。
③ 按照比较优势理论,此时经济体才会同时生产劳动密集型、资本密集型以及低碳绿色型产品。
④ 市场有效度的相关背景介绍,也可参见:王小鲁、樊纲、余静文,2017,《中国分省份市场化指数报告》,社会科学文献出版社。
⑤ 以中国为例,在确保所有行业税负只减不增的前提下,2016年12月25日,在十二届全国人大常委会第二十五次会议闭幕式上《中华人民共和国环境保护税法》获表决通过,旨在"保护和改善环境,减少污染物排放,推进生态文明建设"。
⑥ 虽然消费补贴政策还存在争论,但以中国的新能源汽车行业为例,在经历了持续爆出的"骗补"风波和后续的专项核查以及整治工作之后,依然保持了高速的增长,根据工信部公布的数据,2016年中国新能源汽车产销量分别达到51.7万辆、50.7万辆,同比分别增长51.7%、53.0%;另外,中国政府对清洁能源的补贴占GDP的比重是德国的1/3,也远低于其他发达国家的补贴水平。
⑦ 如前文所述,此时,政府有为度X_G视为常数。
⑧ U_G也可解释为政府的效用函数。

式(15)中,$\Psi(Q_3(X_G,X_M,X_{GM}))$表示低碳绿色型产业的实际产出所带来的社会福利①,$\Phi_j(\gamma_j)$分别表示由于对劳动密集型和资本密集型产业征收环境保护税而导致的社会福利损失②,其中$j=1,2$,且满足:① $\frac{\partial Q_3}{\partial X_M}>0$,即其他变量不变的情形下,$X_M$越大,$Q_3$越大;② $\frac{\partial^2 Q_3}{\partial X_M^2}<0$,即$X_M$的提高所带来的低碳绿色型产业的边际产出递减;③ $\frac{\partial Q_3}{\partial X_{GM}}>0$,即其他变量不变的情形下,$X_{GM}$越大,$Q_3$越大;④ $\frac{\partial^2 Q_3}{\partial X_{GM}^2}<0$,即$X_{GM}$的提高所带来的低碳绿色型产业的边际产出递减;⑤ $\frac{\partial \Psi(Q_3)}{\partial Q_3}>0$,即其他变量不变的情形下,$Q_3$越大,所带来的社会福利越大;⑥ $\frac{\partial^2 \Psi(Q_3)}{\partial (Q_3)^2}<0$,即$Q_3$的增加所带来的边际社会福利递减;⑦当$\gamma_j>0$时,$\frac{\partial \Phi_j(\gamma_j)}{\partial \gamma_j}>0$,即其他变量不变的情形下,政府对劳动密集型和资本密集型产业所征环境保护税税率γ_j越高,社会福利损失越大;⑧当$\gamma_j=0$时,$\Phi_j(\gamma_j)=0$且$\frac{\partial \Phi_j(\gamma_j)}{\partial \gamma_j}=0$,即对劳动密集型和资本密集型产业所征环境保护税税率为0时,社会福利损失为0且边际社会福利损失也为0;⑨ $\frac{\partial^2 \Phi_j(\gamma_j)}{\partial (\gamma_j)^2}>0$,即社会福利损失随着$\gamma_j$的增大而加速上升。

对于政府而言,"低碳绿色型产业扶持战略"转化为以下的非线性规划问题③:

目标函数: $\max\limits_{X_M,X_{GM},\gamma_1,\gamma_2,\gamma_3} U_G=\Psi(Q_3(X_G,X_M,X_{GM}))-\Phi_1(\gamma_1)-\Phi_2(\gamma_2)$ (16)

约束条件: $K_1+K_2=K-K_3, L_1+L_2=L-L_3, E_1+E_2=E-E_3$ (17)

$$\gamma_1 F_1(K_1,L_1,E_1)+\gamma_2 F_2(K_2,L_2,E_2)=\gamma_3 F_3(K_3,L_3,E_3) \tag{18}$$④

$$(p_1-\gamma_1)\frac{\partial F_1(K_1,L_1,E_1)}{\partial K_1}=(p_3+\gamma_3)\frac{\partial F_3(K_3,L_3,E_3)}{\partial K_3} \tag{19}$$

$$(p_2-\gamma_2)\frac{\partial F_2(K_2,L_2,E_2)}{\partial K_2}=(p_3+\gamma_3)\frac{\partial F_3(K_3,L_3,E_3)}{\partial K_3} \tag{20}$$

$$(p_1-\gamma_1)\frac{\partial F_1(K_1,L_1,E_1)}{\partial L_1}=(p_3+\gamma_3)\frac{\partial F_3(K_3,L_3,E_3)}{\partial L_3} \tag{21}$$

$$(p_2-\gamma_2)\frac{\partial F_2(K_2,L_2,E_2)}{\partial L_2}=(p_3+\gamma_3)\frac{\partial F_3(K_3,L_3,E_3)}{\partial L_3} \tag{22}$$

$$(p_1-\gamma_1)\frac{\partial F_1(K_1,L_1,E_1)}{\partial E_1}=(p_3+\gamma_3)\frac{\partial F_3(K_3,L_3,E_3)}{\partial E_3} \tag{23}$$

$$(p_2-\gamma_2)\frac{\partial F_2(K_2,L_2,E_2)}{\partial E_2}=(p_3+\gamma_3)\frac{\partial F_3(K_3,L_3,E_3)}{\partial E_3} \tag{24}$$

其中式(17)是要素市场出清条件,式(18)为政府预算平衡约束,式(19)、(20)为资本跨产业流动条件,式(21)、(22)为劳动力跨产业流动条件,式(23)、(24)为能源跨产业流动条件。

---

① $\Psi(Q_3(X_G,X_M,X_{GM}))$也可解释为政府从实施"低碳绿色型产业扶持战略"中所获收益。
② $\Phi_j(\gamma_j)$也可解释为由于征收环境保护税而导致的政治成本。
③ 即通过优化市场有效度X_M、政府与市场的协同度X_{GM},结合调控产业政策工具变量γ_1、γ_2、γ_3,使得社会总福利增加额最大。
④ 为简化记,将$F_i(K_i,L_i,E_i|X_G,X_M,X_{GM})$简记为$F_i(K_i,L_i,E_i)$,$i=1,2,3$。下文同。

把式(17)、(18)代入目标函数(16),该非线性规划问题的 Lagrange 函数为:

$$\hat{\Gamma} = \Psi(Q_3(X_G, X_M, X_{GM})) - \Phi_1(\gamma_1) - \Phi_2(\gamma_2)$$

$$+ \lambda_{K1}\left[(p_1-\gamma_1)\frac{\partial F_1(K_1,L_1,E_1)}{\partial K_1} - (p_3+\gamma_3)\frac{\partial F_3(K_3,L_3,E_3)}{\partial K_3}\right]$$

$$+ \lambda_{K2}\left[(p_2-\gamma_2)\frac{\partial F_2(K_2,L_2,E_2)}{\partial K_2} - (p_3+\gamma_3)\frac{\partial F_3(K_3,L_3,E_3)}{\partial K_3}\right]$$

$$+ \lambda_{L1}\left[(p_1-\gamma_1)\frac{\partial F_1(K_1,L_1,E_1)}{\partial L_1} - (p_3+\gamma_3)\frac{\partial F_3(K_3,L_3,E_3)}{\partial L_3}\right]$$

$$+ \lambda_{L2}\left[(p_2-\gamma_2)\frac{\partial F_2(K_2,L_2,E_2)}{\partial L_2} - (p_3+\gamma_3)\frac{\partial F_3(K_3,L_3,E_3)}{\partial L_3}\right]$$

$$+ \lambda_{E1}\left[(p_1-\gamma_1)\frac{\partial F_1(K_1,L_1,E_1)}{\partial E_1} - (p_3+\gamma_3)\frac{\partial F_3(K_3,L_3,E_3)}{\partial E_3}\right]$$

$$+ \lambda_{E2}\left[(p_2-\gamma_2)\frac{\partial F_2(K_2,L_2,E_2)}{\partial E_2} - (p_3+\gamma_3)\frac{\partial F_3(K_3,L_3,E_3)}{\partial E_3}\right] \quad (25)$$

一阶条件为(数学公式的具体推导见附录 A2):

$$\frac{\partial \hat{\Gamma}}{\partial X_M} = 0 \quad (26)$$

$$\frac{\partial \hat{\Gamma}}{\partial X_{GM}} = 0 \quad (27)$$

$$\frac{\partial \hat{\Gamma}}{\partial \gamma_1} = 0 \quad (28)$$

$$\frac{\partial \hat{\Gamma}}{\partial \gamma_2} = 0 \quad (29)$$

$$\frac{\partial \hat{\Gamma}}{\partial K_3} = 0 \quad (30)$$

$$\frac{\partial \hat{\Gamma}}{\partial L_3} = 0 \quad (31)$$

$$\frac{\partial \hat{\Gamma}}{\partial E_3} = 0 \quad (32)$$

与式(26)~(32)偏导数的求解原理相同,可求出 $\frac{\partial \hat{\Gamma}}{\partial K_1}$、$\frac{\partial \hat{\Gamma}}{\partial L_1}$、$\frac{\partial \hat{\Gamma}}{\partial E_1}$、$\frac{\partial \hat{\Gamma}}{\partial K_2}$、$\frac{\partial \hat{\Gamma}}{\partial L_2}$、$\frac{\partial \hat{\Gamma}}{\partial E_2}$ 的函数表达式[1],令

$$\frac{\partial \hat{\Gamma}}{\partial K_1} = \frac{\partial \hat{\Gamma}}{\partial L_1} = \frac{\partial \hat{\Gamma}}{\partial E_1} = \frac{\partial \hat{\Gamma}}{\partial K_2} = \frac{\partial \hat{\Gamma}}{\partial L_2} = \frac{\partial \hat{\Gamma}}{\partial E_2} = 0 \quad (33)$$

由一阶条件式(26)~(33),结合预算平衡约束式(18)、要素跨产业流动条件式(19)~(24),可求解出[2]使得社会总福利增加额 U_G 取到最大值时相应的市场有效度 $\overline{X_M}$、政府与市场的协同度 $\overline{X_{GM}}$、环境保护税税率 $\overline{\gamma_1}$、$\overline{\gamma_2}$、消费补贴率 $\overline{\gamma_3}$,和均衡要素配置 $\overline{K_i}$、$\overline{L_i}$、$\overline{E_i}(i=1,2,3)$,以及 Lagrange 乘子 λ_{K_1}、λ_{K_2}、λ_{L_1}、λ_{L_2}、λ_{E_1}、λ_{E_2}。进而可求出通过优化市场有效度、政府与市场的协同度,结合税收、补贴政策,所能达到的"低碳绿色型产业扶持战

---

[1] 限于篇幅,此六项偏导数的函数表达式略。
[2] 此时,求解问题转化为 20 个方程求解 20 个未知数,若具体函数形式给定,理论上可求解出此 20 个未知数。

略"扶持度阈值$\overline{Q_3}=F_3(\overline{K_3},\overline{L_3},\overline{E_3})$及社会总福利最大增加额$\overline{U_G}$。

若政府希望达到的扶持度阈值大于$\overline{Q_3}$，由于政府无法借助于优化市场有效度、政府与市场的协同度以及税收、消费补贴政策实现该目标，此时，便会诱致政府延续在"资本密集型产业追赶战略"阶段的政策，即压低要素价格。当对劳动密集型产业征收的环境保护税税率为$\overline{\gamma_1}$、对资本密集型产业征收的环境保护税税率为$\overline{\gamma_2}$、对低碳绿色型产业的消费补贴率为$\overline{\gamma_3}$时，由斯托尔珀—萨缪尔森定理，利率（资本均衡价格）下降、工资率（劳动力均衡价格）下降、能源均衡价格上升，即：$(p_3+\overline{\gamma_3})\frac{\partial F_3(\overline{K_3},\overline{L_3},\overline{E_3})}{\partial K_3}=\bar{r}<r^{\#}$，$(p_3+\overline{\gamma_3})\frac{\partial F_3(\overline{K_3},\overline{L_3},\overline{E_3})}{\partial L_3}=\bar{w}<w^{\#}$，$(p_3+\overline{\gamma_3})\frac{\partial F_3(\overline{K_3},\overline{L_3},\overline{E_3})}{\partial E_3}=\bar{e}>e^{\#}$。若在此阶段，政府仍然延续在"资本密集型产业追赶战略"阶段的政策，即压低要素价格（将利率压低到$\bar{r}$以下、工资率压低到$\bar{w}$以下、能源价格压低到$\bar{e}$以下），则劳动密集型产业、资本密集型产业以及低碳绿色型产业都会对劳动力、资本以及能源有过度需求，而在缺乏绿色能源技术①支撑的情境下，产业系统对能源的过度需求，进一步会引致产业系统重走"先污染后治理"的路径。

综合以上分析，在"低碳绿色型产业扶持战略"的市场—政府耦合模型框架内，我们有以下主要结论：

1. 从全国层面而言，在满足能源技术禀赋约束的前提下：（1）政府通过"经济体制的深层次改革"以及制定与能源技术禀赋"最优匹配"②的产业政策，即当市场有效度为$\overline{X_M}$、政府与市场的协同度为$\overline{X_{GM}}$，且设定对劳动密集型产业征收的环境保护税税率为$\overline{\gamma_1}$、对资本密集型产业征收的环境保护税税率为$\overline{\gamma_2}$、对低碳绿色型产业的消费补贴率为$\overline{\gamma_3}$，可达到扶持度阈值$\overline{Q_3}$及社会总福利最大增加额$\overline{U_G}$；（2）由于通过优化市场有为度、政府与市场的协同度，结合调控产业政策（环境保护税税率、消费补贴率），所能达到的最大扶持度（即扶持度阈值）是一定值，当政府所设置的产业升级目标超越了扶持度阈值，便会诱致政府延续在"资本密集型产业追赶战略"阶段的政策，即压低要素价格（包括压低能源价格），进而引致产业系统对能源有过度需求，而在缺乏绿色能源技术支撑的情境下，产业系统对能源的过度需求，进一步会导致产业系统重走"先污染后治理"的老路。

2. 对于能源技术禀赋具有异质性的不同区域而言，产业升级目标需要因结构施策，具体而言：（1）针对部分东部区域而言，在区域能源技术禀赋$\frac{E_{\in}}{L_{\in}}$③满足$\frac{E_3(\hat{\omega})}{L_3(\hat{\omega})}<\frac{E_{\in}}{L_{\in}}<\min\left\{\frac{E_1(\hat{\omega})}{L_1(\hat{\omega})},\frac{E_2(\hat{\omega})}{L_2(\hat{\omega})}\right\}$的前提下，政府通过"经济体制的深层次改革"以优化市场有效度、政府与市场的协同度，结合制定与该区域能源技术禀赋相匹配的产业政策（环境保护税税率、消费补贴率），可因利乘便低碳绿色型产业升级；（2）针对部分中西部地区而言，在能源技术禀赋$\frac{E_{\notin}}{L_{\notin}}$过大，即$\frac{E_{\notin}}{L_{\notin}}>\max\left\{\frac{E_1(\hat{\omega})}{L_1(\hat{\omega})},\frac{E_2(\hat{\omega})}{L_2(\hat{\omega})}\right\}$的区域，应先着眼于能源技术禀赋

---

① 绿色能源技术包括节能技术、新能源技术等。
② 需要说明的是，"最优匹配"是理论情景，现实世界中，局限于人（或政府）的"无知"甚至"无耻"，难以做到"最优匹配"。但如果能做到"相匹配"，便可以对产业升级起到因势利导的作用。即"匹配"也有"度"，正如林毅夫教授所言："过犹不及，不及犹过。"
③ 用"$\in$"表示该类区域，下述的"$\notin$"同理。

的提升,当满足能源技术禀赋约束后,再进行低碳绿色型产业升级。

四、主要结论、政策建议及研究展望

本文把改革开放以来中国的产业升级进程划分为两个阶段,分别是"劳动密集型产业升级为资本密集型产业"的过往历史阶段,以及"劳动密集型产业和资本密集型产业升级为低碳绿色型产业"的现阶段,在新结构经济学的理论框架下,基于新古典生产函数理论和效用函数理论建立数学模型,试图剖析产业升级进程中政府与市场的耦合机制,具体而言:

(一) 主要结论及政策建议

1. 绿色发展理念提出之前的过往历史阶段,中国在劳动密集型产业向资本密集型产业升级的过程中,通过建立"资本密集型产业追赶战略"的政府－市场耦合模型,主要结论如下:

(1) 在产业升级的第一阶段,即劳动密集型产业向资本密集型产业升级的过往历史中,由于市场化改革的逻辑起点较低,亦即市场有效度较低,政府需要发挥在产业升级进程中的积极有为的抑或是主导的作用,此阶段政府与市场的耦合模式是"政府主导型耦合模式"。

(2) 在满足资本禀赋约束的前提下,政府通过实施有为政府的"主动改革"(以提高"政府有为度"和"政府与市场的协同度"),以及制定与资本禀赋"最优匹配"的产业政策(优化设置对劳动密集型产业征收的从量税税率、对资本密集型产业的消费补贴率),可达到追赶度阈值及社会总福利的最大增加额。

(3) 由于通过优化政府有为度、政府与市场的协同度,结合调控产业政策(从量税税率、消费补贴率),所能达到的最大追赶度(即追赶度阈值)是一定值,当政府所设置的产业升级目标超越了追赶度阈值,便会引致各种扭曲(包括压低工资率和利率、要素扭曲配置等)的出现,即过度追赶是各种扭曲的诱因。

2. 对于秉持绿色发展理念的当下中国而言,通过建立"低碳绿色型产业扶持战略"的市场－政府耦合模型,主要结论及政策建议如下:

(1) 从全国层面而言,政府通过"经济体制的深层次改革"(以提高"市场有效度"和"政府与市场的协同度")、制定与能源技术禀赋相匹配的产业政策(优化设置对传统产业即劳动密集型产业和资本密集型产业所征收的环境保护税税率,以及对低碳绿色型产业的消费补贴率),有利于社会总福利的增加。

(2) 对于能源技术禀赋具有异质性的不同区域而言,低碳绿色型产业升级目标需要因结构而制宜,政府与市场的耦合模式需要转型,具体而言:①在能源技术禀赋满足低碳绿色型产业升级约束条件的部分东部区域,政府与市场的耦合模式需要从过往历史阶段的"政府主导型耦合模式"转型为"市场增进型耦合模式",即市场主导、政府充当市场的"辅助之手"而因势利导。具体而言,政府通过"经济体制的深层次改革"以优化市场有效度、政府与市场的协同度,结合制定与该区域能源技术禀赋相匹配的产业政策(环境保护税税率、消费补贴率),可率先实现低碳绿色型产业升级;②其他不满足能源技术禀赋约束的部分中西部区域,政府与市场的耦合模式需要从过往历史阶段的"政府主导型耦合模式"转型为"绿色能源技术共享型耦合模式",即通过发挥中国的制度优势,从而打破绿色能源技术在中国各个地区间转移的壁垒,进而实现在产业梯度转移的同时,中西部作为产业转移承接地,也能够引进东部的绿色能源技术,最终实现产业转移和低碳绿色型产业升级的协同。

3. 本文的一个重要的政策启示是:消除要素价格扭曲,是使得中、西部地区避免走东部"先污染后治理"的旧有路径的抓手。其传导机制可理解为:在遵循市场作为要素配置的基础和决定性机制的前提下,政府通过减少乃至避免对市场的不当干预以消除要素价格扭曲,将会驱使要素价格,特别是能源价格能充分反映其稀缺程度,从而使得产业部门迫于降低能源使用成本的压力而不能继续重蹈能源过度使用的覆辙,进而倒逼绿色能源技术创新,引致能源技术禀赋提升,进而助推低碳绿色型产业升级,最终使得中、西部地区避免走东部"先污染后治理"的旧有老路。

(二)研究展望

本文的研究还存在许多不足,譬如:本文的"市场有效度""政府有为度"以及"政府与市场的协同度"源自林毅夫教授创立的"新结构经济学"中有效市场、有为政府的启发,作为初始的原创性尝试,笔者姑且"杜撰"了"市场有效度""政府有为度"以及"政府与市场的协同度"这三个词,以求教于学界。有鉴于政府—社会—经济系统的巨复杂性,现实世界里,难以量化"市场有效度""政府有为度"以及"政府与市场的协同度",未来的研究可聚焦于产业政策对产业升级的影响,进而可提出更加可操作性的政策建议。

The Coupling Mechanism between Government and Market in the Course of Industrial Upgrading

WANG Wenping[1], YANG Zhoumu[2]

(1. School of Economics and Management, Southeast University;
2. School of Mathematics and Statistics, Nanjing University of
Information Science & Technology)

Abstract: This paper established mathematic models by the use of neoclassical production function and utility function, thus, the inducement of distortions in the past historical stages of industrial upgrading is discussed, and then, this paper focused on the logic analysis of how to realize the vision of low-carbon green industrial upgrading. The main conclusions include: (1) The inducement of distortions is the mismatching between the factor endowments and the goal of industrial upgrading. (2) Under the new phase of green developing in China, as far as the heterogeneous energy technology endowment is concerned, the coupling model between government and market need to transform. Specifically, in the regions where green-power technical endowments meet the constraints of upgrading of the low-carbon green industries, the coupled model between government and market needs to be transformed from the old "government-leading coupled model" to "market-enhancing coupled model". In other regions where the constraints of green-power technical endowments can't be met, the coupled model between government and market needs to be transformed from the old "government-leading coupled model" to the "green-sharing coupled model". (3) In order to make the mid-west areas avoid eastern areas' old path of "treatment after pollution", it is an essential gripper that the elimination of factor price distortions.

Key words：industrial upgrading, new structural economics, factor endowments, low-carbon green industry, coupling

参考文献

[1] Bardhan P. 2015. State and Development: The Need for a Reappraisal of the Current Literature [J]. Journal of Economic Literature, 54(3): 862-892.
[2] Evans, Peter B. 1997. State-Society Synergy [M]. International and Area Studies.
[3] Grossman S J, Stiglitz J E. 1980. On the Impossibility of Informationally Efficient Markets [J]. American Economic Review, 70(3): 393-408.
[4] Hayek F A. 1945. The Use of Knowledge in Society [J]. American Economic Review, 35(4): 519-530.
[5] Ju J, Lin J Y, Wang Y. 2015. Endowment Structures, Industrial Dynamics, and Economic Growth [J]. Journal of Monetary Economics, 76: 244-263.
[6] Zhu B, MNCs. 2017. Rents and Corruption: Evidence from China [J]. American Journal of Political Science, 61(1): 84-99.
[7] 阿图尔·科利, 朱天飚, 黄琪轩, 等. 2007. 国家引导的发展: 全球边缘地区的政治权力与工业化 [M]. 吉林出版集团有限责任公司.
[8] 蔡昉. 2016a. 供给侧认识·新常态·结构性改革——对当前经济政策的辨析[J]. 探索与争鸣, (5): 13-17.
[9] 蔡昉. 2016b. 认识中国经济减速的供给侧视角[J]. 经济学动态, (4): 14-22.
[10] 蔡昉. 2016c. 全球化的政治经济学及中国策略[J]. 世界经济与政治, (11): 4-24.
[11] 蔡庆丰, 田霖, 郭俊峰. 2017. 民营企业家的影响力与企业的异地并购——基于中小板企业实际控制人政治关联层级的实证发现[J]. 中国工业经济, (3): 156-173.
[12] 付才辉. 2017a. 新结构经济学: 一场经济学的结构革命——一种(偏)微分方程思路下内生(总量)生产函数的解读[J]. 经济评论, 3(205): 81-103.
[13] 付才辉. 2017b. 市场、政府与两极分化——一个新结构经济学视角下的不平等理论[J]. 经济学, (1): 1-44.
[14] 干春晖. 2016. 中国经济转型与战略升级: 结构、制度与战略[M]. 上海: 上海人民出版社.
[15] 顾昕. 2013a. 政府主导型发展模式的兴衰: 比较研究视野[J]. 河北学刊, 33(6): 119-124.
[16] 顾昕. 2013b. 政府主导型发展的是是非非——林毅夫"新结构经济学"评论之一[J]. 读书, (10): 41-48.

[17] 顾昕.2013c.政府积极干预主义的是是非非——林毅夫"新结构经济学"评论之二[J].读书,c(11):36-45.
[18] 顾昕.2016.最优政府规模、经济社会协调发展与大政府-小政府之争[J].学习与探索,(1):85-91.
[19] 黄张凯.2017.哈耶克、列宁与中国国企改革[EB/OL].http://www.ftchinese.com/story/001071974? page=rest.
[20] 胡家勇.2016a.当代中国马克思主义政治经济学创新智库暨中国特色社会主义政治经济学论坛第十八届年会综述[J].经济学动态,(10):155-157.
[21] 胡家勇.2016b.试论社会主义市场经济理论的创新和发展[J].经济研究,(7):4-12.
[22] 琳达·维斯,约翰·M.霍布森,等.2009.国家与经济发展[M].吉林出版集团有限责任公司.
[23] 林毅夫,刘明兴.2004.经济发展战略与中国的工业化[J].经济研究,(7):48-58.
[24] 林毅夫,龚强.2010.发展战略与经济制度选择[J].管理世界,(3):5-13.
[25] 林毅夫,苏剑.2014.新结构经济学:反思经济发展与政策的理论框架[M].北京大学出版社.
[26] 林毅夫.2016.照搬西方主流经济理论是行不通的[J].求是,(20):57-59.
[27] 欧阳煌,祝鹏飞,张政.2016.地方政府补助与上市公司选址的关系研究[J].中国软科学,(4):184-192.
[28] 秦晖.2005.权力、责任与宪政——关于政府"大小"问题的理论与历史考查[J].社会科学论坛,(2):10-37.
[29] 王勇.2013."新结构经济学"的新见解?[J].经济资料译丛,(2):99-106.
[30] 王勇,华秀萍.2017.详论新结构经济学中"有为政府"的内涵——兼对田国强教授批评的回复[J].经济评论,3(205):17-30.
[31] 徐朝阳,林毅夫.2010.发展战略与经济增长[J].中国社会科学,(3):94-108.
[32] 佚名.2015.许小年:两种"中国模式"[J].商周刊,(25):69-73.
[33] 叶青青.2010.科学化的新闻与更现实的民主——李普曼对美国民主的认识与思考[J].国际新闻界,(9):56-62.
[34] 杨洲木,王文平,张斌.2017.低碳绿色型产业升级进程中的政策干预机理—基于新结构经济学理论框架[J].经济评论,(3):119-133,147.
[35] 张鹏飞.2011.发展中国家政府干预的制度结构[J].世界经济,(11):28-43.

附 录

A.1 正文中数学公式(9)～(14)的具体推导：

$$\frac{\partial \tilde{\zeta}}{\partial X_G} = \frac{\partial \varphi(Q_2)}{\partial Q_2} \times \frac{\partial Q_2}{\partial X_G} = 0 \tag{9}$$

$$\frac{\partial \tilde{\zeta}}{\partial X_{GM}} = \frac{\partial \varphi(Q_2)}{\partial Q_2} \times \frac{\partial Q_2}{\partial X_{GM}} = 0 \tag{10}$$

$$\frac{\partial \tilde{\zeta}}{\partial \eta_1} = -\frac{\partial \phi(\eta_1)}{\partial \eta_1} - \lambda_k \frac{\partial F_1(K_1,L_1,E_1)}{\partial K_1} - \lambda_L \frac{\partial F_1(K_1,L_1,E_1)}{\partial L_1} - \lambda_E \frac{\partial F_1(K_1,L_1,E_1)}{\partial E_1} = 0 \tag{11}$$

$$\frac{\partial \tilde{\zeta}}{\partial K_2} = \frac{\partial \varphi}{\partial Q_2}\frac{\partial F_2(K_2,L_2,E_2)}{\partial K_2} + \lambda_k\left[-(p_1-\eta_1)\frac{\partial F_1(K-K_2-K_3,L-L_2-L_3,E-E_2-E_3)}{\partial (K_1)^2}\right]$$
$$+\lambda_k\left[-(p_2+\eta_2)\frac{\partial F_2(K_2,L_2,E_2)}{\partial (K_2)^2}\right] + \lambda_L\left[-(p_1-\eta_1)\frac{\partial F_1(K-K_2-K_3,L-L_2-L_3,E-E_2-E_3)}{\partial K_1 \partial L_1}\right]$$
$$+\lambda_L\left[-(p_2+\eta_2)\frac{\partial F_2(K_2,L_2,E_2)}{\partial K_2 \partial L_2}\right] + \lambda_E\left[-(p_1-\eta_1)\frac{\partial F_1(K-K_2-K_3,L-L_2-L_3,E-E_2-E_3)}{\partial K_1 \partial E_1}\right]$$
$$+\lambda_E\left[-(p_2+\eta_2)\frac{\partial F_2(K_2,L_2,E_2)}{\partial K_2 \partial E_2}\right] = 0 \tag{12}$$

$$\frac{\partial \tilde{\zeta}}{\partial L_2} = \frac{\partial \varphi}{\partial Q_2}\frac{\partial F_2(K_2,L_2,E_2)}{\partial L_2} + \lambda_k\left[-(p_1-\eta_1)\frac{\partial F_1(K-K_2-K_3,L-L_2-L_3,E-E_2-E_3)}{\partial L_1 \partial K_1}\right]$$
$$+\lambda_k\left[-(p_2+\eta_2)\frac{\partial F_2(K_2,L_2,E_2)}{\partial L_2 \partial K_2}\right] + \lambda_L\left[-(p_1-\eta_1)\frac{\partial F_1(K-K_2-K_3,L-L_2-L_3,E-E_2-E_3)}{\partial (L_1)^2}\right]$$
$$+\lambda_L\left[-(p_2+\eta_2)\frac{\partial F_2(K_2,L_2,E_2)}{\partial (L_2)^2}\right] + \lambda_E\left[-(p_1-\eta_1)\frac{\partial F_1(K-K_2-K_3,L-L_2-L_3,E-E_2-E_3)}{\partial L_1 \partial E_1}\right]$$
$$+\lambda_E\left[-(p_2+\eta_2)\frac{\partial F_2(K_2,L_2,E_2)}{\partial L_2 \partial E_2}\right] = 0 \tag{13}$$

$$\frac{\partial \tilde{\zeta}}{\partial E_2} = \frac{\partial \varphi}{\partial Q_2}\frac{\partial F_2(K_2,L_2,E_2)}{\partial E_2} + \lambda_k\left[-(p_1-\eta_1)\frac{\partial F_1(K-K_2-K_3,L-L_2-L_3,E-E_2-E_3)}{\partial E_1 \partial K_1}\right]$$
$$+\lambda_k\left[-(p_2+\eta_2)\frac{\partial F_2(K_2,L_2,E_2)}{\partial E_2 \partial K_2}\right] + \lambda_L\left[-(p_1-\eta_1)\frac{\partial F_1(K-K_2-K_3,L-L_2-L_3,E-E_2-E_3)}{\partial E_1 \partial L_1}\right]$$
$$+\lambda_L\left[-(p_2+\eta_2)\frac{\partial F_2(K_2,L_2,E_2)}{\partial E_2 \partial L_2}\right] + \lambda_E\left[-(p_1-\eta_1)\frac{\partial F_1(K-K_2-K_3,L-L_2-L_3,E-E_2-E_3)}{\partial (E_1)^2}\right]$$
$$+\lambda_E\left[-(p_2+\eta_2)\frac{\partial F_2(K_2,L_2,E_2)}{\partial (E_2)^2}\right] = 0 \tag{14}$$

A.2 正文中数学公式(26)～(32)的具体推导：

$$\frac{\partial \hat{\Gamma}}{\partial X_M} = \frac{\partial \Psi(Q_3)}{\partial Q_3} \times \frac{\partial Q_3}{\partial X_M} = 0 \tag{26}$$

$$\frac{\partial \hat{\Gamma}}{\partial X_{GM}} = \frac{\partial \Psi(Q_3)}{\partial Q_3} \times \frac{\partial Q_3}{\partial X_{GM}} = 0 \tag{27}$$

$$\frac{\partial \hat{\Gamma}}{\partial \gamma_1} = -\frac{\partial \Phi_1(\gamma_1)}{\partial \gamma_1} - \lambda_{K1}\frac{\partial F_1(K_1,L_1,E_1)}{\partial K_1} - \lambda_{L1}\frac{\partial F_1(K_1,L_1,E_1)}{\partial L_1} - \lambda_{E1}\frac{\partial F_1(K_1,L_1,E_1)}{\partial E_1} = 0 \quad (28)$$

$$\frac{\partial \hat{\Gamma}}{\partial \gamma_2} = -\frac{\partial \Phi_1(\gamma_2)}{\partial \gamma_2} - \lambda_{K2}\frac{\partial F_2(K_2,L_2,E_2)}{\partial K_2} - \lambda_{L2}\frac{\partial F_2(K_2,L_2,E_2)}{\partial L_2} - \lambda_{E2}\frac{\partial F_2(K_2,L_2,E_2)}{\partial E_2} = 0 \quad (29)$$

$$\begin{aligned}
\frac{\partial \hat{\Gamma}}{\partial K_3} =& \frac{\partial \Psi}{\partial Q_3}\frac{\partial F_3(K_3,L_3,E_3)}{\partial K_3} - \lambda_{K1}(p_1-\gamma_1)\frac{\partial^2 F_1(K-K_2-K_3,L-L_2-L_3,E-E_2-E_3)}{\partial(K_1)^2} \\
& -\lambda_{K1}(p_3+\gamma_3)\frac{\partial^2 F_3(K_3,L_3,E_3)}{\partial(K_3)^2} - \lambda_{K2}(p_2-\gamma_2)\frac{\partial^2 F_2(K-K_1-K_3,L-L_1-L_3,E-E_1-E_3)}{\partial(K_2)^2} \\
& -\lambda_{K2}(p_3+\gamma_3)\frac{\partial^2 F_3(K_3,L_3,E_3)}{\partial(K_3)^2} - \lambda_{L1}(p_1-\gamma_1)\frac{\partial^2 F_1(K-K_2-K_3,L-L_2-L_3,E-E_2-E_3)}{\partial K_1 \partial L_1} \\
& -\lambda_{L1}(p_3+\gamma_3)\frac{\partial^2 F_3(K_3,L_3,E_3)}{\partial K_3 \partial L_3} - \lambda_{L2}(p_2-\gamma_2)\frac{\partial^2 F_2(K-K_1-K_3,L-L_1-L_3,E-E_1-E_3)}{\partial K_2 \partial L_2} \\
& -\lambda_{L2}(p_3+\gamma_3)\frac{\partial^2 F_3(K_3,L_3,E_3)}{\partial K_3 \partial L_3} - \lambda_{E1}(p_1-\gamma_1)\frac{\partial^2 F_1(K-K_2-K_3,L-L_2-L_3,E-E_2-E_3)}{\partial K_1 \partial E_1} \\
& -\lambda_{E1}(p_3+\gamma_3)\frac{\partial^2 F_3(K_3,L_3,E_3)}{\partial K_3 \partial E_3} - \lambda_{E2}(p_2-\gamma_2)\frac{\partial^2 F_2(K-K_1-K_3,L-L_1-L_3,E-E_1-E_3)}{\partial K_2 \partial E_2} \\
& -\lambda_{E2}(p_3+\gamma_3)\frac{\partial^2 F_3(K_3,L_3,E_3)}{\partial K_3 \partial E_3} = 0
\end{aligned} \quad (30)$$

$$\begin{aligned}
\frac{\partial \hat{\Gamma}}{\partial L_3} =& \frac{\partial \Psi}{\partial Q_3}\frac{\partial F_3(K_3,L_3,E_3)}{\partial L_3} - \lambda_{K1}(p_1-\gamma_1)\frac{\partial^2 F_1(K-K_2-K_3,L-L_2-L_3,E-E_2-E_3)}{\partial L_1 \partial K_1} \\
& -\lambda_{K1}(p_3+\gamma_3)\frac{\partial^2 F_3(K_3,L_3,E_3)}{\partial L_3 \partial K_3} - \lambda_{K2}(p_2-\gamma_2)\frac{\partial^2 F_2(K-K_1-K_3,L-L_1-L_3,E-E_1-E_3)}{\partial L_2 \partial K_2} \\
& -\lambda_{K2}(p_3+\gamma_3)\frac{\partial^2 F_3(K_3,L_3,E_3)}{\partial L_3 \partial K_3} - \lambda_{L1}(p_1-\gamma_1)\frac{\partial^2 F_1(K-K_2-K_3,L-L_2-L_3,E-E_2-E_3)}{\partial(L_1)^2} \\
& -\lambda_{L1}(p_3+\gamma_3)\frac{\partial^2 F_3(K_3,L_3,E_3)}{\partial(L_3)^2} - \lambda_{L2}(p_2-\gamma_2)\frac{\partial^2 F_2(K-K_1-K_3,L-L_1-L_3,E-E_1-E_3)}{\partial(L_2)^2} \\
& -\lambda_{L2}(p_3+\gamma_3)\frac{\partial^2 F_3(K_3,L_3,E_3)}{\partial(L_3)^2} - \lambda_{E1}(p_1-\gamma_1)\frac{\partial^2 F_1(K-K_2-K_3,L-L_2-L_3,E-E_2-E_3)}{\partial L_1 \partial E_1} \\
& -\lambda_{E1}(p_3+\gamma_3)\frac{\partial^2 F_3(K_3,L_3,E_3)}{\partial L_3 \partial E_3} - \lambda_{E2}(p_2-\gamma_2)\frac{\partial^2 F_2(K-K_1-K_3,L-L_1-L_3,E-E_1-E_3)}{\partial L_2 \partial E_2} \\
& -\lambda_{E2}(p_3+\gamma_3)\frac{\partial^2 F_3(K_3,L_3,E_3)}{\partial L_3 \partial E_3} = 0
\end{aligned} \quad (31)$$

$$\begin{aligned}
\frac{\partial \hat{\Gamma}}{\partial E_3} =& \frac{\partial \Psi}{\partial Q_3}\frac{\partial F_3(K_3,L_3,E_3)}{\partial E_3} - \lambda_{K1}(p_1-\gamma_1)\frac{\partial^2 F_1(K-K_2-K_3,L-L_2-L_3,E-E_2-E_3)}{\partial E_1 \partial K_1} \\
& -\lambda_{K1}(p_3+\gamma_3)\frac{\partial^2 F_3(K_3,L_3,E_3)}{\partial E_3 \partial K_3} - \lambda_{K2}(p_2-\gamma_2)\frac{\partial^2 F_2(K-K_1-K_3,L-L_1-L_3,E-E_1-E_3)}{\partial E_2 \partial K_2} \\
& -\lambda_{K2}(p_3+\gamma_3)\frac{\partial^2 F_3(K_3,L_3,E_3)}{\partial E_3 \partial K_3} - \lambda_{L1}(p_1-\gamma_1)\frac{\partial^2 F_1(K-K_2-K_3,L-L_2-L_3,E-E_2-E_3)}{\partial E_1 \partial L_1} \\
& -\lambda_{L1}(p_3+\gamma_3)\frac{\partial^2 F_3(K_3,L_3,E_3)}{\partial E_3 \partial L_3} - \lambda_{L2}(p_2-\gamma_2)\frac{\partial^2 F_2(K-K_1-K_3,L-L_1-L_3,E-E_1-E_3)}{\partial E_2 \partial L_2} \\
& -\lambda_{L2}(p_3+\gamma_3)\frac{\partial^2 F_3(K_3,L_3,E_3)}{\partial E_3 \partial L_3} - \lambda_{E1}(p_1-\gamma_1)\frac{\partial^2 F_1(K-K_2-K_3,L-L_2-L_3,E-E_2-E_3)}{\partial(E_1)^2} \\
& -\lambda_{E1}(p_3+\gamma_3)\frac{\partial^2 F_3(K_3,L_3,E_3)}{\partial(E_3)^2} - \lambda_{E2}(p_2-\gamma_2)\frac{\partial^2 F_2(K-K_1-K_3,L-L_1-L_3,E-E_1-E_3)}{\partial(E_2)^2} \\
& -\lambda_{E2}(p_3+\gamma_3)\frac{\partial^2 F_3(K_3,L_3,E_3)}{\partial(E_3)^2} = 0
\end{aligned} \quad (32)$$

企业雇佣关系的研究述评与未来展望[①]

赵曙明　周路路[②]

摘要　由于我国经济转型,工业化和城市化发展的速度加快,所有权结构和管理实践日益多样化,以及互联网技术的发展,使得我国企业的雇佣关系发生了重大调整。雇佣关系的研究也成为转型经济下学术界和实践界关注的重要问题。本文对国内外企业雇佣关系研究的理论基础、理论沿革,雇佣关系的测量、前因及结果变量,雇佣关系的作用机制及情境因素几个方面进行了文献梳理,并提出了雇佣关系的未来研究方向。

关键词　雇佣关系;激励—贡献模型;社会交换;述评

劳动关系(Labor Relations)有时称为雇佣关系(Employment Relations),有时也被称为员工—组织关系(Employee-organization Relationship),是现代经济生活中最基本的关系。已有研究表明,雇佣关系对员工的绩效、组织绩效、离职率、团队创造力有着重要的影响。如果缺乏和谐的雇佣关系,则有可能产生危害较大的群体劳动冲突事件,如富士康"13"连跳。随着工业化、城市化速度的加快,以及互联网应用在企业中的嵌入,员工和组织之间的关系已经打破了传统的"铁饭碗"的模式,更多的是以自由雇佣制为主导的模式,特别是一些新的商业模式,如滴滴、知乎等平台型商业模式的出现,使得组织和员工双方的雇佣关系也更加多元化。我国企业的雇佣关系是伴随着企业改革和经济发展的不同阶段而不断演变的,新《劳动合同法》的实施使得组织和员工建立的雇佣关系变得尤为关键。目前关于雇佣关系的研究不断兴起,组织的领导者希望寻求一种方式能够满足组织和员工的双重需求(Shore,2004),从而建立一种和谐的雇佣关系,减少劳资冲突(Xi,Zhao等,2016;Xi,Xu,Wang等,2016;赵曙明、白晓明,2012;赵曙明,2012)。本文将对雇佣关系研究的理论基础、理论沿革,雇佣关系的测量、前因及结果变量,雇佣关系的作用机制及情境因素综述,并提出我国雇佣关系的未来研究方向。

[①] 基金项目:国家自然科学基金重点项目(71332002),国家自然科学基金青年项目(71402024),教育部人文社会科学研究青年项目(12YJC630321)。
[②] 作者简介:赵曙明,南京大学商学院教授、博士生导师;周路路,东南大学经济管理学院讲师。

一、雇佣关系研究的理论基础

普遍认为,社会交换理论是理解雇佣关系主导的理论框架(Cropanzano & Mitchell,2005)。雇佣关系的研究最早可以追溯到巴纳德(Barnard,1938)的研究。他认为组织和人们之间存在着功能交换,从而维持组织经济的平衡。组织能够提供的是工人工资、职位权力、组织支持、参与决策,作为回报,员工会提供"努力的数量和质量"。特别是March 和 Simon(1958)以及 Tsui 等(1995,1997)的研究提供了理论基础。从本质上讲,社会交换理论包括最基本的三方面:关系的主体、交换的原则和交换的资源(Shore,2004)。社会交换理论作为雇佣关系研究的主导理论,以往的学者已经基于该理论对雇佣关系进行了探讨,但是对社会交换理论的本质尚需进一步阐释。

(1)从关系的主体而言,雇佣关系研究存在一个潜在的假设,即作为关系形成的一方——组织是具有认知能力的,雇佣关系是组织作为一个拟人化的整体对员工和组织关系的认知。组织作为拟人化的整体可以由组织和其代理人构成,他们作为与员工签订协议的一方,与员工建立了关系(Tsui 等,1995)。但是对谁作为组织"代理人"并没有形成统一意见,大多数学者假设企业的职业经理人就是组织的代理者,代表着组织的利益。组织的利益是经理人行使代理人角色时考虑的第一要素,而他们自己的利益,以及其他团体的利益(如员工团体)是处于第二位的。但事实并非如此,一个经理也许在做出晋升或雇佣决策时是与自身利益更加一致而不是反映组织的利益。大多数情况下,组织采取非正式的方法来评估匹配(如非结构化的面试),当然会在选拔候选人时与自身的偏好匹配或与经理认同的团体利益相匹配。值得注意的是,管理者也许不会有意识地选择符合自我偏好,但事实上会同时考虑到组织利益和个人利益(Kristof,1996;Kristof-Brown,Zimmerman & Johnson,2005)。而且,目前关于雇佣关系的研究基本都是采用雇员感知的方式,因此,雇员在对"组织"的代理人的理解上取决于员工个人的感知。有的雇员甚至在填写问卷时将其直接上级的行为和态度作为组织的政策和措施的代表。对雇佣关系研究中的关系主体之一——组织的概念需要进一步阐明,或者在问卷调研之前需要事先说明"组织"的概念。

(2)交换关系的原则。在社会交换理论和激励—贡献模型背后基于的一个主导原则为互惠原则。互惠是社会互动行为中基本的规范。心理学家认为,人们能够从互惠中获得更加良好的情绪体验,同时,如果自身没有履行互惠的义务会感觉到内疚(Becker,1986)。在组织的情境下,员工和雇主都遵守互惠原则时,组织为员工提供较多的培训机会、具有竞争力的薪酬、工作的认可、公平的绩效考评制度,员工根据互惠原则产生一种为组织利益和组织目标达成做出贡献的责任感,促使他们用更高的组织承诺和更加努力的工作来回报组织。而当员工努力时,组织也必然做出积极的回应,从而产生有利于双方的积极效果(Gouldner,1960)。互惠原则是雇佣关系与组织绩效关系的重要桥梁(Wang,Tsui,Zhang & Ma,2003)。

(3)社会交换理论另一个重要的因素就是交换的资源。交换的前提条件是资源是被接受方所重视的资源。正如 Eisenberger 等(2001)认为,当员工感受到组织所采取的优厚待遇时,以组织所认为重要的行为来回报组织。从雇主的角度而言,他们认可员工的奉献和忠诚。Gouldner(1960)区别了两种类型的互惠:异类互惠和同类互惠。异类互惠指交换的内容不同但是在感知的价值上是相等的。同类互惠是指互惠发生的内容和所处的环境都是同样的。在雇佣关系研究中,主要讲的是前面一种异类互惠。研究者假设雇主提供的激励(显见的或社会情感的)被员工认为是重要的,而员工的贡献(组织承诺和组织公民行为即OCB)也被雇主所重视。交换资源除了资源本身需要交换双方所重视以外,交换资源的及时性以及直接程度也会影响交换方的感知(Gouldner,1960)。

二、激励—贡献模型的理论沿革

目前有关雇佣关系的主流观点是Tsui(1997)提出的激励—贡献模型。Tsui等(1995)从组织角度重新定义提供的投入和期望的贡献。提供的投入(Provided Input)是指组织对员工的投入,期望的贡献(Expected Contribution)是指组织期望员工为组织发展所做的贡献,按照这两个维度得出四种激励—贡献组合(即I—C)模型。Tsui等(1997)在"一方贡献的平衡/不平衡程度"和"这些贡献是经济性的还是社会性的"这两个区分维度上概括出了四种类型的雇佣关系:(1)过度投资型雇佣关系。该类型的雇佣关系中,组织为员工提供明确的职责范围,却给予员工更多的回报,如向员工提供更多的培训机会、更具有竞争力的薪酬、更加关注员工的职业生涯等。(2)相互投资型雇佣关系。该类型的雇佣关系中,雇主和员工互惠互利,已经形成了相互长期投资的关系,如企业为员工提供广泛回报的同时,员工也付出职责要求以外的努力。(3)准交易契约型雇佣关系。该类型的雇佣关系中,雇主与员工之间都存在着短期投资的倾向,雇主给予员工短期的经济报酬,员工也给予雇主职责内明确的贡献。(4)投资不足型雇佣关系。该类型的雇佣关系中,员工付出的比企业提供的更多,员工愿意付出职责以外的贡献,但是雇主却只提供短期的经济报酬,而不是致力于长期的人力资本投资。本文对雇佣关系的定义与Tsui(1997)的四种雇佣关系模式相一致。在他们的实证研究中,Tsui等发现相互投资型的雇佣关系与员工的态度和绩效正相关,这也与Hom等(2009)的研究相一致,即相互投资型的雇佣关系是最佳的雇佣关系类型。

然而,这一模型是在以往学者对员工治理模型与人力资源实践研究的基础上发展产生的。在20世纪60年代初,Etzioni(1961)提出了员工治理模型,他认为当施行权力者(组织)所提供的激励措施与权力承受者(员工)的参与动机相一致时,员工将会表现出顺从、遵守的行为。后来有一些学者致力于研究能够产生组织期望的员工行为的具体组织特征。随着对员工治理研究的不断深入,也有一些学者从权变的角度,根据员工的异质性、环境的动态性以及对员工的期望做了分类,针对员工的类型采取专制、集体谈判和员工参与三种不同的员工治理模式,并深刻探讨了在什么条件下,这三种员工治理模式可能获得更高的组织功能和绩效(Mahoney & Watson,1993)。在员工治理模型研究的基础上,学者们又从人力资源实践的角度进行探讨(Youndt, Snell, Dean & Lepak,1996)。研究者试图区分人力资源实践的类型,比如控制型、承诺型、参与型还是发展型的人力资源实践。而其他的一些研究者关注的是有利于提高企业绩效的最佳人力资源管理实践,不同的学者给予不同的定义,如高承诺/高绩效 HRM 实践(Huselid,1995)。这些研究主要是基于普遍主义的视角认为企业可以采取一种最佳的方式获得更高的绩效,尽管从员工治理模型和人力资源实践系统的研究中都能得出这个结论,即员工会从组织中获得激励并做出回报,这也为激励—贡献理论框架的提出提供了理论基础。

三、雇佣关系的相关实证研究

(一)雇佣关系的测量

关于雇佣关系的测量也存在差异,如有一些学者用组织支持感,情感性组织承诺,程序和交互公平等作为反映雇佣关系的指标(Kuvaas,2008),有的学者用心理契约的测量指标来反映雇佣关系(Latorre & Guest 等,2016;Atkinson,Mallett 等,2016),有的学者以组织支持感和组织认同代表着雇佣关系的测量(Bell 等,2002)。而目前被普遍认可的量表是 Tsui 等(2002)开发的量表。雇佣关系分为组织期望的贡献——管理责任和工作伦理两个维度,以及组织对中层管理者提供的激励——发展性和物质性激励两个维度。通过聚类分析分为四种类型:过度投资型雇佣关系、相互投资型雇佣关系、准交易型雇佣关系以及投资不足型雇佣关系四种类型。Tsui 等(2002)通过访谈 17 名中国 HRM 经理及 86 名中国参与 MBA 项目的经理人员开发的 95 个激励维度条目和 172 个贡献维度条目。随后,6 名管理学专业的老师和博士生将这些条目分成许多贡献或激励的种类。Tsui 及其助手调查了 481 名中层管理者,其中包含了 44 个贡献维度条目和 31 个激励维度条目。在探索性因子分析中,他们发现有 15 个贡献维度的条目和 14 个激励维度的条目在单个因子上具有较高的负荷,并不存在交叉负载的现象。这个量表被 Wang(2003)在探讨雇佣关系与中国企业绩效之间的关系时得到运用。他们根据自己开发的量表已经通过中国的中层经理做了大量的研究,Hom 等在 Tsui(2002)及 Wang(2003)的量表的基础上,通过对中国中层管理者的再次访谈增加了 5 个条目于激励维度的量表(激励维度为 19 个条目)。国内对雇佣关系的测量均采用 Tsui(2002)所开发的量表(张一驰,2004)。Jia(2014)对团队层面的个体员工进行研究时,对 Hom(2009)和 Wang(2003)的量表进行了修订,使得量表更加符合对团队内普通员工的测量,修订后的量表包含的激励维度有 14 个条目,期望的贡献维度有 13 个条目。

(二)雇佣关系的前因变量研究

最新的文献也表明研究者不断关注分析不同类型的雇佣关系的决定因素。但是由于研究视角的差异,如有的学者从雇主的角度探讨雇佣关系(Tsui 等,1997;张一驰,2004;Hom 等,2009),也有一些学者从员工的视角用心理契约的概念解释员工与组织关系(Coyle-Shapiro & Kessler,2000;汪林、储小平,2009)。而且目前对雇佣关系的探讨已经认识到外部环境因素(如经济环境、政府调控、行业规范和劳动力市场)和内部组织因素(如经营战略、技术、组织文化、组织结构、工作特征、劳动关系、公司规模和公司成立年限)等影响着企业雇佣关系的选择(Tsui & Wang,2002)。

从组织层面的因素而言,现有的实证研究主要集中于组织所有制性质、组织战略和组织结构等方面。Wang(2003)的研究发现执行开拓者战略的组织通过采取低投资型雇佣关系而不是相互投资型雇佣关系来影响组织绩效。Kim(2005)认为组织的结构和内部的沟通是影响雇佣关系的前因变量。张士菊与廖建桥(2008)认为我国情境下的员工与企业的相互交换,受到企业性质的影响。他们的研究指出相对于民营企业,国有企业的员工期望从企业中获得的回报更高,但是国有企业和民营企业员工对企业的付出方面不存在显著差异;而另一方面,也有一些学者认为员工个体在决定雇佣关系中发挥着重要的作用。有关招聘和工作选择的研究中强调的是雇员在决定最初的雇佣协议(Rynes等,1991)。员工的个体特征影响着组织雇佣关系的选择。Lepak和Snell(1999)以人力资本的价值性与独特性来对企业中的员工进行划分,进而提出对企业中不同的员工采用不同雇佣方式的混合雇佣模型。他们认为员工知识和技能的独特性影响着雇佣关系的选择,对于高价值性和高独特性的员工,企业采用内部开发的雇佣关系,建立以组织为家的雇佣关系,以鼓励企业与员工在开发企业关键技能方面能够相互投资和长期投资;对于高价值性而低独特性的员工,企业采用直接从市场上购买的雇佣关系,建立以功利为前提的互惠共生的雇佣关系,以保证企业与员工能够继续得利的方式来维持这种雇佣关系;对于低价值性和低独特性的员工,企业采用租用的雇佣关系,建立以工作为焦点的交易性雇佣关系,通过明确的租用约定来确保员工行为控制权转让的实现;对于低价值性和高独特性的员工,企业采用联盟的雇佣关系,建立伙伴式的雇佣关系,以鼓励双方的合作行为和信息共享行为。赵曙明、席猛、蒋春燕(2016)分析了人力资源管理重要性与能力对企业雇佣关系选择的影响,研究发现人力资源管理在企业中的相对重要性越高,人力资源管理部门能力越强,企业越会选择相互投资型的雇佣关系模式;反之,企业则会选择交易契约型的雇佣模式。

从以上分析可以看出,目前的雇佣关系前因变量的研究存在两个特点:第一,可能是由于实证研究操作的可行性,目前雇佣关系的实证研究还主要集中于组织内部的影响因素,较少考虑到外部宏观制度环境和经济环境的影响;第二,作为交换的重要一方,现有的研究并没有考虑到员工在谈判和获得有利的雇佣关系中的战略意图,而不仅仅看作是进入组织所设定的雇佣关系类型,未来的研究必须考虑到员工作为关键的一方在确定和维持这个关系中的重要作用。

(三)雇佣关系的结果变量研究

目前研究雇佣关系的结果变量主要集中在员工态度和行为变量。如组织承诺、组织公民行为和员工满意度、员工福祉(李召敏、赵曙明,2015)、主动行为(刘泱等,2016),也包括组织层面的变量,如企业绩效。随着研究的深入,也有一些学者探讨了雇佣关系模式与团队层次变量的关系,如团队创造力之间的关系(Jia,2014)。Tsui等(1997)的研究发现相互投资型的雇佣关系与积极的员工态度和行为显著相关,如组织承诺、组织公民行为、任务绩效。Guest和Conway(2002)也发现高承诺的人力资源实践暗含着互惠投资的雇佣关系,对员工的态度和行为有积极的影响。Shore(2009)以大型韩国电子企业的453名员工为样本,结果表明社会交换与离职意向负相关。Zhang等(2008)根据来自于545名中国的中层经理的数据,表明雇佣关系在创造员工对组织的信任中都非常重要。

Kuvaas 和 Dysvik(2009)认为员工感知的与组织的不同交换关系对结果变量的影响存在差异,如交换感知与任务绩效和组织公民行为正相关,经济交换感知与任务绩效负相关。李召敏、赵曙明(2015)指出组织导向型的雇佣关系模式中,企业劳资和谐表现最好,员工身心健康程度最高。

(四) 雇佣关系的作用机制

对雇佣关系如何影响员工的态度和行为的研究,大部分研究者都是以社会交换理论作为理解组织中员工—组织交换行为的最具有影响力的框架(Cropanzano & Mitchell, 2005)。特别是,Blau(1964)将社会交换定义为基于信任和非明确义务,遵循着互惠的原则,对员工提供的投资和服务做出回报(Shore 等,2006)。因此,目前国内外的学者关于雇佣关系如何影响员工的态度和行为的研究大部分都是基于社会交换理论的,如互惠、社会交换、组织支持感、心理契约等(Tsui, 2002; Shore, 2009)。也有一些学者比较了社会交换与经济交换作为中介机制的不同。Song 等(2009)的研究结果表明社会交换在相互投资型雇佣关系和情感承诺、任务绩效之间有着部分中介作用,但是对组织公民行为不存在中介作用,经济交换完全中介着交易型雇佣关系和组织承诺以及组织公民行为的关系,但对任务绩效的并不存在。这些结果表明需要进一步了解经济交换和社会交换的作用。随着研究的深入,又有一些学者从社会认知的视角探讨雇佣关系的作用机制。Hom 等(2009)提出除了社会交换作为情感机制影响着员工的态度和行为,工作嵌入作为非情感性的作用机制影响着员工的态度和行为,扩展了 Tsui 等(1997)提出的雇佣关系的潜在中介变量。社会交换和工作嵌入是区别并互补的方式,雇佣关系通过这两种方式发挥着作用,各自代表情感路径和认知路径,社会交换体现着员工对雇佣关系安排的情感反应,雇主向雇员表达了信任及投资,如经济和社会情感的奖励。而工作嵌入是员工对雇佣条款的认知上的反应,关注的是累积的、非情感的员工不离开组织的原因。嵌入区别于个人对组织的持续性承诺、工作满意度或组织承诺的情感依附。Jia(2014)从社会资本的视角,探讨雇佣关系和团队创造力之间的作用机制时,将工作相关的沟通密度作为中介机制,为雇佣关系的研究探索了新的作用机制。

(五) 雇佣关系的情境变量研究

情境是一个多维的概念,雇佣关系嵌入于多种情境中,并同时发生作用。比如一个处于传统的工作的个体会嵌入于工作、工作团体、部门、组织、职业、劳动市场、家庭和国家文化。在组织中,社会、物理及结构上的环境也会影响着员工组织关系。同时,有的员工可能同时嵌入于不同的组织环境,如一些兼职的员工身兼数职,再如一些外派人员可能处于不同的文化环境中。回顾目前的有关雇佣关系的研究发现:(1)虽然目前组织普遍采用不同类型的雇佣模式,但是大部分雇佣关系的研究结论都认为相互投资型的雇佣关系是有利于组织绩效的最佳雇佣关系模式(Tsui, 1997; Zhang 等, 2008; Hom 等, 2009),这也与以往有关普遍视角下的企业存在最佳人力资源实践、高绩效工作系统的研究结论一致(Walton, 1985; Lawler, 1992)。这些结果似乎都表明存在着某种最佳的雇佣模式,而且会给企业带来竞争优势。(2)从雇佣关系情境因素的实证研究中发现,大部分雇佣关系研究从个体层面进行了分析(Eisenberger 等, 1986; Morrison & Robinson,

1997),而忽略了组织和环境因素的影响。Porter(1996)表明微观的"OB"(Organizational Behavior)研究中,已经非常强调"B"而更多地忽略了"O"。已有文献大量地忽略了组织这一情境对组织中行为的影响(Shore 等,2004)。一些学者认为情境因素对雇佣关系研究具有重要作用(Shore 等,2004;Coyle-Shapiro 等,2007;Song 等,2009)。Shore 等(2004)从组织视角提出了雇佣关系的情境因素的框架(图1)。组织外部的情境包括:国家文化情境(群体和个人文化价值观),家庭/休闲情境(关系和个人活动),劳动市场环境(经济和行业的状况)以及职业情境(专业资格和劳动资质等)。组织内部的情境包括组织结构情境(规模、划分、工作设计和团队构成)、物理情境(如机器、工具、设备、技术和工作环境)及社会情境(如组织文化、人力资源系统和关系)。

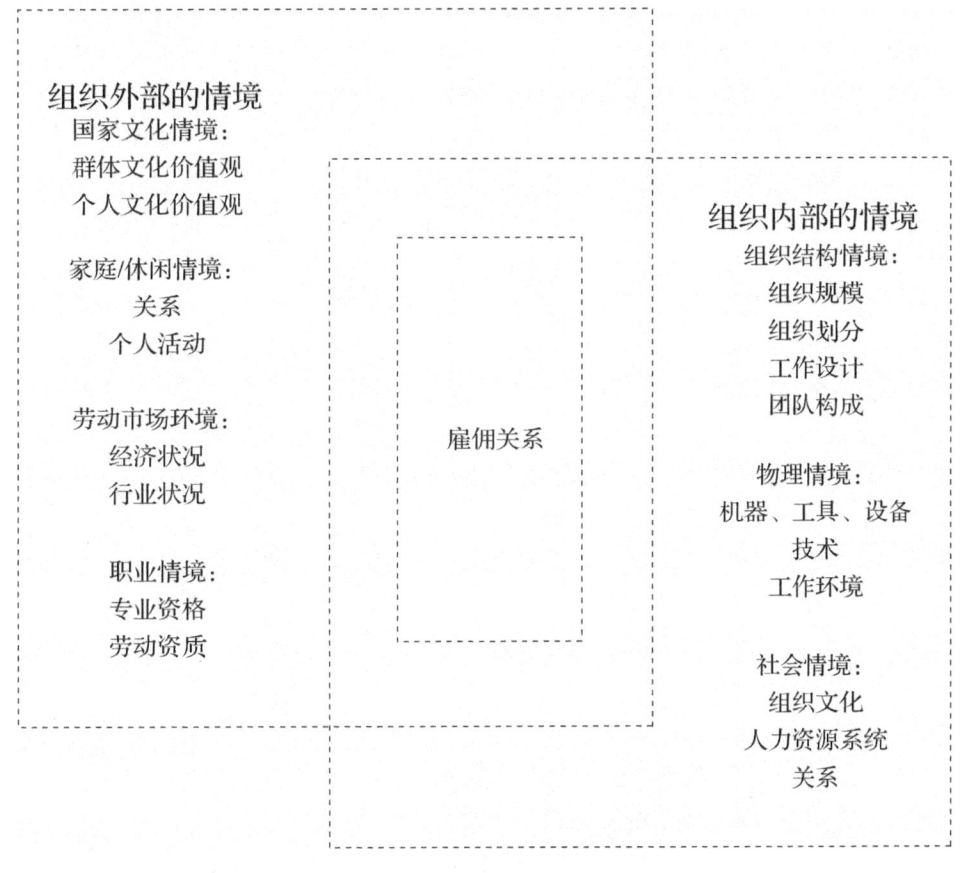

图1 雇佣关系的组织外部和组织内部的情境因素
资料来源:Shore(2004)

目前已有的雇佣关系情境因素的实证研究主要包括个体特征的因素以及组织和工作相关的因素。员工个体是员工和组织交换关系形成以及感知的重要一方,对于同样的雇佣关系,不同的员工也存在着感知的差异(张一弛,2004)。个体的差异会影响员工对组织为确立社会交换关系的努力,即良好的待遇并不一定换来员工做出有利于组织的努力。Shore(2009)就通过实证研究表明,回报谨慎调节着社会交换关系与员工组织承诺和离职意向的关系。同时,已有一些研究开始探讨员工的类别(典型雇佣/非典型雇佣)所感知的雇佣关系的差异。非典型雇佣员工对雇佣关系有着更松散的感知。比如,他们是一种交易型心理契约,具有较低的情感承诺(Coyle—Shapiro& Kessler,2002;Guest & Conway,1999),但也有一些研究并没有发现临时性的员工和其他员工在雇佣关系上的差别,或者有个别研究发现了相反的结论,即临时性的员工比其他的员工组织承诺更高。还有一个关于本土员工与国外员工雇佣关系的比较的研究。Ang,Van Dyne& Begley(2003)发现外来的工人和本国的工人相比(都是基于传统中国文化下)接受较少的激励,因此报告出较低的组织公民行为和工作绩效。Gakovic & Tetrick(2003)比较了兼职员工和全职员工,结果显示社会交换对于理解这两个群体的雇佣关系同样合适。对于企业层面的情境因素,目前主要集中于企业的战略和所有权形式的影响。已有研究表明企业的战略和企业的所有权在雇佣关系和企业绩效之间的调节作用,即所谓的最佳雇佣关系模式在某些情境下并不是那么有效(Wang,2003)。陈维政(2005)的研究也表明并不一定高投入就会带来高绩效,他探讨了投入与绩效和满意度之间的关系,但是并没有探讨为什么高投入没有带来企业的高绩效。张一弛(2004)的研究也表明我国民营企业采用投资不足型的雇佣关系模式所取得的企业绩效不仅高于其他类型的企业采用投资不足型的雇佣关系时的绩效,而且还高于民营企业自身采用其他类型的雇佣关系模式时的绩效。这些研究都证明了并不一定相互投资型的雇佣关系就是最好的。作为仅次于相互投资型的雇佣关系:投资不足型的雇佣关系在企业中的数量也非常大(张一弛,2004),这个结论对于转型期的我国具有特殊的意义。工作相关特征也会成为影响雇佣关系与员工态度及行为之间的关系。Bartol(2009)认为工作保障在组织支持感知(POS)与员工知识共享关系之间有着重要的调节作用。当员工感觉到工作比较稳定时,则更可能与员工建立长期的互惠合作关系。Zhang等(2008)在中国的情境下探讨了上级支持在雇佣关系与组织信任之间的调节作用,研究表明上级支持程度在很大程度上比企业采用相互投资型的雇佣关系对积极的员工结果还要有效。Bell(2002)也认识到工作自主性在员工—组织关系与客户感知的服务质量之间的关系中起着显著的调节作用。

四、雇佣关系研究的未来展望

在对雇佣关系从理论基础、理论沿革以及相关的实证研究进行综述的基础上,本文认为未来对雇佣关系的研究还需要在以下方面做进一步的探讨。

(1)已有的研究将互惠原则作为社会交换理论的解释框架,但是也有一些学者提出质疑,认为雇佣关系的文献中太看重互惠原则的作用(Coyle-Shapiro& Shore,2007)。而社会交换理论还存在着其他的原则,如有限理性、利他主义、集体获益、地位一致性和竞争性原则。Meglino & Korsgaard(2004)发现理性利己主义的假设在应用心理学理论中非常普遍,但是积极心理学认为个体具有利他主义的倾向。Batson & Shaw(1991)发现通过关心他人,个体会参与助人行为,与自我的利益相冲突。其次,当员工的努力在不被认可或不被激励时,互惠行为不会发生(Blader & Tyler,2000),在这种情况下,员工所采取的积极的组织行为就不是互惠原则所能解释的。因此,基于社会交换理论的雇佣关系研究应当进一步关注除了互惠原则以外的其他规则(Cropanzano&Mitchell,2005)。

(2)未来研究需要考虑不同层次的交换机制之间的交互作用以及交换关系对象的选

择。Cropanzano & Mitchell(2005)认为需要关注社会交换理论的关键组成部分的研究，如交换资源、交换过程和交换的层次。员工嵌入于组织的各个社会系统中，包括正式的工作团体、非正式网络、大的组织的各个部门，以及作为整体的组织。交换机制大量存在于各种层面。交换机制的层面不仅是员工与组织交换关系的感知，还包括对上级之间的交换关系的感知。同时在研究对象上，目前主要集中于中层经理人员，也可以考察较低层面的员工的雇佣关系。以往的研究也没有比较不同的交换机制，以及整合不同的交换机制对员工的影响。什么因素会决定每种机制的重要性？探讨不同的交换机制的重要性及不同的层面，是未来的研究方向(Song等，2009)。领导—成员交换关系质量作为与直接上级的交换机制，是否与雇佣关系的交互作用影响着社会交换的感知，还需要进一步进行实证研究。

(3) 雇佣关系的作用机制还需要进一步研究。目前有关雇佣关系的作用机制主要将社会交换和经济交换作为雇佣关系的作用机制的交换基础，也有一些学者认识到除了社会交换和经济交换资源，可能在雇主和雇员之间还存着在意识形态的资源(Thompson & Bunderson，2003；Shore，2009)，员工和组织间的意识形态，如信仰、价值观等方面的交换，能够加强员工对组织的认同和信任，从而使得员工与组织之间更加遵循互惠规范，产生互益的结果；虽然社会认知理论作为雇佣关系与员工态度和行为的关系已有一些研究，如工作嵌入作为员工与组织非情感联系的认知已经被证明是雇佣关系与情感承诺、离职意向之间的中介变量，但是其他有关员工认知的概念，如心理授权在其中的作用机制还尚未被探讨。心理授权是一个社会化结构现象，它的形成受到组织情境因素的影响。雇主视角下的雇佣关系代表了组织的环境，如相互投资型的雇佣关系为员工提供优厚的福利待遇并提供个人发展的空间，鼓励参与决策，鼓励创新和变革，企业的管理风格和工作氛围，过度投资型的雇佣模式则对员工投入很多，但期望贡献较少，由此可见不同的雇佣关系让员工对心理授权的四个维度即工作意义、工作自主性、自我效能和工作影响力有着不同感知。同时本文还认为未来的研究可以从社会认同理论的视角探讨雇佣关系与员工的态度与行为的作用机制。而个体对组织的认同常常来源于组织的政策和行动措施。当组织采取的是相互投资型的雇佣关系时，则会增强员工对组织的认同感，从而提高其工作绩效水平。Jia(2014)也提出社会资本视角下，团队沟通的集中度、结构洞等团队网络特征变量需要未来学者在探讨雇佣关系与团队层面结果变量，如创造力时，可以进行探索研究。

(4) 进一步探讨情境因素的影响。近年来，全球化和市场竞争环境的加剧使得雇佣关系呈现多样化趋势。比如，非典型雇佣形式的出现(临时的、兼职的、劳务派遣的、外派的和外籍员工)或在工作地点上存在着变化(如远程办公、虚拟组织等形式的出现)，或新的共享经济的商业模式出现使得原有的组织和雇员的关系变成了平台和个人的关系，如知乎、咸鱼、微博等一批知识共享平台。这些变化的发生也使得与雇佣关系有关的情境发生了重要的变化。因此，未来的研究应该考虑在雇佣关系选择中情境因素的作用。Shore(2004)认为外部环境如工会、行业、灵活的工作安排(如远程工作和虚拟组织结构)是雇佣关系研究的重要情境变量。Shore(2009)也指出，个体的差异，如回报谨慎等在社会交换和经济交换的影响中有着重要的调节作用。Song等(2009)提出未来的研究需要考虑到跨文化的差异。在不同文化环境下，比较雇佣关系的不同类型的影响作用的差异是一个尚需解决的问题。

Research on the Review and Future Prospects of Corporate Employment Relations

ZHAO Shuming[1], ZHOU Lulu[2]

(1. School of Business, Nanjing University

2. School of Economics and Management, Southeast University)

Abstract: Because economic transition in China, the speed of industrialization and urbanization is being accelerated, the ownership structure and management practices are increasingly diversified, as well as the development of Internet technology, which make significant changes of corporate employment relations. Employment relation becomes a very important topic for research in the field of academic and practices. This paper reviews the literature on the aspects of the basis of theory, the evolution, measurement of employment relations, the antecedent and outcome variables, the mechanism and the context variables. Based on the review, the paper proposes some directions for future research.

Key words: employment relations, inducement-contribution model, social exchange, review

参考文献：

[1] Ang S, Van Dyne L, Begley T M. 2003. The Employment Relationships of Foreign Workers Versus Local Employees: A Field Study of Organizational Justice, Job Satisfaction, Performance, and OCB [J]. Journal of Organizational Behavior, 24(5): 561-583.

[2] Atkinson C, Mallett O, Wapshott R. 2016. "You Try to Be a Fair Employer": Regulation and Employment Relationships in Medium-sized Firms[J]. International Small Business Journal, 34(1): 16-33.

[3] Barnard C I. 1983. The Functions of the Executive[M]. Cambridge: Harvard University Press, MA.

[4] Batson C D, Shaw L. 1991. Evidence for Altruism: Toward A Pluralism of Prosocial Motives[J]. Psychological Inquiry, 2: 107-122.

[5] Becker L. 1986. Reciprocity[M]. New York: Routledge & Kegan Paul Ltd.

[6] Bell, Simon J, Menguc, Bulent. 2002. The Employee-Organization Relationship, Organizational Citizenship Behaviors, and Superior Service Quality[J]. Journal of Retailing, 78(2): 131-146.

[7] Blau P M. 1964. Exchange and Power in Social Life[M]. New York: Wiley.

[8] Coyleshapiro J, Kessler I. 2000. Consequences of the Psychological Contract for the Employment Relationship: A Large Scale Survey [J]. Journal of Management Studies, 37(7): 903-930.

[9] Coyle-Shapiro J A-M, Shore L. 2007. The Employee-Organization Relationship: Where do We Go From Here? [J]. Human Resource Management Review, 17(2): 166-179.

[10] Coyle-Shapiro, Jacqueline A-M, Kessler I. 2002. Exploring Reciprocity Through the Lens of the Psychological Contract: Employee and Employer Perspectives[J]. European Journal of Work and

Organizational Psychology,11 (1):69-86.
[11] Cropanzano R, Mitchell M S. 2005. Social Exchange Theory: An Interdisciplinary Review[J]. Journal of Management,31:874-900.
[12] Eisenberger R, Armeli S, Rexwinkel B et al. 2001. Reciprocation of Perceived Organizational Support[J]. Journal of Applied Psychology,86(1):42-51.
[13] Etzioni A. 1961. A Comparative Analysis of Complex Organizations[M]. New York: Free Press.
[14] Gouldner A W. 1960. The Norm of Reciprocity :A Preliminary Statement[J]. American Sociological Review,25(2):161-178.
[15] Hom P W, Tsui A S, Wu J B, et al, L. 2009. Explaining Employment Relationships with Social Exchange and Job Embeddedness[J]. Journal of Applied Psychology,94(2):277-297.
[16] Huselid M A. 1995. The Impact of Human Resource Management Practices on Turnover, Productivity, and Corporate Financial Performance[J]. Academy of Management Journal,38(3):635-672.
[17] Jia L, Shaw JD, Tsui A S, et al. 2014. A Social-Structural Perspective on Employee-Organization Relationship and Team Creativity[J]. Academy of Management Journal,57(3):869-891.
[18] Kim H. S. 2005. Organizational Structure and Internal Communication as Antecedents of Employee-organization Relationships in the Context of Organizational Justice: A Multilevel Analysis, University of Maryland, College Park.
[19] Kristof A L. 1996. Person-Organization Fit: An Integrative Review of Its Conceptualizations, Measurement, and Implication[J]. Personnel Psychology,49(1):1-49.
[20] Kristof-Brown A L. , Zimmerman R D, Johnson, E C 2005. Consequences of Individuals' Fit at Work: A Meta-analysis of Person-Job, Person-Organization, Person-Group, and Person-Supervisor Fit[J]. Personnel Psychology,58(2):281-343.
[21] Kuvaas B. , Dysvik, A. 2009. Perceived Investment in Employee Development, Intrinsic Motivation and Work Performance [J]. Human Resource Management Journal,19(3):217-236.
[22] Kuvaas B. 2008. An Exploration of How the Employee-Organization Relationship Affects the Linkage Between Perception of Developmental Human Resource Practices and Employee Outcomes[J]. Journal of Management Studies,45(1):1-25.
[23] Latorre F, Guest D, Ramos J, et al. 2016. High Commitment HR Practices, the Employment Relationship and Job Performance[J]. European Management Journal,34:328-337.
[24] Lepak D P, Snell S A. 1999. The Human Resource Architecture: Toward a Theory of Human Capital Allocation and Development[J]. Academy of Management Review,24(1):31-48.
[25] Mahoney T, Watson M. 1993. Evolving Modes of Work Force Governance: an Evaluation, in Kaufman, B. et al(eds),Employee Representation: Alternatives and Future Directions, Ithaca, NY: ILR Press.
[26] March J G, Simon H A. 1958. Organizations[M]. Wiley: New York.
[27] Meglino B M, Korsgaard A. 2004. Considering the Rational Self-interest as a Disposition: Organizational Implications of other Orientation [J]. Journal of Applied Psychology, 89 (6): 946-959.
[28] Rynes SL, Robert JR, Gerhart B. 2010. The Importance of Recruitment in Job Choice: A Different Way of Looking[J]. Personnel Psychology,44 (3):487-521.
[29] Shore LM, Bommer WH, Rao AN, et al. 2009. Social and Economic Exchange in the Employee-organization Relationship: The Moderating Role of Reciprocation Wariness [J]. Journal of Managerial Psychology,24(8):701-721.
[30] Shore, L M, Porter, L W, Zahra, S A. 2004. Employer-Oriented Strategic Approaches to the

Employee-Organization Relationship (EOR)[A]. In J. Coyle-Shapiro, L. M. Shore, S. Taylor, & L. E. Tetrick (Eds.). The Employment Relationship: Examining Psychological and Contextual Perspectives[C]. Oxford: Oxford University Press.

[31] Shore LM, Tetrick LE, Lynch P, et al. 2006. Social and Economic Exchange, Construct Development and Validation [J]. Journal of Applied Social Psychology, 36(4): 837-867.

[32] Song LJ, Tsui AS, Law KS. 2009. Unpacking Employee Responses to Organizational Exchange Mechanisms: The Role of Social and Economic Exchange Perceptions[J]. Journal of Management, 35(1): 56-93.

[33] Tsui AS, Pearce JL, Porter LW, et al. 1995. Choice of Employee Organization Relationship: Influence of External and Internal Organizational Factors[A]. In G. R. Ferris (ed.). Research in Personnel and Human Resource Management[C]. Greenwich, CT: JAI Press, 13: 117-151.

[34] Tsui AS, Pearce JL, Porter LW, et al. 1997. Alternative Approaches to the Employee Organization Relationship: Does Investment in Employees Pay Off? [J]. Academy of Management Journal, 40(5): 1089-1121.

[35] Tsui A, Wang D, Zhang Y. 2002. Employment Relationship with Chinese Middle Managers: Exploring Differences Between State and Non-State-Owned Firms[A]. In A. S. Tsui and C. M. Lau (eds.). The Management of Enterprises in The People's Republic of China[C]. Boston: Kluwer Academic Press, 2002: 347-374.

[36] Tsui A, Wang D. 2002. Employment Relationships from The Employer's Perspective: Current Research and Future Directions. Chichester: Wiley, 2002: 77-114.

[37] Wang D X, Tsui A S, Zhang Y C, et al. 2003. Employment Relationships and Firm Performance: Evidence from an Emerging Economy[J]. Journal of Organizational Behavior, 24(5): 511-535.

[38] Xi Meng, Qin Xu, Xiaoyu Wang, et al. 2016. Partnership Practices, Labor Relations Climate, and Employee Attitudes—Evidence from China [J]. Industrial and Labor Relations Review. DOI: 10.1177/0019793916684778.

[39] Xi Meng, Shuming Zhao, Qin Xu. 2016. The Influence of CEO Relationship-focused Behaviors on Firm Performance: A Chain-Mediating Role of Employee Relations Climate and Employees' Attitudes[J]. Asia Pacific Journal of Management. DOI: 10.1007/s10490-016-9487-7.

[40] Youndt M A., Snell S A., Dena J E, et al. 1996. Human Resource Management, Manufacturing Strategy, and Firm Performance [J]. Academy of Management Journal, 39(4): 836-866.

[41] 李召敏, 赵曙明. 2015. 雇佣关系模式对福祉影响的差异[J]. 经济管理, 37(12): 56-67.

[42] 刘泱, 朱伟, 赵曙明. 2016. 包容型领导风格对雇佣关系氛围和员工主动行为的影响研究[J]. 管理学报, 13(10): 1482-1489.

[43] 汪林, 储小平. 2009. 组织公正、雇佣关系与员工工作态度——基于广东企业的经验研究[J]. 南开管理评论, 12(4): 62-70.

[44] 张士菊, 廖建桥. 2008. 企业员工的心理契约: 国有企业与民营企业差异的探索[J]. 商业经济与管理, 1(6): 26-33.

[45] 张一驰. 2004. 从扩展的激励—贡献模型看我国企业所有制对雇佣关系的影响[J]. 管理世界, 2004, 12: 90-98.

[46] 赵曙明, 白晓明. 2012. 企业劳资冲突的波及面差异: 国际经验与启示[J]. 改革, 12: 125-131.

[47] 赵曙明, 席猛, 蒋春燕. 2016. 人力资源管理重要性与能力对企业雇佣关系模式选择的影响[J]. 经济管理, 4: 83-92.

[48] 赵曙明. 2012. 国外集体谈判研究现状评述及展望[J]. 外国经济与管理, 1: 18-26.

[49] 赵曙明. 2009. 以人为本, 创建和谐的劳动关系[N]. 新华日报, 2009-12-22.

我们需要什么样的商业模式结构理论？
——关于商业模式底层材质的考察[1]

李 东[2]

摘要 本文首先阐述了商业模式研究热潮的时代背景，回顾并总结了国内外商业模式理论的总体状况，通过商业模式概念矩阵揭示了不同理论的差异，在此基础上，重点讨论了现有商业模式理论的不足以及导致理论缺陷的根本原因——缺乏对商业模式底层材质问题的研究。对此本文提出：商业模式底层材质就是形形色色的规则，据此检验了规则作为商业模式底层材质的理论价值，从规则视角出发归纳了商业模式理论研究的若干前沿问题。

关键词 商业模式；规则；结构；底层材质

一、关于商业模式研究的两个背景

（一）为什么是商业模式而不是其他？

进入新世纪以来，在经济、社会、科技以及政治等各种方面因素的影响和作用下，我们所处的世界发生了广泛而又深刻的变化。构成这些变化的，有好消息，例如层出不穷的科技发明。这些科技成就一方面将人类各种梦想变为现实（如跨出地球迈向太空），同时又刺激着人类实现新的梦想（如长生不老）。但"变化"中的坏消息似乎更多：美国频繁爆发的经济危机、欧洲债务危机和持续经济低迷、日本经济长期低迷、环境恶化问题、社会公平问题、中国的经济结构调整与可持续发展问题……

美国哈佛大学管理学家史蒂文森在其《以预见创造未来》一书中提出：人类进化的基础，是其"预见未来"的能力，当人类在对未来的预见性方面受到侵害时，往往就处在了"进化"还是"灭亡"的十字路口。显然，席卷全球的政治、经济乃至文化意识形态方面的

---

[1] 基金项目：国家自然科学基金项目（71372196）。
[2] 作者简介：李东，东南大学经济管理学院教授、博士生导师、工商管理系主任。

动荡,就是当代人类面临的一次"预见性危机"或"预见性挑战"。

预见性挑战完全改变了市场游戏规则,以及企业间竞争的形态。从微观组织角度看,全世界各种各样的公司组织和其他形形色色的机构,都感受到前所未有的冲击。在企业家们看来,应对经营问题并不是最头痛的问题,事实上,这就是他们生活的一部分。问题是:捉摸不定的市场起伏、层出不穷的新游戏规则才是让人无所适从的根源所在。在全世界范围内,不论是岸上的旁观者,还是海中的搏击者,人们从未像今天这样,在越来越短的时间间隔中,既目睹一幕又一幕起死回生的青春焕发,以及一夜成名的英雄出场,又眼见一起又一起轰然倒塌的巨人没落,以及昙花一现的流星闪烁。面对五光十色、眼花缭乱的悲喜剧情,企业家、学者、政府人士、金融投资界、各种社会团体等等在经历了惊恐、茫然、本能性反应,以及思索基础上的试探、调整之后,形成了什么样的看法、观念和应对性策略呢?通过简单的统计归纳就可以发现:面对动荡引发的预见性挑战,有一个词明显占据突出地位,这就是商业模式。简单来讲,在应对新世纪经济领域的种种挑战时,商业模式创新成为人们谈论的最多的一个话题,对此哈佛大学创新管理权威 Clayton M. Christensen 的一段话颇为典型,他说在总结 20 年的企业实践基础上可以发现,当人们热衷于新技术本身时,其商业化通常以失败告终,而当人们关注商业模式的设计和功能时,创新成功即商业化进程良性发展的可能性将显著增加。

那么,为什么是商业模式,而不是其他的策略措施,成为当今世界拯救企业、应对预见性危机的关键"药方"呢?理解这个原因的核心线索,就在于商业模式的特定功能。商业模式的真正功能,在于它创造出一个企业的运营环境,这个环境可以在排除不确定性上发挥独特作用。好的商业模式,可以为企业决策者提供良好的经营视野,也就是可以较好地支持企业决策对未来的预见性。一方面,可以诱导出更多的合理战略措施,另一方面,也可以使所实施的经营策略取得更理想的回报。

还有一些学者,虽然他们没有使用"商业模式"这个词汇,但使用类似或相近的概念,揭示了类似的功能效应。例如,英国著名的产业组织学者 Jacobia,在分析新技术应用可能为企业带来的收益时就指出,除了新技术本身的属性以外,一种所谓的架构性因素(Industry Architecture),对建立在新技术应用基础上的价值获取,将产生重要影响。仔细分析他的产业架构概念(Industry Architecture)可以发现,该概念与商业模式的结构存在许多关键性相似。再比如,以提出《蓝海战略》理论闻名全球的哈佛学者 Chen Kin,在揭示现代企业如何在严重的恶性竞争中找到重生之路时就指出,企业为获得持续的竞争优势,有两条道路可以选择:一是在给定的产业结构中,优化、巩固自己的独特位置,也就是坚持所谓的"结构思维";另一条道路则是,通过重塑产业结构(Reshaping Industry Structure),来获得新的生存与发展空间。在这里,Chen Kin 所定义的"产业结构",无论是其功能特征,还是组成要素,都与商业模式具有密切的联系或相似性。

(二) 为什么需要新的理论?

这个问题实际上有两层意思:第一,商业模式理论(如果存在这个理论的话),与人们处理企业经营管理问题的已有理论,如市场营销理论、竞争战略理论等等相比,有其内在的差异性,以至于需要在这些理论之外,构建新的商业模式理论吗?第二,在现有的商业模式理论之外,还需要新的理论吗?对于这两个方面,我们的回答都是肯定的。

首先，由于商业模式的特定功能，导致商业模式的结构也有一个显著的特点，这就是：商业模式结构所涉及的因素，跨越了现有经济与管理理论的经典分界，即既涉及宏观和中观因素，又涉及微观组织因素。这就是说，处理商业模式问题，包括设计方法、构建策略、重塑策略、评估方法、诊断工具等等，所需要的理论，就不在任何一个已有的经济学与管理学理论范畴之内。这也是创新管理权威 Teece 教授、著名的商业模式研究者 Zott 教授等人强调商业模式"必须成为独立的研究单元"的原因。

其次，虽然对商业模式问题已经产生出许多包含真知灼见、极具价值的理论成果，但总体而言，目前国内外关于商业模式问题的研究，还处在理论构建阶段。Zott 等人（2011，2015）指出，学术界迄今尚未在"什么是商业模式"这个基础问题上达成一致。他们注意到，研究者经常根据他们特定的研究目的而界定商业模式是什么。由于目的不同，这些商业模式概念往往难以协调。因此，很少有一个管理概念像商业模式那样能引起如此广泛的关注，而又如此缺乏一种共同和广泛接受的语言和方法体系来衔接、整合不同视角、不同内容的商业模式研究。

因此，理论和实践都提出了对新的商业模式结构理论的迫切需求。

二、商业模式研究总览：分维度的考察

国外理论界对商业模式问题的系统研究大致起始于 20 世纪 80 年代中期，据 Zott（2011）统计，从 1975 年至 2000 年，美国各类管理文献中使用"商业模式"一词的有 1 729 篇，而 1995—2000 年期间发表论文年均是 1975—1994 年间年均论文的 26.5 倍[①]，体现出领域研究呈爆发态势。伴随着此领域研究的深入，越来越多的学者开始接受这样的观点：商业模式应成为一种有别于战略管理、产业组织理论的全新研究单元。Foss 等（2017）以 Scopus 数据源中的社会科学文献为对象，统计了 1972—2015 年商业模式（BM）、开放创新（OI）、动态能力（DC）在关键词和题目中出现的次数，结果依次为 7 391，1 700 和 1 562。2010—2015 年期间，商业模式问题研究论文几乎是后两者的 3～4 倍。2000 年以来，国内对此问题的研究也呈高速发展态势。

虽然由于其涉及因素的复杂性导致商业模式创新研究呈现多层次、多视角特征，但总体上讲有三个相对密集的研究地带：一是关于商业模式内涵、功能特征等基础问题研究；二是关于商业模式结构演化规律及过程推进策略问题研究；三是结合商业模式结构特征探索影响其创新进程的因素及其作用机理。

第一个方面，关于商业模式本质定义，目前较有影响的观点包括：逻辑说，即商业模式是企业进行价值创造的总体逻辑（David J. Teece，2009）；故事说，即商业模式创新就是书写一个关于制造与销售活动的新故事（Joan Magretta，2002）；机器说，即商业模式是一种把能量转化为任务执行的机械装置，例如汽车（Masanell & Ricart，2010）；关系说，

[①] Zott 等以 EBSCO 数据库为检索来源，刊物分为学术类文献和财经评论文献。中国等新兴国家对商业模式问题的研究尚未纳入其统计。

即商业模式是跨企业边界的关系组合模板(Zott & Amit,2008,2010)。在商业模式功能方面,Henry和Richard等(2002)探讨了新技术在获取市场价值的过程中,商业模式作为一种转换机制(Convert Device)所发挥的筛滤作用。Zott等(2001,2008)则将商业模式看成是一种具有调节市场战略绩效功能的组织情境,并特别强调,商业模式是企业战略的匹配因素而不是替代品,探讨了合理匹配的性质及其对企业绩效的影响。此外,麻省理工学者Thomas W. Malone等(2006)从产出类型和资源类型两个方面,把商业模式划分为十六种类型,据此研究不同模式对企业经营绩效的影响。在商业模式构建方面,Zott(2001,2007)提出了基于活动系统的商业模式设计方法,Rita Gunther McGrath(2009,2010)提出了基于两分结构的商业模式实验型构建思维。

第二个方面,关于商业模式结构界定,较有影响的有Mark W. Johnson等(2008)提出的四模块说,即商业模式由顾客价值主张、赢利模式、关键资源以及关键流程等四个部分组成;Rita Gunther McGrath(2009)提出的两分说,即基本业务单元和关键流程矩阵。Teece(2009)认为,由于商业模式结构的复杂性,借助"设计"、"预测"等工具推动其创新的前提难以成立,因此实验方式是唯一选择。Rita G. McGrath(2009)提出了"发现驱动的商业模式进化"研究,认为商业模式创新的特定性在于其面临的高度不确定性,因此学习与实验是这一过程的基本特征。Demil等(2010)从商业模式组成维度之间的动态衔接性角度提出:商业模式组成要素间的动态匹配,以至达成协调一致的能力,是企业持续发展的重要基础。近年来,商业模式实验创新问题成为一个热点。Marc Sosna等(2010)提出了由两大阶段组成的商业模式实验创新过程模型,而试错—学习(Trial-and-Error Learning)则是这个过程的核心内容。该过程的起点,是决策者持有的一个"初始理论",这个理论来源于该决策者此前的经历、认知特征、野心等。李东等(2010,2011)提出了商业模式进化的三阶段模型,解释了商业模式伴随业务规模扩张而获得的进化动力、进化内容、进化障碍与策略类型。

第三个方面,Christensen(2016)提出了修正的商业模式结构理论并进一步强调,正由于对结构问题的认识模糊导致商业模式演化规律的捉摸不定。Mikhalkina等(2015)探讨了一种创新性商业模式如何从企业的实验行为通过媒介宣传而成为一种公众可以接受的模式类型。与此对应,Martins等(2015)提出,商业模式创新可视为一个高管层心理认知的改变过程,存在类别推理和概念综合两种认知机制,可驱动管理层认知转变,最终促成模式创新。国内学者也从不同角度探讨了商业模式的特殊结构(魏炜、朱武祥,2010;程愚、孙建国,2013;王琴,2011)。此外,还从TMT认知、领导行为、外部政治资源情况等对商业模式创新进程的影响进行了多方面考察(杨俊等,2016;阎婧、刘志迎等,2016;李黎等,2015),曾萍等(2014)探讨了企业外部因素对其商业模式创新的影响问题,虽然没有具体到平台这一外部因素对商业模式开放的影响,但这个研究在样本意义上证实了逻辑关系的存在。姚明明、吴晓波等(2014)探讨并检验了商业模式与技术创新的匹配效应问题。

开放型商业模式可以视为一种特定的商业模式创新,最初由Chesbrough在2006年提出,由此引起理论界与企业界的广泛关注。Arora等(2016)对5 000家美国制造企业的研究表明,近一半(49%)最重要的产品创新是通过获取外部知识信息完成的,开放型商业模式具有巨大发展潜力。Chatterji等(2014)考察论证了来自外部顾客的知识信息对产品创新尤其是突破性创新的突出影响。Frankenberger 等(2014)研究了可能引致一个企业开放其商业模式的5个动因,首位的就是其模式的非协调性,即商业模式的某个要素缺失或错误配置,模式开放则是解决由于这种非协调性导致的资源或能力缺乏。Cassiman 等(2016)研究了开放型商业模式的信息流向结构(单向还是双向)对企业创新绩效的影响。国内学者周飞等(2016)、王素娟等(2016)研究了跨界知识搜寻对商业模式创新和企业绩效的影响。

总体来讲,每一个商业模式研究都是建立在特定的距离/特定的视角基础上,聚焦于某个具体问题的,相应的研究成果或结论就产生了一个特定的"图景"。不同的图景组合起来,就构成了一个"商业模式矩阵"。如图1所示,矩阵中的各个单元部分我们列举了若干典型的研究成果。

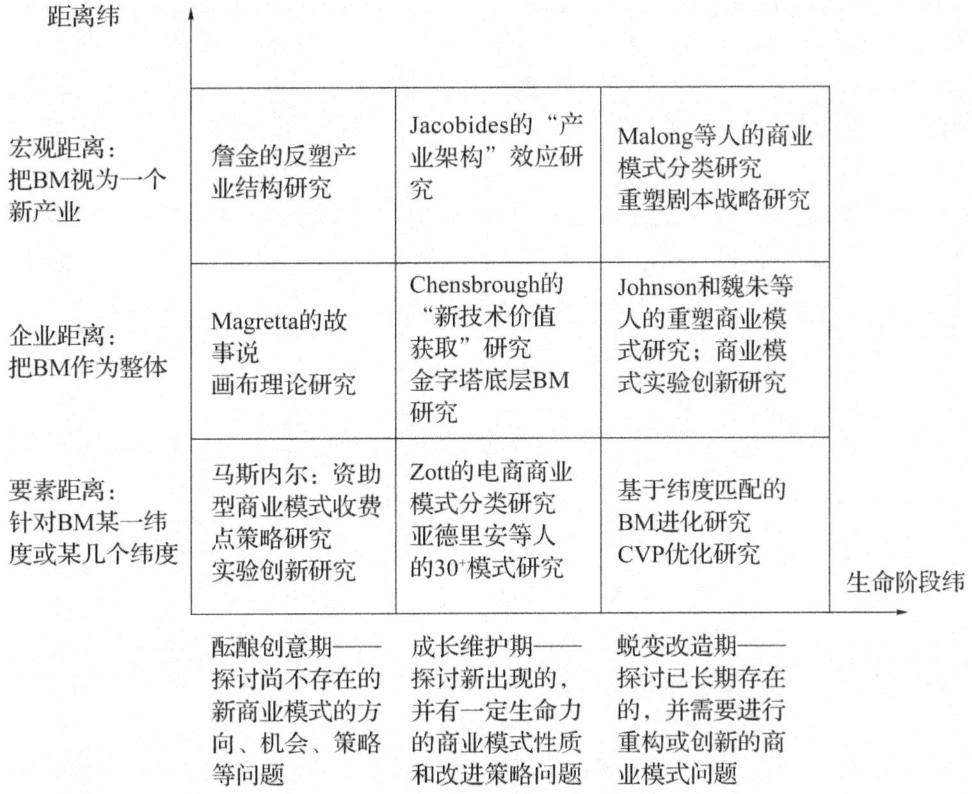

距离纬	酝酿创意期——探讨尚不存在的新商业模式的方向、机会、策略等问题	成长维护期——探讨新出现的,并有一定生命力的商业模式性质和改进策略问题	蜕变改造期——探讨已长期存在的,并需要进行重构或创新的商业模式问题
宏观距离:把BM视为一个新产业	詹金的反塑产业结构研究	Jacobides的"产业架构"效应研究	Malong等人的商业模式分类研究 重塑剧本战略研究
企业距离:把BM作为整体	Magretta的故事说 画布理论研究	Chensbrough的"新技术价值获取"研究 金字塔底层BM研究	Johnson和魏朱等人的重塑商业模式研究;商业模式实验创新研究
要素距离:针对BM某一纬度或某几个纬度	马斯内尔:资助型商业模式收费点策略研究 实验创新研究	Zott的电商商业模式分类研究 亚德里安等人的30+模式研究	基于纬度匹配的BM进化研究 CVP优化研究

图1　商业模式概念矩阵

三、我们需要一个什么样的商业模式结构理论

(一)商业模式结构理论的基本要求:可成为新的管理研究单元

如前所述,商业模式理论产生于极为现实的客观需要,这种客观需要有两个基本领域:首先,是企业家的管理实践。在新经济时代企业家需要新的视野、新的思路和新的策

略来创造可靠的竞争优势或摆脱诸如"红海市场"的各种经营陷阱；其次，是研究者的研究活动。随着互联网技术的深入应用，新经济最显著的特征就是传统企业边界的模糊化、解绑化，这意味着不论是作为微观经济学研究单元的"厂商（Firm）"还是管理学研究单元的"企业（Enterprise）"，都与真实情况出现越来越大的差异，研究者需要一个更为合理科学的研究单元作为其分析的对象，从而创造出有价值的理论。而商业模式则被认为是一个比传统意义的"企业"更具有科学价值的研究单元，它不仅强调顾客价值创造和企业价值获取的双重功能，因而与竞争战略、营销组合计划等单项功能策略有所区别，而且具有跨企业边界的关系组合属性，也与战略联盟、商业生态系统等合作体具有不同内涵。事实上，作为一个还有别于企业的研究单元，已经有很多学者如 Malone 等对这样的单元进行了系统的分类研究，这一特定单元所具有的科学价值随着研究的深入而日益显现。

随着研究的推进，商业模式结构理论涌现出诸多各具独特价值的成果，然而这些关于商业模式结构、功能的研究成果彼此之间尚未形成一个统一并趋于收敛的体系，因此导致关于商业模式构建、优化、创新策略问题的研究也缺乏逻辑上的基础。其典型表现，就是很多研究者提出的商业模式构建策略很难与竞争战略、营销组合计划、组织或流程创新等管理策略区别开来。虽然已经有很多学者关注到这一现象并试图创造自己的理论去解决这个问题，但所有理论都必须从导致这一现象的根源入手才有可能把认识推向前进而不是制造新的问题，这更加模糊了人们的认知。这个"根源"就是商业模式的基础要素问题，即商业模式的基础构成要素到底是什么？其属性、形态又是怎样？本文将这个基础要素定义为商业模式的底层材质。

（二）商业模式的底层材质问题

关于商业模式到底是由什么"东西"构成的，也就是其底层材质究竟是什么，迄今为止的理论研究存在三个方面的明显缺陷。

1. 不一致

商业模式底层材质的界定实际上就是关于商业模式的定义，而在这方面国内外学术界迄今尚未达成一个内涵与逻辑上一致的结论。较有影响的提法是 Zott 提出的关系说，即商业模式是由一组跨越企业边界的关系组成的，这得到了众多学者的认同；国内较有影响的魏-朱理论也将商业模式定义为"企业与其利益相关者的交易（关系）结构"。而以 Magretee 为代表的另一些学者则偏好于将商业模式视为企业"（持续）赚钱的方式"，更准确地说，是关于这些方式的设计、创意或构思。定义的不一致，导致了人们在商业模式到底是由什么东西构成这个基本问题上迄今无法取得共识，因此也阻碍了商业模式的结构、功能以及创新问题的研究。

2. 绕道走

许多研究在触及商业模式底层材质问题时往往采取"绕道走"的处理方式，比如在回答商业模式到底由什么构成这个问题时，选择用"商业模式由××模块组成"或"商业模式的功能是……"这样的回避方式予以回答。回避底层材质问题的澄清，是商业模式研究迄今未能形成收敛趋势的一个重要原因。

3. 不具体

关于商业模式底层材质研究的第三个问题是不精确，或者说不具体。虽然把商业模式视为一组"关系"、一种"结构"、一组"架构"等等有其合理性,但这些底层定义的抽象性,导致关于商业模式的构建、创新等问题研究无法深入具体,相应的策略建议由于过于笼统而导致实践指导价值受到严重限制。

因此,我们需要的商业模式结构理论应具有三个基本要求:第一,理想的结构理论必须与商业模式本质内涵相一致,并能够与商业模式的独特功能紧密衔接。第二,商业模式理论应能够具有强烈的实践指导功能,商业模式理论不应成为一个新增加的管理"玄学"。第三,理想的商业模式结构理论应具有更好的解释性与包容性。

具体来讲,可以支撑整个理论健康发展的商业模式底层材质界定应满足以下五个方面的要求:

(1) 直观性。商业模式作为一种真实存在的客观事物,其基础构成要素也就是底层材质当然也是一种客观存在,因此表达这一客观存在的概念就应具有直观性。

(2) 企业主导性。商业模式的底层材质应该是企业可干预的事物,企业有能力对商业模式底层材质进行创造、借用、调整以及创新,由此推动商业模式的优化与创新。

(3) 支持商业模式独特性解释。通过商业模式的底层材质,人们应能够清晰无误地辨识、理解商业模式的独特结构、功能以及创新障碍。可据此解释为什么商业模式创新不同于竞争战略、组织创新等管理实践及相应的特殊挑战的来龙去脉。

(4) 支持创新机会预测。根据商业模式底层材质的特殊属性,人们应能够结合相关因素的变化情况对商业模式创新的机遇进行预测,归纳、提炼商业模式创新可能遭遇的特殊挑战。

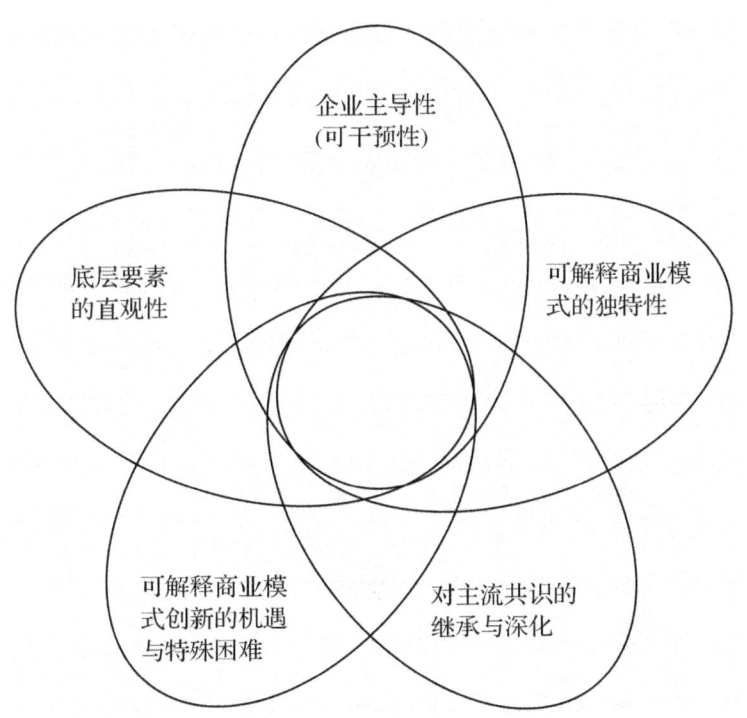

图 2　商业模式底层材质概念设计的要求

(5) 对主流共识的继承与深化。科学界定的商业模式底层材质概念,应能够与现有的商业模式理论中的"共识"内容形成密切的继承联系。也就是说,商业模式的底层材质概念是现有的商业模式结构理论主流共识的逻辑延伸,底层材质概念能够形成对商业模式结构的认识深化,由此支持商业模式理论的科学性与完整性。这里提到的理论共识包括:

①商业模式涉及顾客价值创造和企业价值获取两类活动及相关资源,是两类活动(方式)的组合。

②商业模式是跨域的企业边界的关系组合。

③商业模式是企业持续赚钱的方式,其优劣是决定企业业绩潜力大小的关键因素。

④商业模式是有层次的"方式体系",亦即任何一个具体的商业模式均可分解为若干功能模块,每个模块意味着做某件事的特殊方式。这也就是说,"持续赚钱"这件事情可以且需要分解为若干件更为具体的事情,"持续赚钱的方式"可以分解为这些更为具体事情的开展方式。

⑤商业模式创新是一个基于试错-学习的实验过程。

⑥商业模式是新经济时代管理研究的一个新的具有独特价值的研究分析单元。

(三) 商业模式底层材质——规则

从商业模式的核心定义即商业模式是指企业持续赚钱的方式出发,我们提出:商业模式的底层材质为各种形态的规则,也就是企业在创造顾客价值并实现利润获取的过程中所涉及的全部规则。因此可以说,商业模式就是一个特定的规则系统。

1. 规则的功能

规则的功能就是影响不同主体的行为或行动。严格来讲,人的任何有目的的活动都是受到有关规则的作用影响的。这里有两点值得注意:第一,影响人的行为的规则,往往并不为当事人所知悉,或完全知悉。第二,行为主体的某个具体行为,可能存在不止一个影响规则,其实际行为是由与此有关的全部规则的合力决定的。

2. 规则的形态

商业模式构成规则具有多种形态,如法律(合同、协议)、习俗、工艺要求(操作指南、交接规范)、使用说明书、制度(ISO等质量管理标准、绩效考评办法、公司治理制度等)、默契、时尚等等。

3. 规则的属性

(1) 作用强度。作用强度是指规则所具有的约束力的大小,约束力越大,强度就越大。规则的强度与规则的属性和形态有关。例如,服用指南和时尚是人们服用药物和喝饮料这两种行为的作用规则,前者是作为技术规则,而后者是一种意见规则,对作用对象的行为具有不同的约束力。一个商业模式构成规则的强度如果普遍偏低,该商业模式的总体约束力就偏低,其持续赚钱的风险就将偏高。

(2) 自稳程度。自稳程度是指商业模式构成规则自身的稳定程度。规则是人为创造的事物,有可能因为废止(法律法规)、替代(技术标准)、衰退(习俗)等原因而失去效力。自稳程度高的规则是指其效力存续时间长的规则,例如一些道德规则;反之则是存续时间短的规则,如某些技术标准、时尚等。一个商业模式构成规则的自稳程度偏低,意味着该模式失效的风险偏大,我们有时也将此称为商业模式的脆弱性较高。

(3) 外部性。作为商业模式底层材质的规则,虽然由企业决策者提出初始创意,经过试错、调整形成蓝图方案,但成为真正意义上的规则,还需要解决外部行为主体的认同问题。这种认同意味着该蓝图规则得到了作用对象的遵守承诺。我们把这种规则的成型受发起人以外的因素影响的现象称为规则的外部性。

四、规则作为商业模式底层材质的独特理论价值

我们分别从直观性等五个方面分析评估规则作为商业模式底层材质所具有的理论价值。

（一）规则的直观性

相比起"关系""模块""故事""蓝图"等概念,规则显然具有更明确的直观性。规则具有多种具体形态,如法律、政策、制度、技术标准、工艺规范、使用说明、消费手册、合作协议、习俗、时尚等等,这些具体形态的规则都是现实中处处可见的事物,底层材质的直观性对商业模式的客观存在性提供了有力的支撑。

（二）企业主导性

规则虽然具有外部性,但在构建、优化、创新商业模式的过程中,企业具有主导性。也就是说,企业可以通过自己的主观努力来影响、推动商业模式中某些规则的创新或改变,由此实现商业模式优化或创新。商业模式底层材质具有企业主导性是一个必须的概念要求,否则,商业模式理论很难甚至不可能对企业实践产生指导价值。

（三）基于规则的商业模式独特功能解释

几乎所有商业模式研究者都同意,商业模式具有竞争战略、组织激励、营销计划等所不具有的功能,对企业持续健康至关重要,但迄今为止几乎没有学者系统揭示并论证商业模式的独特功能,具体讲,迄今为止几乎没有人正面回答过："商业模式的独特功能到底是什么？""商业模式创新的特殊困难到底在哪里？为什么？"导致这一情况的主要原因,在于商业模式底层材质的定义长期未得到解决。规则概念可以较好地解决这一问题。如上所述,商业模式就是一组特定的规则,而现实中能够成为规则的事物如产品使用说明、合作协议、工艺规范、技术标准等等,是因为这些事物对相关主体的行为具有约束且这种约束得到了相关主体的认同,因此规则体系导致或支撑了相应的承诺体系,由此我们可以说:商业模式实质上是一个由规则体系支撑的利益相关者的行为"承诺"系统（而不是利益相关者的行动本身,这是商业模式与基于价值链概念的竞争战略的本质不同）。这样的"承诺系统"为核心企业创造了一个特定的经营环境,这就是商业模式的环境效应。一个劣质的商业模式必然对应着一个扭曲的承诺体系,导致利益相关者的行为各自强调自我保护甚至对抗,企业无法有效创造顾客价值,就更谈不上获取自身价值。反之,一个卓越的商业模式将支撑起一个健康的承诺体系,这样的承诺体系一方面导致利益相关者群体彼此的预见性良好,另一方面,也将对积极行为（如更积极的创新、更主动的合作等）产生诱导。前者就是商业模式的环境效应,后者则为商业模式的诱导效应。

(四) 基于规则的商业模式创新机遇与挑战预测

从规则角度看,商业模式创新的实质就是在其构成体系中导入新规则,更准确地说,是促成新导入规则的合法性达到或超过所需"阈值"。有三种典型情况将导致有合法性保障的新规则成型:首先,新技术的发明。新产品或新工艺技术的出现将带来新的消费规则或合作规则。技术的先进性和可靠性将为相应规则的合法性提供坚实基础。其次,新制度的出台。新的法律法规、产业政策、市场规制等将为构建或导入有关的新合作规则、消费规则等提供支持。第三,关联市场的出现。一个新市场成型有可能会对关联需求产生刺激,其典型形式是导致某个痛点由潜伏上升为显著,这将导致目标顾客接受某个新的消费规则。

同样,从规则的外部性出发,可以揭示商业模式创新的独特挑战:商业模式构建涉及跨企业边界的意见协同。当企业决策者通过诸如对话战略等特殊手段、措施推动这种多边意见协同时,商业模式构建或创新就能取得实质性进展,否则,商业模式创新将陷入僵局。

(五) 对主流共识的继承与深化

如上所述,经过多年的努力,国内外理论界已经对商业模式问题形成了若干共识,这些带有公理性质的认知是商业模式理论的基础,规则作为商业模式底层材质,是在这些共识基础上的认识深化。

1. 基于规则的商业模式内涵定义

众所周知,商业模式有两个基本定义:一是商业模式是企业持续赚钱的方式(方式说);二是商业模式是跨企业边界的关系组合(关系说)。考虑到无论是活动方式还是不同主体间的关系均需要相应的规则作为支撑,因此这两个表面不同的定义可以在规则视角下取得统一,如图3所示。

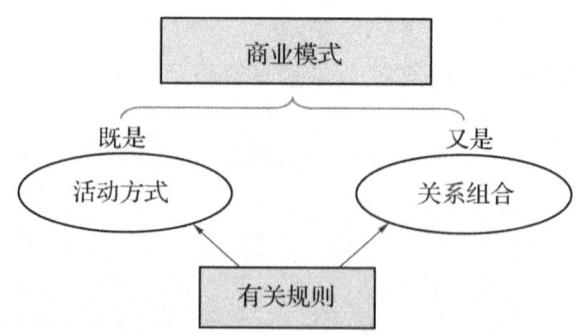

图3 作为底层材质的规则对商业模式不同定义的支撑

2. 商业模式具有层次性结构

商业模式可以总体概括为企业持续赚钱的方式,由于"持续赚钱"可以从逻辑上分解为顾客价值创造和企业价值获取这两大环节,每个环节又可分解为基本的活动模块。顾客价值创造环节可分解为两个模块:(1)如何建立客—企联系;(2)如何创造顾客体验。企业价值获取环节分解为三个模块:(1)如何刺激交易;(2)如何降低直接成本;(3)如何降低合作成本。总体来讲,我们有:

商业模式即企业持续赚钱的方式 = 顾客价值创造方式 + 企业价值获取方式 (1)
= (如何建立客-企关系 + 如何创造顾客体验) +

(如何刺激交易＋如何降低直接成本＋如何降低合作成本)(2)

＝客—企关系规则＋顾客体验规则＋交易规则＋内控成本规则＋合作成本规则(3)

＝$\sum$规则

可见,规则概念有力支撑了商业模式结构的层次性属性。

3. 商业模式创新的实验—迭代过程属性

商业模式创新是商业模式理论研究的中心内容之一。已有研究发现,商业模式创新是一个逐步展开的实验—迭代过程,对决策者来讲,这是一个以学习为核心的试错—调整—试错过程。规则概念则可以很好地解释为什么商业模式创新是一个实验—迭代过程,以及学习—试错的核心内容。由于商业模式＝$\sum$规则,因此,商业模式创新就是规则创新(个别规则或者全部规则),而规则创新需要经历活动定义—初始规则设计—规则方案调整—规则方案定位—规则合法化—规则成型等阶段,这就是商业模式创新的过程性机理解释。

综上所述,将规则视为商业模式底层材质可以同时满足推动商业模式理论深化的所有条件,有关的理论比较见表1。

表1 主要商业模式理论底层材质概念的性质比较

现有理论	底层要素的直观性	企业主导性	BM独特性解释	BM创新机遇预测	对主流共识的继承与深化
Zott(2008,2014)	N	Y	Y	N	Y
Christense(2008,2010)	Y	Y	N	Y-N	N
Teece(2009,2011)	N	Y	N	Y	Y
Magretta(2002,2010)	N	Y	N	N	N
Chensbrough(2008,2013,2016)	N	Y	N	Y	N
Oster Walder(2010)	N	Y	N	N	N
Charles Baden-Fuller(2010)	N	Y	N	N	N
基于规则的商业模式理论(李东等,2010,2015)	Y	Y	Y	Y	Y

五、商业模式研究的四个前沿问题

从规则视角出发,可以归纳商业模式理论的若干前沿研究。

(一)商业模式测评问题研究

虽然商业模式的独特功能正在被越来越多的研究所揭示,然而,具体的某个企业的商业模式效能状况测评方法迄今未得到足够的关注,这与日新月异的实践形成巨大反差。Christensen 在分析商业模式创新的最大挑战时指出：企业家缺乏正确有效的了解自身商业模式的方法，是导致创新困境的主要原因。不仅企业家，投资机构、政府、研究与评论界等均缺乏对商业模式进行系统准确测评的手段、工具与方法，导致多层次宏微观实践长期受阻。规则视角的商业模式理论为商业模式测评提供了一个新的基础和方向。人们可以从单个规则的属性如稳定性和强度，以及规则之间的匹配关系状况等方面设计商业模式效能的测评方法，以期得出关于商业模式性能的准确判断。

（二）商业模式的合法化战略研究

由于商业模式是规则组合，而规则的强度以及稳定性等均与该规则的合法性水平有关，因此商业模式创新必然涉及其合法性问题。例如，近年来开放型商业模式的合法性成为人们关注的一个重要问题，Oliver Alexy 等（2013）研究了开放型商业模式如何通过靠近现有类别或者说"模糊"它与已被认同的模式之间的界限来创造资本合法性问题。Garud 等（2014）分析了如何通过"愿景故事"推介来构建新事业的合法性问题，他们指出：良好的愿景故事在创造合法性方面是一个"双面刃"，为此需要采取"逐步递推"的方式来发挥其效果，对于一些颠覆性的规则创新，则需要探讨将对话战略（Discourse Strategy）思维导入商业模式创新研究，这可能导致有重大实践指导意义的理论产生。

（三）商业模式创新中的"左脑"与"右脑"协调问题研究

商业模式构建始于关于顾客价值创意和企业价值获取活动的创意，落脚于有关的规则体系，这表明商业模式的构建、优化与创新，既需要创造性思维即右脑智慧，又需要精确的设计施工即左脑智慧。这两类智慧在商业模式创新中的应用问题是揭示商业模式创新路径、战略等问题所必需的。

（四）技术驱动的商业模式创新研究

科技创新尤其是颠覆性技术创新的产业化应用，必然涉及商业模式设计与构建。主要问题包括：(1) 基于技术发明的商业模式创新机遇与方向选择问题；(2) 基于新技术的应用场景设计与"风洞实验"问题；(3) 基于技术发明的盈利点设计与独占性评估问题等。

What Kind of Business Model Structure Theory do We Need?
—About the Business Model Bottom Material

LI Dong

(School of Economics and Management, Southeast University)

Abstract: This paper states the background of the business model research booms at first, reviews and summarizes the overall situation of the domestic and foreign business model theories. On the basis of the differences of theories by means of the concept matrix of business model, this study focuses on the shortcomings of the existing business model theories and the root causes of theoretical defects. Thus, this paper proposes that the various rules are the bottom materials for business model, examines the theoretical value of the rules as the business model bottom material, and summarizes several current issues in the study of business model theory from the perspective of rules.

Key words: business model, rules, structure, bottom material

参考文献

[1] Baden-Fuller C, Morgan MS. 2010. Business Models as Models[J]. Long Range Planning, 43(2-3): 156-171.

[2] Barkema HG, Mannix EA. 2002. Management Challenges in a New Time [J]. Academy of Management Journal, 45(5): 916-930.

[3] Cassiman B, Valentini G. 2016. Open Innovation: Are Inbound and Outbound Knowledge Flows Really Complementary? [J]. Strategic Management Journal, 37(6): 1034-1046.

[4] Ceccagnoli M, Forman C, Huang P, et al. 2012. Cocreation of Value in a Platform Ecosystem: The Case of Enterprise Software [J]. Mis Quarterly, 36(1): 263-290.

[5] Chesbrough H, Rosenbloom RS. 2002. The Role of the Business Model in Capturing Value from Innovation: Evidence from Xerox Corporation's Technology Spin-off Companies[J]. Industrial & Corporate Change, 11(3): 529-555.

[6] Foss N J, Saebi T. 2017. Fifteen Years of Research on Business Model Innovation: How Far Have We Come, and Where Should We Go? [J]. Journal of Management, 43(01): 200-227.

[7] Fuller CB, Macmillan I, Demil B, et al. 2008. Special Issue Call for Papers: Business Models [EB/OL]. http://www.iae.univ-lille1.fr/SitesProjets/bmcommunity/LRPManagement/callLRPbusinessmodels.pdf

[8] Hagel J, Brown JS, Davison L. 2008. Shaping Strategy in a World of Constant Disruption[J]. Harvard Business Review, 34(10): 80-89.

[9] Hagel J, Singer Marc. 1999. Unbounding the Corporation[J]. Harvard Business Review. https://hbr.org/1999/03/unbundling-the-corporation.

[10] Jacobides MG, Knudsen T, Augier M. 2006. Benefiting from Innovation: Value Creation, Value Appropriation and the Role of Industry Architectures [J]. Research Policy, 35(8): 1200-1221.

[11] Jacobides MG. 2010. Strategy Tools for a Shifting Landscape [J]. Harvard Business Review. https://hbr.org/2010/01/strategy-tools-for-a-shifting-landscape.

[12] Johnson MW, Christensen CM, Kagermann H. 2008. Reinventing Your Business Model [J]. Harvard Business Review. https://hbr.org/2008/12/reinventing-your-business-model.

[13] Kim WC, Mauborgne R. 2009. How Strategy Shapes Structure [J]. Harvard Business Review. https://hbr.org/2009/09/how-strategy-shapes-structure.

[14] Magretta Joan. 2002. Why Business Models Matter [J]. Harvard Business Review. https://hbr.org/2002/05/why-business-models-matter.

[15] Malone TW, Weill P, Lai RK, et al. 2006. Do Some Business Models Perform Better than Others? [J]. Cambridge, MA: MIT Sloan School of Management, working paper.

[16] Masanell RC, Ricart JE. 2010. Form Strategy to Business Models and onto Tactics[J]. Long Range Planning, 43(2-3):195-215.

[17] McGrath RG. 2010. Business Models: A Discovery Driven Approach[J]. Long Range Planning, 43(2-3):247-261.

[18] Sosna M, Trevinyo-Rodriguez RN, Velamuri SR. 2010. Business Model Innovation through Trial-and-Error Learning: The Naturhouse Case[J]. Long Range Planning, 43(2-3):383-407.

[19] Teeece DJ. 2010. Business Models, Business Strategy and Innovation[J]. Long Range Planning, 43(2-3):172-194.

[20] Thompson JD, Macmillan IC. 2010. Business Models: Creating New Markets and Social Wealth[J]. Long Range Planning, 43(2-3):291-307.

[21] Zott C, Amit R. 2008. The Fit Between Product Market Strategy and Business Model: Implications for Firm Performance[J]. Strategic Management Journal, 29(1):1-26.

[22] Zott C, Amit R. 2009. Designing Your Future Business Model: An Activity System Perspective[J]. Social Science Electronic Publishing, 43(2010):216-226.

[23] 程愚, 孙建国. 2013. 商业模式的理论模型: 要素及其关系[J]. 中国工业经济, (1):141-153.

[24] H. 伽斯柏. 2010. 开放型商业模式[M]. 北京: 商务印书馆.

[25] 李东, 王翔. 2006. 基于结构特征的商业模式创新: 路径类型、产业效应与策略体系[J]. 中国软科学, (11):141-146.

[26] 李东. 2008. 面向进化特征的商业生态系统分类研究——对33个典型企业商业生态实践的聚类分析[J]. 中国工业经济, (8):119-129.

[27] 李东. 2016. 商业模式构建[M]. 北京: 北京联合出版公司.

[28] 李黎, 莫长炜, 蓝海林. 2015. 政治资源对商业模式转型的影响——来自我国中小企业的证据[J]. 南开管理评论, 18(5):28-41.

[29] 王琴. 2011. 基于价值网络重构的企业商业模式创新[J]. 中国工业经济, (1):79-88.

[30] 王素娟, 王建智. 2016. 商业模式匹配跨界搜索战略对创新绩效的影响[J]. 科研管理, 37(9):113-122.

[31] 魏炜, 朱武祥. 2010. 重构商业模式[M]. 北京: 机械工业出版社.

[32] 肖沙娜·朱伯夫, 詹姆斯·马克斯明. 2004. 支持型经济[M]. 北京: 中信出版社.

[33] 亚德里安·J·斯莱沃斯基, 等. 2006. 利润模式[M]. 北京: 商务印书馆.

[34] 阎婧, 刘志迎, 郑晓峰. 2016. 环境动态性调节作用下的变革型领导、商业模式创新与企业绩效[J]. 管理学报, 13(8):1208-1214.

[35] 亚历山大·奥斯特瓦德, 伊夫·皮尼厄. 2011. 商业模式新生代[M]. 王帅, 等, 译. 北京: 机械工业出版社.

[36] 杨俊, 迟考勋, 薛鸿博, 等. 2016. 先前图式、意义建构与商业模式设计[J]. 管理学报, 13(8):1199-1207.

[37] 姚明明, 吴晓波, 石涌江, 等. 2014. 技术追赶视角下商业模式设计与技术创新战略的匹配——一个多案例研究[J]. 管理世界, (10):149-162.

[38] 曾萍, 宋铁波. 2014. 基于内外因素整合视角的商业模式创新驱动力研究[J]. 管理学报, 11(7):989-996.

[39] 周飞, 孙锐. 2016. 基于动态能力视角的跨界搜寻对商业模式创新的影响研究[J]. 管理学报, 13(11):1674-1680.

财政补贴、研发投资平滑和产品市场竞争绩效

——基于中国上市公司的经验证据

陈良华　曾祥飞

摘要　本文以2011—2015年沪深A股上市公司为研究对象,运用系统GMM模型,从动态角度探讨财政补贴对企业研发投资平滑作用及其所带来的竞争效应。研究发现:财政补贴能够很好地平滑研发投资,这种平滑效用能够有效促进产品的竞争绩效。在平滑程度较高的企业中,研发支出与财政补贴对产品竞争绩效有更明显的积极作用,并且这一效应在非国有企业中体现得更为显著。研究表明,我国财政补贴已经成为企业研发投资融资的绿色通道,企业需要密切联系自身经营状况,科学合理地发挥财政补贴的平滑效应;政府也需要优化补贴政策,引导企业研发投资的持续与平稳增长。

关键词　财政补贴;研发投资平滑;产品市场竞争绩效;(非)国有企业

引言

随着全球化进程加快,世界各国纷纷强化创新战略部署。为适应经济发展新常态,自党的十八大以来,中央把科技创新作为提高社会生产力和综合国力的战略支撑,提升企业成为自主创新的主体地位。根据《中国科技统计年鉴(2016)》的统计数据,2010—2015年各地区研究与试验发展(R&D)经费投入强度平均以3.83%的速度递增,截止到2014年,全国研发经费已达14 169.88亿元,占当年国内生产总值(GDP)的2.07%。其中,2015年国家财政科技拨款7 005.8亿元,较上年增加551.3亿元,同比增长8.5%,科技拨款占公共财政支出的比重为3.98%。随着我国科技经费的不断持续投入,国家财政

---

① 基金项目:江苏省社会科学基金重点项目(16EYA001),江苏省软科学项目(SBR2017000076),中央高校基本科研业务费专项资金项目、江苏省普通高校研究生科研创新计划项目(KYLX15_0195,KYLX16_0306),安徽工业大学公司治理与运营研究中心招标项目(SK2015A072)。

② 作者简介:陈良华,东南大学经济管理学院教授、博士生导师;曾祥飞,安徽工业大学商学院讲师,东南大学经济管理学院博士研究生。

科技支出及研究与试验发展(R&D)经费投入比重也在增加,我国企业的研发实力得到了进一步提升,科技水平得到提高,财政补贴也成为政府激励企业从事研发创新的重要手段。研发是保持市场竞争活力的一种重要策略,积极有效的研发投资可以帮助企业提升核心竞争力并有利于战略技术储备的培养,并转化为企业产品创新速度的提高从而获得时间经济(甄珍,2016)[1],使企业在产品市场竞争中取得积极的竞争绩效。然而,研发活动本身具有高风险、高不确定性、调整成本巨大的性质,再加上企业研发投资支出过程中需要长期持续性地投入大量资金,一旦出现资金投入问题,会产生高额的调整成本,研发活动也将会受到中断以至于半途而废(伏玉林等,2013)[2]。因此,尤其是进行大量研发投资活动的企业特别需要保持研发投资平滑。Hatakeda(2012)[3]通过研究发现,归核化的企业要比多样化的企业更倾向进行研发平滑。Pedro(2014)[4]认为无论何种企业在不同经济增长时期的研发产出上,都存在较一致的研发平滑行为。近年来,国内外诸多学者从现金持有(Brown & Petersen,2011;吴淑娥等,2016)[5-6]、融资约束(Czarnitzki,2006;卢馨等,2013)[7-8]、营运资本(鞠晓生等,2013)[9]等方面研究了企业研发平滑问题,但没有太多研究涉及到财政补贴对研发平滑的影响。对于财政补贴对企业研发投资的影响,学术界主要有以下四种观点:一是"诱导观"。该观点认为政府的科技资助显著地促进了企业的技术创新(Gonzalez,2008;Carboni,2011;江静,2011)[10-12]。二是"挤出观"。该观点认为政府研发补贴会挤出这些企业自身的研发投入,企业为了获得补贴会改变研发项目(Gorg,2007;Lee,2011;Zuniga-Vicente,2014)[13-15];三是"诱导—挤出"并存观,Holger和Eric(2007)[16]发现小额的政府资助对企业研发投资具有"诱导效应",但是大额的政府资助则会产生"挤出效应";陈立勇等(2003)[17]的研究发现,财政补贴政策短期内具有灵活性和针对性强的优点,有利于企业加大研发投资力度,但长期却存在"挤出效应"。四是不相关论。Xulia等(2008)[18]通过对西班牙制造企业的实证检验,得出了完全相反的结论,即"诱导效应"和"挤出效应"均不存在。上述研究成果由于只对特定时期的研究样本进行了静态分析,从而导致了结论的不一致。我们认为如果从动态角度持续观察,可能会有不同的结论。基于此,本文首先从动态角度考察了财政补贴是否对企业研发投资起到一定的平滑效应,进一步在产品市场层面考虑这种研发平滑效应,深入研究了财政补贴对企业研发投资的平滑作用是否促进了产品市场竞争绩效。本文的贡献在于将财政补贴引入企业研发平滑机制及其效应的研究之中,构建了一个关于财政补贴、研发投资平滑与产品市场竞争绩效关系的新的动态分析框架,拓宽了"研发平滑"的研究视野和思路。

一、理论分析与研究假设

(一)财政补贴与研发投资平滑

政府资助作为一种绿色的研发融资渠道,一方面既可以直接增加企业的资金流,缓解现金持有平滑研发投资支出的压力,负向调节现金持有的研发平滑效应,另一方面亦可以通过信号传递效应缓解企业内外部的信息不对称程度,改善企业外部融资环境。

1. 从融资约束角度

政府补助指企业从政府无偿取得的货币性或非货币性资产,是除企业内、外部融资之外的第三条融资渠道,它已经成为中国上市公司创新投资的重要力量(徐进,2017)[19]。企业考虑到研发投入本身具有次优性,为了减少研发的成本,优化投资的结构,企业希望能够得到来自政府的财政支持(Chaves,2012)[20]。政府补助从财务角度更像是企业从政府方面获得的短期融资。政府补助有利于缓解企业融资约束,增强企业研发投资的积极性(雷鹏,2015)[21]。当企业传统融资渠道的融资压力发生变化时,可以进行适时的调节,有效地保障企业未来研发投资的平稳和持续性。当政府资助了积极进行研发平滑管理的企业时,该支持资金可以有效地缓解研发投资的平滑压力,提升整体的研发平滑效应,同时可以降低企业的资金管理成本。

2. 从信号传递角度

企业研发活动的特殊性使得研发企业和外部投资者之间存在着严重的信息不对称(Takalo,2010)[22]。对于研发投入产出、沉没成本等都存在一定的不确定性,特别是涉及到人力资本和知识产权时,一般很难进行评估。政府在进行研发补贴项目的时候,也会对企业进行一定的信息搜集和考察,进行补贴的资格认证。所以,政府补贴传递了一种良好声誉信号。外部投资者通过企业是否获得政府补贴来判断其是否具备履行债务的能力,进而会增加外部投资数量,对研发投资产生平滑效应,缓解企业研发投资的压力,进而提升研发效应。

由此,本文提出假设1:

H1:财政补贴对企业研发投资具有平滑效应。

(二) 研发投资平滑与企业产品市场竞争

如果企业本身研发投资活动比较活跃,研发投资支出金额巨大,那么研发活动会对产品市场起到一定的作用。主要表现在以下三个方面:首先,企业通过增加正向研发投资,可以使产品在技术上有领先的优势并提升核心竞争力,并且储备一定的技术战略。面对外界复杂动荡的环境,企业可以增加适应力获得生存弹性,保持良好的产品市场竞争绩效。其次,企业的积极研发活动能不断推出新产品,打破企业的发展瓶颈,占领市场并获得竞争优势,从而提升产品市场竞争绩效。最后,不断的研发投资能够满足消费者的需求,适应不同的市场需求的变化,能够让企业常葆青春。研发平滑能够让企业不断持续地创新,是创新的蓄水池。研发平滑不仅能够避免因为研发投资路径问题而导致的调整成本,而且能够保证研发投资计划的持续性,提高研发投资的效率(Shin & Kim,2011)[23]。所以,我们认为研发投资支出的平滑效应能够使得企业在产品市场上保持竞争优势,提升产品市场竞争绩效。由此,本文提出假设2:

H2:研发投资支出能促进企业的产品市场竞争绩效的提升,特别是研发支出平滑程度较高的企业表现得更为显著。

财政补贴使企业缓解融资约束,降低外部融资的高成本和高风险,避免产生内部现金流风险。企业通过获得财政补助能够建立和利用现金储备从而平滑企业研发投资,通过合理的资金分配进行跨期研发项目的投资,防止研发资金链断裂。通过抓住有利投资机会,提升企业竞争力的过程,将会放大现金持有在产品市场竞争中的积极作用。因此,

如果财政补贴对研发支出的平滑效果越好,那么财政补贴对产品市场竞争绩效的作用将越明显。由此,本文提出假设3:

H3:企业研发支出平滑程度越高,财政补贴对产品市场竞争绩效的积极作用也将越明显。

二、研究设计

(一)样本选择与数据来源

本文以研发 2011—2015 年中国沪深 A 股上市公司作为研究对象,筛选以下样本:(1)行业限定为信息技术业和制造业①;(2)剔除了金融保险业公司;(3)剔除了 ST、PT 类公司;(4)剔除了财务数据缺失的公司。剔除筛选后共 1 420 个总样本。由于政府资助税收补助数据衡量和获取比较困难,所以本文的财政补贴主要是政府财政对企业直接研发的补贴数据。数据采用上市公司年报财务报表附注说明中"营业外收入"所披露的政府补助额。本文使用的企业研发投入数据来源于 WIND 数据库,其他的公司财务数据来自于国泰安 CSMAR 数据库,部分缺失数据根据公司披露的公告手工补充。相关数据的统计及处理通过 Stata12.0 软件完成。为了消除极端值的影响,本文对模型中的主要连续型变量进行了上下 1% 的 Winsorize 处理。

(二)模型设定

1. 平滑模型及变量设计

目前研究对于企业投资活动有着良好刻画的模型主要有托宾 Q 模型和欧拉模型,但是也可以注意到,一般企业的投资活动是不稳定的、动态的,模型则非常容易忽视其随时调整性的、滞后性的特点以及前文所提到的企业在改变投资行为时很可能带来更为高昂的调整成本。在此之后,不少学者又有着在模型中增加平方项、将静态模型改进为动态模型、又进一步为动态的回归模型等努力,来体现投资活动所具有的持续性、连续性特征。而传统 OLS 方法也无法较为成功地改善模型上产生的内生性问题,所以一般采用系统 GMM 模型解决。根据假设 1,我们设定以下模型:

$$RD_{j,t} = \alpha_1 RD_{j,t-1} + \alpha_2 RD_{j,t-1}^2 + \alpha_3 Gov_{j,t} + \alpha_4 Gov_{j,t-1} + \alpha_5 \Delta Gov_{j,t} + \alpha_6 Cf_{j,t-1} + \alpha_7 sales_{j,t} + \alpha_8 Growth_{j,t} + \alpha_9 Q_{j,t} + \alpha_{10} Ef_{j,t-1} + \alpha_j + d_t + \varepsilon_{j,t}$$

被解释变量是研发投资 $RD_{j,t}$,解释变量主要是财政补贴的变化量 $\Delta Gov_{j,t}$。本文借鉴 Brown 和 Petersen(2011)[24]的基本观点,通过考察财政补贴的变化量与研发投资的回归系数 α_5 的方向和大小来说明研发平滑效应。当 α_5 显著为负时,即财政补贴与研发投资的变化方向相反,表示企业利用财政补贴对研发投资进行了平滑管理,且 α_5 的绝对

---

① 我们之所以选取这两个行业,是因为不同类型行业的研发强度是不同的,尤其以电子、通信、生物、医药研发投入最大。而根据证监会对上市公司的行业分类说明,电子、通信、生物、医药行业大多数是分布在制造业和信息技术业两个大类行业中。

值越大,财政补贴的研发平滑效应就越明显。由于当前一期财政补贴对研发活动的影响可能会产生滞后作用,所以在模型中还增加了财政补贴的滞后性变量。d_t 为时间效应,a_j 为个体效应,$\varepsilon_{j,t}$ 为随机干扰项。所有变量均进行了年度行业均值和标准差调整。变量具体含义见表1。

表1 变量定义

变量名称	变量代码	变量定义
研发投资	$RD_{j,t}$	企业本期研发支出/总资产
研发投资调整成本	$RD_{j,t-1}^2$	企业上一期研发投资的平方
财政补贴	$Gov_{j,t}$	企业本期政府直接补助额/资产总额
财政补贴变化量	$\Delta Gov_{j,t}$	企业本期财政直接补贴-上一期财政直接补贴
经营现金流	$Cf_{j,t-1}$	经营活动产生的现金流量净额/期初总资产
股权融资	$Ef_{j,t-1}$	增发、配股实际募集资金/总资产
销售收入增长率	$Dsales_{j,t}$	(本期营业收入-上期营业收入)/上期营业收入
销售收入	$Sale_{j,t}$	营业收入/总资产
投资机会	$Q_{j,t}$	托宾 Q 值
公司规模	$Size_{j,t}$	公司上年末总资产取对数
总资产增量	$Dsize_{j,t}$	本期总资产-上期总资产
成长能力	$Growth_{j,t}$	公司上年末总资产增长率
资产负债率	$Lev_{j,t}$	公司上年末总负债/期末总资产
时间效应	d_t	——
个体效应	a_j	——
综合效应	$\varepsilon_{j,t}$	——

2. 产品市场竞争绩效模型及平滑程度的度量

在检验了财政补贴对研发投资的平滑作用后,继续研究这种平滑作用在产品市场竞争中所表现出的竞争效应。构建产品市场竞争绩效模型,通过分组回归比较,研究平滑程度高和低的企业其研发投资和财政补贴在产品市场竞争中的作用是否存在显著差异。

对市场竞争性变量的处理方法,用经行业均值和标准差调整的销售收入增长率来间接衡量企业市场份额的变化。这种衡量方法的经济含义在于,企业为提高市场竞争地位而采取的竞争策略,其效果最终都会在销售额的变动上得到反映,而经过年度行业均值和标准差调整后的这种变动不仅能间接反映出相对于行业内其他竞争者而言,企业本身市场份额的变化,还能体现出不同行业之间的差异。本文沿用这种方法来衡量企业产品市场竞争绩效,并建立以下模型来检验财政补贴对研发支出的平滑作用在产品市场上对企业竞争绩效的影响。

$$DSales_{j,t} = \beta_1 RD_{j,t-1} + \beta_2 \Delta Gov_{j,t-1} + \beta_3 Sales_{j,t-1} + \beta_4 Size_{j,t} + \beta_5 Cf_{j,t-1} + \beta_6 Lev_{j,t} + \beta_7 Growth_{j,t} + \beta_8 Q_{j,t} + \beta_9 Ef_{j,t-1} + \beta_{10} DSales_{j,t-1} + a_j + d_t + \varepsilon_{j,t}$$

被解释变量是企业销售收入增长率 $DSales_{j,t}$,我们进行了行业和标准差调整;解释变量 $RD_{j,t-1}$ 为上一期的研发投资支出,$\Delta Gov_{j,t-1}$ 为上一期的财政补助增加量,分别用来检验研发投资支出和财政补助对于企业产品市场竞争绩效的影响。考虑到企业研发投资的平滑是一个长期过程,本文衡量企业研发投资平滑程度的方法为:首先计算出整个样本期内各企业的回归残差 $|\varepsilon_{j,t}|$ 在时序上的均值 ϕ,用 ϕ 来衡量企业研发支出平滑程度;其次,按照 ϕ 的中值作为分组临界点,将所有样本企业二分为高平滑程度和低平滑程度两组。

三、实证结果与分析

(一)描述性统计

表2给出了主要变量的描述性统计结果。如表2所示,在样本期间内,我国制造业和信息企业研发均值为 0.0273,最大值为 0.1880,最小值为 0.0001,说明了样本的研发支出存在较大区分度,差异比较明显。通过离散系数比较发现,样本企业的平均研发支出水平相对于支持企业研发支出的经营现金流和股权融资来说,其离散系数最小(0.7546),我们认为样本企业的研发支出是相对稳定的,并且是有研发平滑的动机。总体而言,政府资助已成为企业研发投资的重要组成部分,从均值来看,几乎占到企业研发投资支出的 70%,而且其总体波动性较小,离散程度为 0.1270。可以看出财政补助均值接近企业自身研发投资,逐渐成为部分企业研发投资的主要融资渠道。

表 2 描述性统计

变量	平均值	标准差	最小值	最大值	离散系数
$RD_{j,t}$	0.0273	0.0206	0.0001	0.1880	0.7546
$Gov_{j,t}$	0.0189	0.0024	0.0001	0.0242	0.1270
$\Delta Gov_{j,t}$	−0.0001	0.0024	−0.0256	0.0196	
$Cf_{j,t-1}$	0.0403	0.0622	−0.2854	0.3583	1.5434
$Ef_{j,t-1}$	0.0023	0.1654	0	0.0768	2.3465
$DSales_{j,t}$	0.1873	0.6179	−0.6872	14.2954	
$Sales_{j,t}$	0.5809	0.3093	0.0362	2.5091	
$Growth_{j,t}$	0.1878	0.6178	−0.6872	14.2954	
$Q_{j,t}$	2.8455	1.6921	0.8098	14.9152	
$Size_{j,t}$	21.8244	1.0134	19.2878	25.9096	
$Lev_{j,t}$	0.3739	0.1883	0.0111	0.9444	

(二) 相关性分析

由表3可以看出,主要变量之间存在一定的相关性。各主要变量间的相关性系数不大,这说明不存在严重的多重共线问题。$\Delta Gov_{j,t}$与$RD_{j,t}$的相关系数为0.053,正向显著,这与本文预计负向相关假设并不吻合,仍需要进一步用动态模型进行考察;$Cf_{j,t-1}$与$RD_{j,t}$的相关系数为0.431,正向显著,说明企业经营现金流对研发起到非常重要的作用。在回归分析时,我们分别进行了共线性检验,所有模型中的方差膨胀因子(VIF)值均在1～5的范围之内,解释变量的系数比较稳定,没有表现出严重的多重共线性问题。

表3 相关性分析

变量	1	2	3	4	5	6	7	8
1. $RD_{j,t}$	1	0.118**	0.015**	0.349***	0.033**	0.030**	0.037***	0.088***
2. $Gov_{j,t}$	0.171**	1	0.012***	0.005**	0.047**	−0.036**	0.067***	−0.002**
3. $\Delta Gov_{j,t}$	0.053**	0.046***	1	0.019**	0.033**	−0.083***	−0.047***	0.017**
4. $Cf_{j,t-1}$	0.431***	0.002***	0.019*	1	0.125***	0.087***	0.007	0.086**
5. $GSales_{j,t}$	0.052**	0.055**	0.023**	0.131***	1	0.155***	0.171***	0.089***
6. $Growth_{j,t}$	0.094**	−0.043***	−0.116***	0.085**	0.174***	1	0.254***	0.032**
7. $Q_{j,t}$	0.171***	0.007***	−0.002***	0.077***	0.045**	0.086***	1	−0.298**
8. $Size_{j,t}$	0.173***	−0.102**	0.072**	0.017**	0.155**	0.026**	−0.050***	1

注:(1) 上表的右上方是Spearman相关系数,左下方是Person相关系数。(2) ***、**和*分别表示在1%、5%和10%水平上显著。

(三) 实证结果分析

1. 财政补贴对研发投资支出的平滑作用

为了避免模型的内生性,我们采用系统广义矩估计(系统GMM)方法对模型进行估计。两步系统GMM因在估计过程中运用了一步估计中残差的协方差矩阵作为权重,其估算的精度更高,而且克服了异方差的干扰,是迄今为止解决动态面板模型内生性问题相对有效的方法。但同时,运用两步系统GMM也要遵循其基本前提:模型的随机干扰项不能存在二阶及以上的序列相关。本文首先运用Arellano-Bond法检验得出M_2统计量的p值,如果$p>0.05$则表明其不存在二阶序列相关;同时还要求Sargan统计量的$p>0.05$,这表明工具变量不存在过度识别现象。在两步系统GMM的有效性检验中,模型1的Sargan统计量的p值为0.3316,大于阈值0.05即通过检验;而Arellano-Bond的M_1统计量p值均为0,M_2统计量p值则分别为0.1369,也大于对应的阈值要求(0.05),说明干扰项仅存在一阶序列相关,而不存在二阶序列相关,即干扰项也不存在自相关问题,系统GMM回归结果是有效的,亦通过检验。因此,模型1采用两步系统GMM得出的结果可信并有效。具体结果如表4所示。

我们发现,总样本$RD_{j,t-1}$的系数(0.802)显著为正,由于研发投入具有动态性,$RD_{j,t-1}$系数为正,说明研发当期投入会对下一期产生正向影响,符合研发周期长等规律。而

$RD_{j,t-1}^2$ 的系数(−0.103)显著为负,证明研发的调整成本为研发投入的凸函数,这与传统理论假设相一致。$Gov_{j,t}$ 对企业研发具有促进作用,具体体现为政策的诱导效应,这符合现实情况。一般来说,企业得到了财政补贴之后,会提高本企业的研发投资,并向外界传递一种积极的政府声誉信号,提升短期绩效。但 $Gov_{j,t-1}$ 的回归系数显著为负(−0.0074),证明企业获得财政补贴之后,会适度调整研发投资政策,不会持续利用政府资源进行过度研发,会适当保留一定的研发空间。总样本中财政补贴的增量负向显著,影响企业研发投资支出(系数为−0.069,在1%水平上显著)。这说明,企业财政补贴比上一期降低的幅度越大,通过财政补贴变化量而释放出的流动性就越强,这会对研发投资进行支持,使得研发支出保持相对稳定。由此可见,财政补贴对企业研发支出有较强的平滑作用,H1得到验证。进一步,我们按照产权性质分成国有和非国有来考察财政补贴在两类企业中对于研发投资平滑的作用是否有区别。我们发现:国有和非国有企业的财政补贴均具有对研发投资的平滑作用,但是非国有企业样本组中财政补贴的研发平滑效应更显著。这说明民营企业因政府资源可得性较弱,在获得政府资助后往往更能体现资助的激励效应,管理层的研发平滑管理动机也会更强。

表4 财政补贴对研发投资支出的平滑作用的回归结果

变量	总样本	国有	非国有
$\Delta Gov_{j,t}$	−0.069***	−0.004**	−0.0016***
	(−5.28)	(−2.18)	(−3.44)
$RD_{j,t-1}$	0.802***	0.708***	0.804***
	(13.30)	(14.02)	(14.47)
$RD_{j,t-1}^2$	−0.103***	−0.134***	−0.152***
	(−3.53)	(−3.42)	(−4.69)
$Gov_{j,t}$	0.005**	0.004**	0.006**
	(2.09)	(2.37)	(1.99)
$Gov_{j,t-1}$	−0.0074**	−0.0074**	−0.0074**
	(−2.11)	(−2.53)	(−2.49)
$DSales_{j,t}$	0.132***	0.159***	0.107***
	(5.19)	(6.17)	(4.51)
$Cf_{j,t-1}$	0.0058	0.0192	0.0033
	(1.22)	(0.90)	(0.65)
$Ef_{j,t-1}$	0.066***	0.062***	0.071***
	(8.25)	(3.36)	(2.99)
N	1420	420	1000
M_1	0.000	0.000	0.000
M_2	0.1369	0.1569	0.1687
$Sargan$	0.3316	0.4524	0.6571

注:(1) ***、**和*分别表示在1%、5%和10%水平上显著。(2) 括号内是T值。下表同。

2. 财政补贴对研发投资支出的平滑程度与产品市场竞争绩效

表5列示了模型2的估计结果。系统GMM估计Sargan检验P值均在0.05以上，Arellano-Bond检验M_1统计量P值都在0.05以下，M_2统计量P值均在0.05以上。证明表4结果有效。

我们将样本企业分为平滑程度高和低两组。高平滑程度组中$RD_{j,t-1}$对产品市场竞争绩效具有显著的正向作用（系数为0.436，在1%的水平上显著）；而低平滑程度组中其作用系数仅为0.112，且不显著。说明相对于平滑程度低的企业来说，平滑程度高的企业其研发投资支出对产品市场竞争具有更明显的积极作用，平滑的研发投资支出为企业在产品市场上带来更大的竞争优势，从而支持了假设2。我们还发现，高平滑程度组中$\Delta Gov_{j,t-1}$对产品市场竞争绩效具有正向显著影响（系数为0.027，在1%的水平上显著）；而低平滑程度组中其作用系数并不显著。说明相对于平滑程度低的企业来说，平滑程度高的企业其财政补助增量在产品市场竞争中发挥了更大更显著的积极影响，从而支持了假设3。进一步按照产权进行分析，我们发现在高平滑组，相对于国有企业，非国有企业对产品市场竞争绩效的影响更显著；高平滑程度组中非国有企业对产品市场竞争绩效作用也更显著一些。究其原因，一方面是因为政府部门的"偏爱"，国有企业更容易得到资金的支持，拥有资助资源的优先获得性，相对而言，民营企业则相对更为依赖企业的内部现金流（吴宗法，2011）[25]，从而更具资金管理动机；另一方面，鉴于研发活动是一种投资额巨大、回报周期漫长、不确定性高的特殊投资活动，相对于民营企业，国有企业管理研发投资管理的动机也往往更弱（康志勇，2013）[26]。

表5 平滑程度与产品市场竞争绩效回归结果

变量	高平滑程度组			低平滑程度组		
	总样本	国有	非国有	总样本	国有	非国有
$RD_{j,t-1}$	0.436***	0.014**	0.019***	0.112	0.007	0.013
	(3.27)	(1.75)	(2.80)	(0.67)	(0.70)	(0.86)
$\Delta Gov_{j,t-1}$	0.027***	0.027*	0.026***	0.004	0.017	0.027
	(2.92)	(1.91)	(2.94)	(0.45)	(1.39)	(0.30)
$DSales_{j,t-1}$	0.002	0.0008	0.003	−0.00004	−0.0002	−0.001
	(1.21)	(0.34)	(1.22)	(−0.03)	(−0.10)	(−0.36)
$Size_{j,t}$	−0.002	−0.001	−0.002	0.0003	0.005	−0.003
	(−0.73)	(−0.16)	(−0.78)	(0.09)	(1.20)	(−0.71)
$Dsize_{j,t}$	0.069***	0.056***	0.079***	0.065***	0.057***	0.075***
	(5.83)	(3.87)	(4.41)	(5.52)	(3.66)	(3.58)
$Sales_{j,t}$	0.005***	0.001	0.001	0.002	0.004**	0.004*
	(2.84)	(0.98)	(0.40)	(0.91)	(2.33)	(1.77)
$Cf_{j,t-1}$	0.004	0.0004	0.008**	0.002	0.0007	0.004
	(1.56)	(0.10)	(2.09)	(0.86)	(0.28)	(0.94)

续表

变量	高平滑程度组			低平滑程度组		
	总样本	国有	非国有	总样本	国有	非国有
$Lev_{j,t}$	0.009	0.048	0.024	0.011	0.043*	0.031
	(0.39)	(1.72)	(0.75)	(0.53)	(1.68)	(0.82)
$Growth_{j,t}$	−0.028***	−0.021**	−0.03***	−0.021***	−0.015	−0.02**
	(−4.61)	(−2.15)	(−4.29)	(−2.93)	(−1.36)	(−2.12)
$Q_{j,t}$	0.001	0.006*	−0.001	0.002	0.003	0.002
	(0.68)	(1.91)	(−0.47)	(1.04)	(1.12)	(0.66)
$Ef_{j,t-1}$	−0.0002	−0.0001	−0.0002	−0.0001	−0.0001	−0.00003
	(−1.45)	(−0.69)	(−1.24)	(−0.58)	(−0.09)	(−0.16)
N	710	198	512	710	222	488
M_1	0.0021	0.0005	0.003	0.0019	0.0043	0.0024
M_2	0.7985	0.3678	0.1697	0.9856	0.9634	0.8976
Sargan	0.5698	0.9637	0.4798	0.4316	0.3876	0.1459

四、研究结论与启示

本文以2011—2015年沪深A股上市公司为样本,采用系统GMM方法探讨了财政补贴在企业研发投资支出中起到一定的平滑作用,并进一步将这种研发平滑认为是为财政补贴作用于产品市场竞争效应的一种途径。主要有以下结论:(1)财政补贴作为企业研发的重要绿色融资渠道,在实践中能够对企业研发投资起到一定的平滑作用,提升了研发的效率。相对于国有企业,非国有企业样本组中财政补贴的研发平滑效应更显著。(2)相对于研发投资平滑程度低的企业来说,平滑程度高的企业的研发投资支出对产品市场竞争的积极作用更明显。(3)相对于研发投资平滑程度低的企业来说,平滑程度高的企业其财政补助增量对产品市场竞争绩效的积极作用更显著。在高平滑组,相对于国有企业,非国有企业研发投资支出对产品市场竞争绩效的影响更显著,非国有企业财政补贴对产品市场竞争绩效作用也更显著一些。本文的启示在于:第一,从企业自身来看,要合理利用可获得的政府资助平滑企业研发投资,应该重视现金持有的研发平滑效应,保证研发投资活动长期有效平稳进展,提升企业绩效。第二,从政府资助来看,应该优化企业资助政策,改善研发资助绩效评价体系,防止"投机性"的资助申请,建立动态科技评估机制,加强研发资助事中、事后管理。

Fiscal Subsidy, R&D Investment Smoothing and the Competition of Product Market: Empirical Study of Chinese Listed Enterprises

CHEN Lianghua[1], ZENG Xiangfei[1,2]

(1. School of Economics and Management, Southeast University;
2. School of Business, Anhui University of Technology)

Abstract: Based on the dynamic perspective, this paper analyzes discuss to discuss the smoothing effect of financial subsidies on R&D investment and its impact on firm's competitive performance in product market by using the system GMM model through empirical data from Chinese A-share listed companies during the period from 2011 to 2015. We find that financial subsidies can smooth R&D investment, which can effectively promote the competitive performance of products. In enterprises with high smoothness, R&D expenditure and fiscal subsidy have a more obvious positive effect on product competition performance. And this effect is more pronounced in non-state-owned enterprises. The research shows that financial subsidy has become the green channel for enterprises to develop investment financing in China, and enterprises should use the smoothing effect of fiscal subsidies on the basis of their own business situation. The government should also optimize the subsidy policy to guide the sustained and steady growth of investment in R&D investment.

Key words: fiscal subsidy, R&D investment smoothing, product market competition performance, (non-)state-owned enterprise

参考文献

[1] Brown J R, Petersen B C. 2011. Cash Holdings and R&D Smoothing[J]. Journal of Corporate Finance,17(3):694-709.

[2] Czarnitzki D, Hottenrott H. 2011. R&D Investment and Financing Constraints of Small and Medium-sized Firms[J]. Small Business Economics,36(1):65-83.

[3] Carboni O A. 2011. R&D Subsidies and Private R&D Expenditures: Evidence from Italian Manufacturing Data[J]. International Review of Applied Economics,25(4):419-439.

[4] Chaves C V, Carvalho S S M, Silva L A, et al. 2012. The Point of View of Firms in Minas Gerais about the Contribution of Universities and Research Institutes to R&D Activities[J]. Research Policy,41(9):1683-1695.

[5] González X, Pazó C. 2008. Do Public Subsidies Stimulate Private R&D Spending?[J]. Research Policy,37(3):371-389.

[6] Görg H, Strobl E. 2007. The Effect of R&D Subsidies on Private R&D[J]. Economica,74(294):215-

234.
- [7] Hatakeda T. 2012. R&D Investment Smoothing and Corporate Diversification[R]. Kobe University, Graduate School of Business Administration.
- [8] Lee C Y. 2011. The Differential Effects of Public R&D Support on Firm R&D: Theory and Evidence from Multi-country Data[J]. Technovation, 31(5):256-269.
- [9] Pedro, S. 2014. R&D Smoothing: Revisiting the Consensus on the Cyclicality of Research Spending [J], Working Paper.
- [10] Shin M S, Kim S E. 2011. The Effects of Cash Holdings on R&D Smoothing: Evidence from Korea [J]. Journal of Finance and Accountancy, 6:1.
- [11] Takalo T, Tanayama T. 2010. Adverse Selection and Financing of Innovation: Is There a Need for R&D Subsidies? [J]. The Journal of Technology Transfer, 35(1):16-41.
- [12] Zúñiga‐Vicente J Á, Alonso‐Borrego C, Forcadell F J, et al. 2014. Assessing the Effect of Public Subsidies on Firm R&D Investment: A Survey[J]. Journal of Economic Surveys, 28(1): 36-67.
- [13] 陈立勇,曾德明. 2003. 规模报酬递减下的企业研发行为与政府政策[J]. 湖南大学学报(自科版), 30(2):109-112.
- [14] 伏玉林,汪朗峰. 2013. 高技术产业创新特征差异性实证分析[J]. 系统管理学报, 22(6):791-796.
- [15] 鞠晓生,卢荻,虞义华. 2013. 融资约束、营运资本管理与企业创新可持续性[J]. 经济研究,(1):4-16.
- [16] 江静. 2011. 公共政策对企业创新支持的绩效——基于直接补贴与税收优惠的比较分析[J]. 科研管理, 32(4):1-8.
- [17] 康志勇. 2013. 融资约束、政府支持与中国本土企业研发投入[J]. 南开管理评论, 16(5):61-70.
- [18] 雷鹏,梁彤缨,陈修德,等. 2015. 融资约束视角下政府补助对企业研发效率的影响研究[J]. 软科学, 29(3):38-42.
- [19] 卢馨,郑阳飞,李建明. 2013. 融资约束对企业R&D投资的影响研究——来自中国高新技术上市公司的经验证据[J]. 会计研究,(5):51-58.
- [20] 吴宗法,张英丽. 2011. 所有权性质、融资约束与企业投资——基于投资现金流敏感性的经验证据[J]. 经济与管理研究,(5):72-77.
- [21] 吴淑娥,仲伟周,卫剑波等. 2016. 融资来源、现金持有与研发平滑——来自我国生物医药制造业的经验证据[J]. 经济学:季刊,(2):745-766.
- [22] 徐进,吴雪芬. 2017. 企业现金持有改善了研发投入平稳性吗? [J]. 证券市场导报,(6):36-42.
- [23] 甄珍,白俊红,陈建勋. 2013. 内部研发、外源性研发与企业竞争优势——以沪深高科技上市公司为样本的实证研究[J]. 科技进步与对策, 30(19):78-82.

融链科技的雇佣关系管理之路

许勤 徐云飞 赵曙明

摘要 上海融链科技有限公司跟随"互联网+物流"的创新浪潮,自主研发物流供应链综合服务平台,向顾客提供高品质的物流管理配套服务,使其成为行业中的一颗新星。然而,新创企业因规模较小、资金缺乏等原因普遍不重视人力资源管理,由此产生的人力资源问题制约着企业的发展。本案例展现了融链科技创办之后重视人力资源管理,聘请人事行政总监 Amber,并使其充分发挥才能,有效调整公司给予员工的激励与对员工期望的贡献,成功构建了相互投资型的雇佣关系模式,帮助实现企业目标的过程。本案例聚焦于互联网新创企业的人力资源管理人员受到重视时,如何发挥自身的能力寻求恰当的人力资源措施,调整和形成最佳的雇佣关系模式。

关键词 雇佣关系;激励;贡献;互联网新创企业

0 引言

在 Amber 每一天的工作日程上,都是这样一个安排:上班前,30 分钟慢跑。她习惯于在跑步时思考,习惯于在清晨把自己的状态调整到最好。在她心里,跑步是一个思考的过程,一个享受的过程,沐浴清晨的阳光,感受每天新的动力。看着跑步机液晶屏上跳跃的数字,从热身走到快速奔跑再到运动结束前的放松走,她不禁想到了这一年多来在融链科技的人资管理工作。

1 公司简介

上海融链科技有限公司自主研发"融链天下"物流供应链综合服务平台,为货主企业、物流企业、社会车辆、金融机构、监管部门提供一站式跨企业协同管理服务。公司创立于 2014 年 12 月,2015 年 5 月启动满洲里项目,拟规划承建对俄跨境电商+外贸综合

---

① 基金项目:国家自然科学基金重点项目(批准号:71332002)
② 作者简介:许勤,东南大学经济管理学院工商管理系讲师;徐云飞,南京大学商学院博士研究生;赵曙明,南京大学商学院教授、博士生导师。

服务平台,8月正式发布"融链天下"平台。平台刚开始一年内免费给用户提供服务,现在已根据用户企业业务量的大小划分不同的套餐进行收费。2016年3月第一家试点用户上线,8月完成与平安银行、普洛斯金控等知名企业的合作与资源对接,同年11月形成三位一体的标准化服务体系(见图1),包括五大标准化产品、三大行业解决方案及大客户的私有云定制服务。

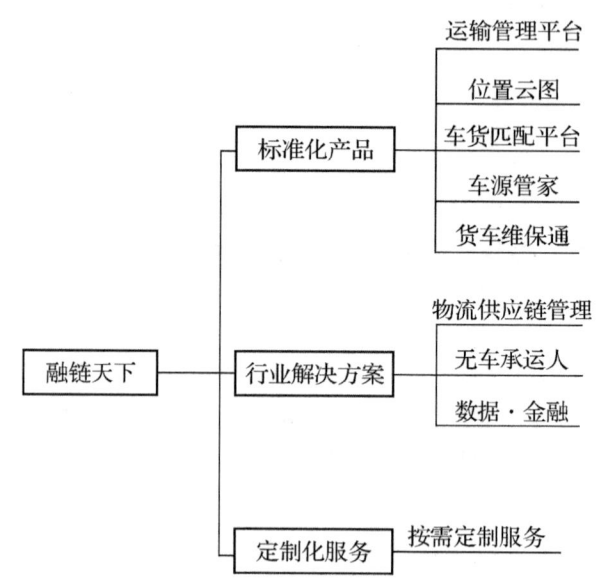

图1 "融链天下"标准化服务体系

融链科技以推动物流标准化、提升行业效率为核心理念,针对整车物流领域发展滞后的现状和现实需求,应用互联网、大数据等技术,帮助物流企业提升信息化水平和管理能力,促进物流企业的标准化、规模化、规范化发展。创始人兼董事长朱江说:"融链天下既是技术和金融资源导入的支持者,也是协同资源管理标准的制定者,同时还是数据监管的平台和窗口。"2017年,融链科技正全力进行品牌建设、规模推广、金融和增值服务产品化,致力于为物流企业成长赋能,成为中国最具影响力的整车物流供应链综合服务提供商和最具规模的数据金融服务提供商。

截至2017年2月底,"融链天下"平台排期上线的用户有11家,活跃用户有150多家。平台每天调度逾2 000余车次,日货运量7万吨,日货运价值超1亿元,日发车规模已进入中国整车物流平台前三位。公司拥有员工43人,其中研究生以上学历有2人,大学本科学历有26人,专科学历有15人。公司设有三大中心(见图2):一是运营中心,共有员工12人。二是研发中心,共计员工26人。三是后勤支持中心,共5名员工。自创立以来,融链科技在前进的路上已经获得了一些荣誉:2016年成为"上海市物流协会监事长单位";11月被认定为"上海市物流标准化试点企业",同月又被全国物流创新联盟评为"2016全国物流创新百强企业";2017年3月成为"中国物流与采购联合会物流金融专业委员会副主任单位"。

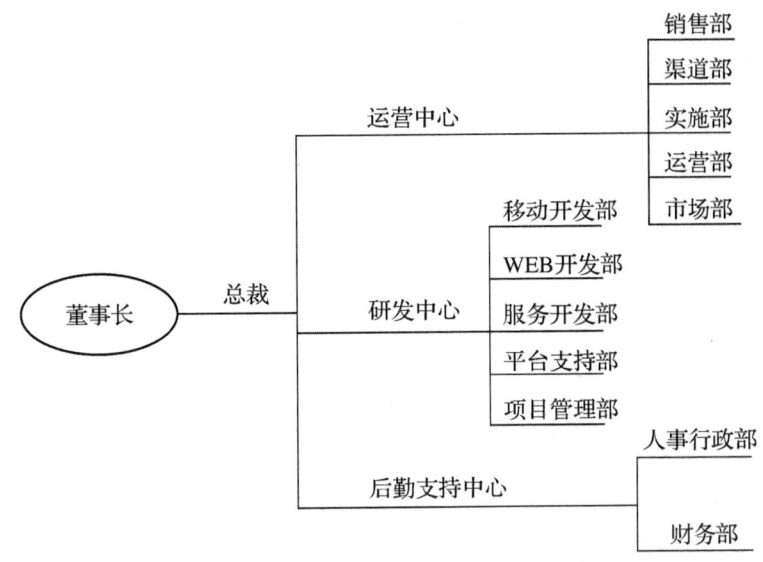

图 2　组织结构图

2　初陷困境，重视人资

时间回到 2014 年 11 月 5 日，创始人朱江和雷湘先生联合几位志同道合的朋友商量组建"融链天下"创业团队，12 月正式成立上海融链科技有限公司。由于对市场的精准定位和良好的市场预期，很快吸引了一些互联网和物流行业从业者加入。到 2015 年 6 月，公司已从开始的 8 人迅速增长至二三十人。关于福利待遇，雷总有自己的一套标准，也在公开的场合反复强调："我们大家聚在一起创业很辛苦，所以公司不想设立各种条条框框约束大家，而是给大家充分的信任和自由。至于薪资待遇，其他大公司是什么标准和条件，我们公司不说超过，起码会随行就市满足大家，这我可以跟大家保证。当然，公司也希望看到大家实打实的效率、质量和创意，贡献自己的力量。"雷总说到做到，员工薪资待遇参照市场标准，而且，福利如餐饮补贴、节日礼品、年度体检、公司团建、周五下午茶（读书沙龙）等样样不少。

随着人员的不断增加，原来靠着创业热情和自我约束的方式已经行不通，公司频出状况。如何有效管理员工这个问题使得朱董、雷总很头疼。由于业务需要，他们经常出差，可以投入到公司管理的时间很少。同时，由于完全以客户需求为导向，导致研发体系混乱，多条业务线并行，研发进度很慢；流程管控不好，责任不清，出现质量问题的频率也提高了。"很多客户的产品需求，你们都没想好，就甩给我们研发。一会要求重新设计，一会又需要进一步调试，反复折腾没个结果。加班加点，研发部员工的意见非常大。"一位研发部老员工这么跟他们抱怨道。

雷总和朱董事长商量，公司发展至今，人员规模已经比较大，人员事务已经比较复杂，但是没有专人负责。雷总说："现阶段的这些问题，招聘一个人事总监就都解决了。"但是朱董事长面带疑虑地问道："按照公司现在的规模真的需要聘请一位专职人力资源高管吗？"经过一番讨论，他们达成一致意见，决定尽快招聘一名人事行政总监。

那么招谁呢？公司高管再一次聚在一起，商量招聘要求。突然，他们有一个共同的疑问："Amber是不是就能够胜任这个工作？"Amber是他们曾经的同事，具有扎实的心理学基础，为人亲和，处事果断，富有执行力和创造力。接下来，朱董事长联系了Amber，于是，三个曾经的同事又走到了一起，正所谓："志同而气合，鱼川泳而鸟云飞。"

"来来来，大家聚过来一下啊。这是我们公司新入职的人力资源总监。"Amber入职的第一天，朱董事长微笑着向大家介绍她。说起入职第一天的情景，Amber说她已经没有太深刻的印象了。只记得一阵简短的寒暄之后，她便开始了自己的工作。因为面对的是一个全新的创业公司，她花了很长时间适应、了解公司的现状。一入职恰逢"融链天下"平台上线，不久公司又获得2 000万天使轮融资，那时高管们乐观估计2015年年底会获得A轮融资，为了后续发展仍需扩大各部门人员规模。在这个阶段，Amber依照公司高层的发展意图，尽量使自己熟悉和跟上企业的发展节奏。她的日程表上排满了招人计划，每天都要面试两三波应聘者，为了节省时间，她甚至将中午吃饭休息的一个小时也安排进了面谈时间。这个时期公司的员工人数增加到将近50人。

这个时期Amber的主要精力是放在与公司各方面的磨合上，其中有一件事情Amber觉得是她入职之后处理得比较理想的。那时公司仿照其他互联网公司的做法，规定研发部员工加班之后可以申请调休，以减轻他们的压力，本是一件很人性化的激励措施。但是事与愿违，这一制度似乎激发了员工的加班"热情"，使她不得不开始考虑这项制度的合理性。Amber发现，研发部近来申请加班的频率越来越高，即使研发项目已经结束，加班的情况仍然有增无减。难道研发部的工作量真的这么大吗？还是这项措施发生了偏差？更糟糕的是，加班之后员工申请调休的次数和时间不断增加，员工普遍将调休时间安排到节假日前后，造成长时间不在岗，严重影响了公司的研发进度和工作安排。她发现，公司的很多激励措施都挺贴近员工实际需求的，但是在具体执行的过程中，由于规则不清、沟通不畅等问题，员工完全不了解公司的意图和期望，也就没有相应的动力投入工作。在摸清了情况之后，Amber马上着手调整加班调休制度。经过与研发部主管的反复商议，她决定废除加班调休制度，如果有特殊情况需要加班，则由研发部主管根据实际加班时间和工作量计算加班工资；同时，如果员工有突发情况需要请假，需要向研发部主管申请，获得批准之后即可休息；否则，按照旷工处理。研发部主管欣然接受了这一方案。自此，部门加班的次数变少了，工作效率反而提高了。

随后，她不断思考，怎样才能发挥激励措施的效果，达到公司发展的预期目标。她开始着手建立各种人力资源管理制度，以规范人员管理。对每个工作岗位进行分析，根据职务性质将公司的岗位划分为专业序列与管理序列两类，规定员工薪酬结构包括基本工资、补贴、福利和保险等。为了便于沟通，Amber梳理出组织结构，明确了各部门的人员情况和工作范围。公司分为四大中心，分别是研发中心、营销中心、金融服务中心和后勤支持中心，同时有两大直属的部门，包括跨境电商事业部和战略资源与公共关系部。

3 小试牛刀，解决难题

伴随着每天的忙碌，转眼到了2015年年底。之前的工作虽然排得很紧凑，但是大多都如期完成了。翻阅着这一年日程计划中满满的"完成"小红旗，Amber不禁松了口气，想着这几个月的功夫总算没白费。但是眼下还有最后一关——高管年终总结。这个会议她第一次参加，也算是对她入职以来工作的一个小结。于是，她开始梳理总结常规人资工作，在此基础上分析了当前公司的用工成本。经过反复核算之后得出的成本数字让她有些吃惊。她发现，人力成本在两个季度中增加了一倍之多。由于大量招人，人员规模成倍增长，而这段时间公司实际的业务进展并没有像预期的那样，意向用户多但签约率没有增加。这样一来就造成人员冗余，人力成本一路飙升，员工的工作量不饱和，积极性得不到充分调动。她第一次遇到这种问题，一时想不出合适的应对办法，只有先向上汇报。她接连几天熬夜加班，终于在开会前撰写出一份全面的人力资源分析报告。

开会时，她提出："这一年，我们的人员规模和素质迅速提高，效果很明显。但很多岗位存在人员冗余的情况，既增加了成本，也不利于员工成长。所以我建议通过转岗和裁员的方式进行调整和优化。"还未等她详细解释，研发中心主管马总立即反对说："我们研发部是从零建立起来的，员工已经相互配合得很好了。虽然目前业务发展不顺，但是好不容易建立起来的团队，说裁员就裁员，谁还愿意留在公司继续工作？"Amber回应道："我知道你想做一个好领导，但是目前公司的资源并不多。我们的业务才刚刚开始，不说市场的费用，光是目前人力支出这一项就够公司消化的。我们的这个成本已经赶超成熟互联网企业了。"

翻着分析报告，运营部主管袁总也坐不住了："成本确实是个大问题，但是这半年，我们吸引的都是从业经验丰富、有一定资历的员工，他们能够很快上手工作，这对公司未来的发展是很重要的。我觉得突然裁员弊大于利，我们在业界的声誉还没建立起来，就已经臭了。"

Amber早知道，自己才来就贸然提出裁员，肯定不受待见。但是，她坚持自己的主张："两位的担心我是理解的。我们人事行政部门的工作本就是支持服务研发、业务部门。长远的人才储备，我们一定会考虑；但是，目前来说，成本问题是我们首当其冲的问题。我们是创业企业，很多地方都需要大量投入，研发要投入，市场开拓要投入。好钢要用在刀刃上！"顿了顿，她环顾四周，发现大家都眉头紧皱，表情凝重。

一时没有言语，会议室就剩下空调呼呼的出气声。见众人都不说话，朱董挑开话茬："这一年的发展，远远超出我们的预想；我们今天能坐在这开会，靠的是什么？靠的是在座的各位，靠的是公司的每一位。至于明年，我们能不能还坐在这开会，还是要靠各位。你们的担忧也是我一直思考的，Amber的这个分析很到位，不仅仅是人力这一项，还有财务数据，你们都没认真看嘛。关键时刻，我们要有壮士断腕的勇气，轻装上阵，才能迅速反应，走得更远。"

听到这里，Amber总算松了口气。这接连半个月加班准备这份报告，她也是费尽了心思。为了说服大家，她不仅核算了人力成本，还找来财务主管，对研发成本、市场投入等都进行了总结，连最后的解决方案她都清楚地列了进来。如此，她也算完美地总结了这半年的工作，没有辜负当初老朋友的信任。

在得到公司管理层的支持之后，Amber进一步调整职级体系，将公司的岗位划分为研发序列、销售序列、职能序列和管理序列四类。针对四类职系，薪酬分别采取两种不同类别：与公司年度经营业绩相关的年薪制；与绩效相关的职位等级工资制。享受年薪制的员工，其工作特征是以年度为周期对经营工作业绩进行评估并发放相应的薪酬。这部分员工为管理序列人员。实行岗位职级工资制的员工是销售、研发与职能序列人员。根据不同的职位序列，每个序列均有10个职级，每一职级中又分为6档，称为岗级，根据职级和岗级确定员工所在的位置，不同的职级序列对应不同的岗位工资。同时，由人事行政部牵头，其他部门配合，重新评估处在试用期的新员工，对于老员工，按照胜任程度、成长性、团队合作、企业融入和贡献程度这几项指标，进行半年度评估。对于表现较差或评估不合格的员工，降级转岗或者予以劝退。经过两个季度的调整，到2016年5月底，公司员工从72人缩减至58人，实际成本减少20%。

4 停止调薪，过犹不及

2016年可谓多事之秋。早在2015年5月，公司启动了一项满洲里项目，旨在规划和承建对俄跨境电商＋外贸综合服务平台。公司为此特地成立了跨境电商事业部，耗费一年多的时间，成功建设了"神灯速贸"平台。这个平台集合俄B2B交易、外贸综合服务、线下地网仓储物流管理，改变了满洲里原有的低效贸易格局，成为中俄贸易、通关、物流服务的高速公路。正是这个项目，使得公司在人力、物力和财力上发生了巨大损耗，减缓了公司核心业务的投入和发展。于是，2016年6月初，公司宣布进行重大战略调整，撤掉跨境电商事业部，集中精力开发和推广"融链天下"平台业务。不曾想这项业务的进展并不顺利，这个下半年似乎要比2015年更难"过"。

Amber预感到又一件麻烦事即将来临。她翻着她刚制定的薪酬制度，第五部分明确地写着：薪酬调整分为整体调整和个别调整。整体调整是指公司每年6月、12月进行薪酬调整，原则上同一年度每人仅调整一次。个别调整是指员工个人岗位发生变化，如转岗、升职、降职等，或者某个职位与市场水平有很大偏差时会进行调整。她知道整体调薪是互联网企业的一贯做法。但是，公司的资源并不充足，平台业务尚未盈利，公司没有资金给员工调薪。这种情况在新创企业尤其普遍，由于各种问题，之前承诺的很多激励措施往往到最后都无法兑现。Amber认为不能"拿来主义"式地推广同行业大公司的做法，应该根据公司目前的状况，停止整体调薪。同样应该停止的还有弹性工作制、周五下午茶和平行课堂等大公司式的福利措施。

反复斟酌之后，Amber在例行的人力资源高管会议上向朱董事长和雷总阐述了她的观点。正如她所料，两位高管早已发觉这些"拿来"的措施效果不佳。于是她雷厉风行地宣布了这项新规定，没想到她办公室的门很快就"咚咚咚"地响了起来。研发经理小张开门见山地表达了他对停止整体调薪的担忧："研发部员工大多比较年轻，对企业的忠诚度也比较低，一旦不能调薪，他们都会离开。"研发工作的周期一般都比较长，而新人短期内也很难上手，所以研发团队的稳定性对产品研发的时效和质量至关重要。Amber确实想过这个问题，只是公司现在形势并不好，与其装腔作势，不如稳扎稳打。

这项措施实施后，Amber观察到，员工的工作积极性受到很大影响，以前宽松活跃的氛围也消失无踪，士气低落，死气沉沉；研发项目拖沓，不能及时完工。"那段时间是我职业生涯的灰暗期！我们都觉得公司可能快倒闭了。有些人已经在找新的工作，参加面试。"一位留任的员工这么回忆道。

5 立足长远,渐入佳境

经过这一阶段的动荡与变革,Amber感觉到前所未有的疲惫。这种疲惫不是来源于停止调薪的负面反馈,更多的是因为不知道该何去何从,到底该与员工建立什么样的关系。她甚至增加了晨跑的时间,给自己多一点的时间去思考目前的问题。在2017年年初的总结报告会上,Amber除了汇报例行的人力资源情况,还特地提出了这个问题。沉默了一小会后,朱董淡然地发表了他的观点:"Amber,你这个问题提的时机不错。我们公司预计年后会启动新一轮融资,人资管理确实要形成一个明确的定位,更好地配合公司的发展战略。作为一家互联网公司,我们不像有些公司重资本,而更多的是人脑+电脑。所以人对我们公司是特别重要的,要重视员工的需求,让大家可以跟随公司一起成长。"

有了朱董事长的这番话,Amber找准了自己的位置,也知道了在新的一年中该以怎样的角色来开展工作。她决定要将公司的人力资源管理定位到更高的层次,认为不应该仅仅关注短期的得失,更应该追求长远的影响。研发部门的主管多次提到:"现在公司里存在一些不好的现象。员工不清楚公司的发展状态,对前景很迷茫。员工与中高层管理者沟通少,彼此之间的信任程度很低。公司需要拉近员工与管理层的关系,让员工更加了解和信任公司。"

Amber信心十足地推出一系列人力资源措施来传达当前公司对员工的工作期望,同时,也增加了激励的力度。首先,她恢复了整体调薪制度,规定整体调薪周期与调整幅度根据公司效益与公司发展情况决定。而个别调整根据员工半年考核结果和职级、岗级变动决定。如果员工连续两次半年度考核结果为"优",及连续三次考核结果为"良"或以上,岗级晋升一级,工资也作相应的变动。

其次,对于研发部门,除了上述的薪酬调整政策,Amber还制定了一套绩效奖励政策,包括部门的和个人的月度奖金。部门月度奖金是基于当月的工作目标完成情况,由总裁进行评价,决定部门系数,再乘以部门奖金基数,最后得出的奖金数。个人月度奖金是根据奖金池、工作系数、档位分布等计算出来的。其中工作系数和档位分布均由技术领导小组在次月月初对个人工作结果进行评定后决定。工作系数分布在0~2之间。档位划为优秀、合格、基本合格和不合格四个等级,只有优秀等级才能参与奖金评选。另外,Amber在个人工作绩效评价标准里着重加入了一项态度考核指标,要求员工主动沟通,遇到问题时积极响应。

第三,她与高管商定印发双月刊,发放给每一个员工,让他们了解公司的阶段性成果。由人事行政中心牵头安排,不定时地举办一些午餐会,邀请不同中心的领导和员工参加,加强跨部门之间的沟通。最后,给员工提供培训和发展的机会,定期举办一些读书分享会。例如,如果领导听了一些报告,会把PPT发放到公司的微信群里面,让每个人都可以学习。

人事主管在做完第一季度的人事回访后,说道:"Amber的这套措施有效地带领公司走出2016年年底的那个困境,现在员工对工作的满意度比较高,相互之间的帮助也变多了,不像以前那样遇到问题就推给别人。"

"我拿过月度奖金。这些政策很好,很激励人,如果有些事情做得好,被评到奖了,我会觉得我是被公司认可的。在往后的工作中,我也会更积极。"一位得奖员工兴奋地说道。

6 未完之路

正当Amber为新政策的效果感到开心时,新一期的高管例会上朱董强调:"公司融链天下平台将迅速扩大用户规模,有望年底实现5到10倍快速增长。通过'管理＋交易'平台占领中国整车物流的运营流量入口。目前公司正与腾讯、京东金融等一线机构进行投资与供应链金融业务合作洽谈。"开完会后,Amber回到了自己的办公室。她靠在办公椅上,看着办公桌上的台历,离例行的人资高管会议还有两天。人力资源管理该如何配合公司发展战略?运营中心尤其是销售部员工作为今年的主力军,该如何调动他们的积极性?奔跑,我们永远在路上……

案例使用说明

一、教学目的与用途

1. 适用的课程与对象:本案例不仅适用于MBA、EMBA学生的案例教学,也可作为阅读案例,用于本科生、硕士生《人力资源管理》《组织行为学》和《员工关系管理》等课程的辅助学习。

2. 教学目标:通过描述融链科技雇佣关系模式发展演变的过程,引导学生思考互联网新创企业如何逐步构建并调整与员工的雇佣关系,逐步调整所提供的激励和所传达的工作期望,实现双方的互惠共赢。通过案例教学,提高学生对互联网新创企业的人力资源管理以及雇佣关系模式的认识,启发学生思考企业雇佣关系模式的形成与调整的决定因素。

二、启发思考题

1. 根据案例分析:融链科技的雇佣关系模式经历了几次调整?每次调整的理由分别是什么?调整是否带来了好的结果?

2. 试分析:融链科技是如何通过平衡给予员工的激励与对员工的工作期望二者的关

系进而调整雇佣关系模式的?

  3. 你认为影响雇佣关系模式选择的因素主要有哪些?

  4. 融链科技的雇佣关系模式对于当前我国互联网新创企业有何借鉴意义?

三、分析思路

  授课教师应当根据自己的课程和教学目标,选择性地安排学生预先搜集我国企业雇佣关系的模式、成因和后果以及上海融链科技有限公司的背景信息。本案例内容聚焦于融链科技从创业至今两年多的发展历程,阐述其雇佣关系模式选择与调整的推动力,对企业、尤其是互联网新创企业的人力资源管理者会有重要启发。本案例可被灵活用于上述课程的相关章节,以下分析思路,仅供参考。

  1. 从企业雇佣关系的类型与优缺点分析,企业雇佣关系模式主要存在四种类型:相互投资型、投资不足型、过度投资型以及准现货契约型。在本案例中,雇佣关系管理可以体现在 Amber 调整融链科技给予员工的激励和对员工的期望的过程中。在融链科技创立之时到聘请人事行政总监 Amber 前,公司进行人力资源管理时只是简单地复制大公司的做法,给予员工较好的薪酬福利待遇,这时公司采取的是过度投资型雇佣关系模式。但是在过度投资型雇佣关系模式中企业的付出比所得多,所以这种关系不可能持久。Amber 上任后发现企业人力成本过高,随即通过缩减提供的薪酬福利待遇,制定绩效考核指标控制企业的付出,同时考察员工分内的工作表现,将融链科技的雇佣关系模式调整为准现货契约型。可是准现货契约型的雇佣关系会使得员工的工作态度恶化,绩效降低,沟通出现障碍,Amber 在思索探讨之后,决定结合公司发展战略,追求长期目标,重视员工的培训与发展,鼓励员工采取积极主动的工作态度。最终,融链科技形成了专注、专业、共享的价值观,用合作的态度与员工共同进步,初步完成相互投资型雇佣关系的构建,并且取得了成效。

  2. 从调整和形成雇佣关系模式的人力资源措施分析,由于雇佣关系不仅体现为一种劳动合同关系,而且会表现在员工的心理和行为中,所以企业需要通过招聘与配置、培训与开发、绩效管理、薪酬福利管理、员工关系管理等人力资源政策和措施来提供激励与传递期望,进而影响雇佣关系模式的形成。融链科技聘请人事行政总监 Amber 时,各项人力资源管理基本职能开始得到发挥。Amber 接手人力资源管理工作伊始,一边搭建人资平台,一边梳理组织架构和人员架构,基本了解公司的战略目标。在发现用工成本问题时,Amber 推出裁员、考核绩效等措施,即使一开始遭到研发和运营部主管的反对,但是她坚定立场,用数据和事实说服了高管团队,使得缩减激励、明确期望的管理措施得以实施,在员工和企业之间建立起了一种准现货契约型的雇佣关系。但是由这种相对"冰冷"的措施构建起来的雇佣关系模式会产生较严重的负面影响。Amber 及时进行了反思,并在与高层管理者商讨之后,针对以上问题决定推行"温暖"的人力资源管理措施,通过恢复整体调薪和提供个人奖励稳定而持续地提高员工的工资水平,增加了员工的满意度和积极性。通过提供在岗培训,开设"读书会"等活动对员工进行长期投资,使得员工可以不断提升自己、超越自己。通过疏通和搭建渠道,拉近管理层与公司员工的距离,让每个员工都相信公司的未来,了解公司期望的贡献。最终,这些措施使得融链科技提供的激励与期望的贡献达到了平衡,在员工与公司之间形成了一种相互投资型的雇佣关系,从而给公司带来了高价值的回报,例如研发周期的缩短、服务响应的高效等。

3. 从雇佣关系模式选择的影响因素分析,企业选择雇佣关系模式时主要会考虑企业所有制、人力资源管理重要性和能力这两类因素。首先,融链科技作为一家互联网新创民营企业,虽然在前期其雇佣关系模式尚未成型,但是随着公司日渐成熟,其最合适的雇佣关系模式是相互投资型雇佣关系模式。这种模式重视长期的目标,会在提出高的贡献期望时,也提供较高的诱因和奖励,会促使员工高度地嵌入工作与所在企业。而且在案例中,"用工成本""停止调薪"等事件充分说明,过度投资型、准现货契约型的雇佣关系模式都不能帮助企业实现目标。其次,创业公司成立之初大多没有专人进行人力资源管理,人力资源总监的职务常由创始人兼任。融链科技也不例外,但是当创始人业务繁忙,人力资源频出问题时,高层管理者开始觉得人力资源管理非常重要,从而招聘 Amber 担任人事行政总监。在 Amber 入职后制定实施人力资源措施时,尤其是受到其他部门总监的反对时,融链科技的高层都给予大力的支持,不仅使得以 Amber 为主的人力资源管理者可以充分运用自身高度专业化的知识,卓有成效地推动组织变革,而且保证了这些人力资源措施与政策都落实到位。正是融链科技的人力资源管理重要性高,以及人力资源管理专业人员和部门的能力强,最后构建成了相互投资型的雇佣关系模式。

四、理论依据与分析

1. 雇佣关系的内涵与模式

Tsui 等(1995)从雇主视角出发,将雇佣关系定义为雇主与雇员之间的正式与非正式的,经济的、文化的和心理上的联系。Tsui 等(1997)进一步发展了这个模型,将雇佣关系细分为期望的贡献和提供的激励两个维度,提出雇佣关系是组织向员工提供的激励与员工对组织的贡献之间的社会交换关系。其中,期望的贡献是指雇主期望雇员在有利于公司的工作态度、行为和目标上的贡献,不仅包括完成工作职责之内的任务,还包括承担工作角色之外的职责,如组织公民行为等。提供的激励是指雇主提供给雇员的经济和发展性的回报,不仅包括工资、奖金、福利等物质性报酬,也包括培训、晋升等发展性报酬。

根据这两个维度,雇佣关系可以划分为四种类型:(1)工作中心或准现货契约型。在期望贡献方面,雇主主要考察员工分内的工作表现,任务定义非常具体;在提供报酬方面,雇主侧重短期投资,劳动保障低。(2)组织中心或相互投资型。在期望贡献方面,工作定义宽泛,雇主不仅考察员工分内还要看分外的工作表现;在提供激励方面,雇主给予长期投资,劳动保障程度高。(3)过度投资型。在提供报酬方面,雇主给予长期投资并给予高劳动保障,但对雇员的期望贡献则非常具体。(4)投资不足型。雇主期望雇员提供宽泛的承诺和长期的贡献,但仅提供雇员短期的经济回报,劳动保障也低。前两种是平衡交换,后两种是不平衡的交换(见表1)。

表 1 基于激励—贡献模型的雇佣关系模式

提供的激励 \ 期望的贡献	低/窄	高/广
低/窄	准现货契约型	投资不足型
高/广	过度投资型	相互投资型

案例显示在 Amber 加入融链科技之前,公司的人力资源管理只是简单地遵循行业内大公司的做法,提供较好的薪酬福利,这时公司采取的是过度投资型雇佣关系模式。Amber 加入融链科技后梳理了组织架构,辞退员工,缩减人力成本,一方面缩减公司提供的激励,另一方面制定绩效考核指标来考察员工分内的工作表现。这一阶段融链科技的雇佣关系模式是准现货契约型。随之而来的,员工工作积极性下降,与管理层的沟通出现问题,Amber 结合公司发展战略,决定平衡公司所能提供的激励与所期望的贡献,既重视员工的培训与发展,关注公司员工关系管理,又强调员工之间相互帮助,鼓励员工主动提出意见建议。至此,融链科技初步搭建起了相互投资型雇佣关系模式。

2. 雇佣关系模式的后果

2.1 社会交换理论

Blau(1964)认为,雇佣关系本质上是组织与员工之间的相互交换关系,包括社会交换和经济交换两个方面,具有关系、互惠和交换三个基本特点。其中,社会交换和经济交换既紧密相关,在性质和具体内容上又存在显著差异。社会交换更加关注双方在情感和精神上的互动,所以难以对双方的责任和义务做出明确规定,而经济交换则强调以清晰的责任与义务来规范双方各自所应承担的职责。互惠是雇佣关系中最基本的原则,即是否提供回报的感知取决于能否在与对方的互动中获得相应的补偿和资源。社会交换理论指出当组织提供了相应的激励,员工就会自发形成对组织的责任感,从而做出相应的贡献。同时,员工提供了具体的贡献,就会对组织产生相应的回报期望。

因此,在相互投资型雇佣关系中,员工与企业之间既存在经济交换,又有社会交换,所以员工表现出最高的分内工作绩效、分外工作行为和最高的对组织的承诺。过度投资型雇佣关系会产生与相互投资型雇佣关系相似的作用,但是有一个例外,在过度投资型的雇佣关系中员工离职的可能性较高。这可能是因为员工觉得企业的过度投资是短暂的,不可能持久,而且不像相互投资型雇佣关系那样对员工具有较强的约束力。投资不足型雇佣关系会引起员工表现出最差的工作绩效和工作态度。虽然采用投资不足型与准现货契约型雇佣关系的企业在短期会降低用工成本,但是从长远来看,都会降低员工的绩效和对企业的承诺。

2.2 社会资本理论

管理学家 Nahapiet 和 Ghoshal(1998)认为社会资本是指存在于由个人和社会单位拥有的关系网络中,通过这些网络获得的,并从这些网络中衍生出来的现实和潜在的总和;因此社会资本同时包含网络及与网络中流动的资源。他们强调要增加企业内的社会资本,尤其是工作中沟通网络的密度,需要满足四个前提条件:一是个体必须有能力建立密切的沟通网络;二是企业成员必须都相信工作中沟通可以创造价值,即存在价值期望;

三是成员相信他们会获得一些个人价值;四是企业必须能够利用沟通网络获得利益。

根据社会资本理论,一方面,采取相互投资型雇佣关系模式的企业向员工提供两个方面的激励——发展性奖励和物质性奖励,不论是发展性奖励还是物质性奖励,都持有长期的视角,都会相应延长雇佣关系存续的期限;另一方面,这类企业会向员工提出较高的贡献期望,设定较高的绩效考核标准,强调团队工作和相互协作,进而提供较高的价值期望,同时也会产生一定的个人价值。因此,员工会有机会与同事交换信息,进行沟通,形成高密度的工作相关的沟通网络。相比之下,其他三种雇佣关系模式都会产生低密度的工作相关的沟通网络。

2.3 个人—组织匹配理论

Kristof(1996)将个人—组织匹配定义为个体与组织相一致或相匹配的程度,分为相似性匹配与互补性匹配。其中,相似性匹配是指个体的基本特征(如人格、价值观、目标和态度)与组织的基本特征(如文化、价值观、目标和规范)相一致的程度,而互补性匹配则是指组织(个体)的需求被个体(组织)的供给所满足。Cable 和 DeRue(2002)在 Kristof 的基础上,发展了人与组织匹配的概念,除相似性匹配外,互补性匹配可再细分为要求与能力匹配及需求与供给匹配。要求—能力匹配发生在个体能力能很好地满足组织要求时,而需求—供给匹配则发生在组织满足个体需要、意愿或偏好时。该理论认为,个人—组织匹配对个体、群体和组织层面的相关后果具有直接预测作用。

当企业采取相互投资型雇佣关系模式时,企业对员工持有高水平的绩效要求,因而会在招聘选拔的过程中寻找最能胜任岗位的员工。这些企业会有选择性地录用愿意超额工作的或者特别重视外界诱因的员工。同时,这种类型的企业也会辞退那些不能满足绩效要求的员工。最终,在相互投资型的雇佣关系中,员工与企业的匹配程度和联系紧密程度最高,离开企业时要遭受的利益损失也最大,因此对企业的嵌入程度最高。相比之下,过度投资型雇佣关系模式中员工的工作嵌入性是第二高的,因为实施这种雇佣关系模式的企业会向员工提供大量的激励,但是不重视员工的能力与技能是否能为他们带来高水平的绩效。

案例可以引导学生运用社会交换理论、社会资本理论与个人—组织匹配理论分析四种类型雇佣关系模式的作用。融链科技成立之初采用的是过度投资型雇佣关系模式,这种模式下企业提供长期的诱因来交换短期的贡献,所以无法持续。当企业负担过重,用工成本过高时,人事行政总监就开始减少提供长期的激励,将雇佣关系模式调整为准现货契约型。准现货契约型的雇佣关系可以短时间内降低企业的用工成本,但是也会降低员工的积极性和绩效。这迫使 Amber 追根溯源,思索出最佳的相互投资型雇佣关系模式,然后朝着这个方向调整雇佣关系。

3. 雇佣关系模式的影响因素

影响企业选择雇佣关系模式的因素体现在以下两个方面:

(1)企业的所有制形式。随着经济体制改革和对外开放的深化,我国已经从1980年以前的传统国有制企业占据主导地位到现在的多种所有制形式的企业(传统国有企业、民营企业与外资企业)并存。在各种所有制形式的企业中,雇佣关系在本质上都呈现为市场导向的经济合约模式,都在一定程度上表现为组织与员工之间的互惠交换关系。在这种交换关系中,员工用自己对组织的贡献换取组织的激励,用自己的知识、能力和技术换取经济奖励和发展机会。因此,张一驰(2004)提出,在各种所有制企业中占据主导地位的是采取长期目标导向的相互投资型雇佣关系,其次是投资不足型雇佣关系,而准现货契约型雇佣关系模式不是任何企业的主导雇佣关系模式。

案例可以引导学生运用张一驰(2004)的研究发现分析思考融链科技的最佳雇佣关系模式。作为一家新创民营企业,当企业发展逐渐走向正轨时,公司高层管理者急需思考与员工构建什么样的关系。在成本问题上,Amber与研发主管和运营主管展开了激烈的争论,她主张缩减人力成本,减少对员工的长期投入,以应对新创企业在成长初期资金不足的问题。这一措施,在短期内确实有立竿见影的效果。但是,并未缓解企业面临的困境,也不能满足企业在发展过程中对人才的需求。而长期导向的相互投资型雇佣关系的建立,不仅满足了员工的需求,能够激发员工的积极性,也为企业发展提供了坚实的基础。

(2)人力资源管理的重要性与能力。人力资源管理的重要性主要是指与企业中其他各项职能相比,人力资源管理职能的重要性程度。企业高层管理者对人力资源管理相对重要性的认识程度直接影响企业人力资源管理部门能否有效地履行职能以及帮助企业实现目标。那些拥有企业决策权的高层管理者越重视企业的人力资源管理,就越可能投入更多的时间、精力与资源在人力资源管理上,使得人力资源管理能够与企业的其他业务职能共同发展。

人力资源管理能力是指人力资源管理在开发与实施人力资源管理实践、系统方面的综合能力,而这种能力又能够与企业的战略发展相匹配,并能够帮助企业实现战略目标。人力资源管理能力是一项重要的组织能力,一方面,能够帮助人力资源专业人员与高层管理者、基层的管理人员、基层员工进行有效的沟通和交流;另一方面,能够帮助企业人力资源管理实现其职能和目标。人力资源专业人员的能力包括专业能力、业务相关能力以及人际相关能力。企业高层管理者越认识到人力资源管理的相对重要性,人力资源管理部门与人力资源专业人员的能力越强,企业越有可能采取丰富、多样以及系统的人力资源管理政策与实践,人力资源管理部门和人力资源专业人员也越有可能将这些人力资源管理政策和措施真正落实到位。

赵曙明等(2016)指出人力资源管理重要性高的企业,高层管理者对企业人力资源管理建设高度重视,投入更多的资金和资源,相应地,人力资源管理部门拥有更多的资源用于开发、招聘、培训、福利等方面,向员工提供的诱因也更加丰富多样;人力资源管理部门能力强的企业,人力资源专业人员拥有丰富的专业知识和业务知识,具有较高的人际沟通能力和管理变革能力,就能够向员工提供更好更专业的服务,同时,对员工为企业做出的贡献也有着较高的期望。因此,人力资源管理能力强、重要性高的企业更可能采取相互投资型雇佣关系模式。类似地,人力资源管理重要性高、能力弱的企业,更有可能采取投资不足型雇佣关系模式;人力资源管理重要性低、能力强的企业,更可能采取过度投资型雇佣关系模式;人力资源管理重要性低、能力弱的企业,更可能采取准现货契约型雇佣关系模式(见图1)。

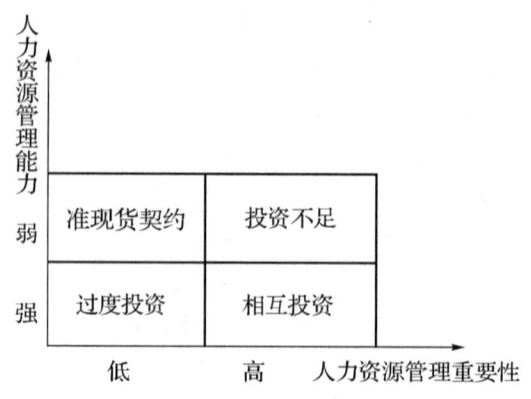

图 1　雇佣关系模式的影响因素

根据案例可以看出，当公司发展遇到问题时，高管们开始重视人力资源管理的建设与发展，确定人事行政总监的合适人选。在 Amber 推行绩效奖励需要增加预算时，公司也给予了大力支持。正是公司充分意识到人力资源管理的重要性，才使得人力资源管理的职能得到有效实施，公司的价值得到有力保障和提升。另外，在"成本过高""裁员冲突"等一系列事件中，以 Amber 为中心的人事行政部门展现了较强的能力。他们可以有效地变革组织架构，与平行部门沟通，推行人力资源管理政策，降低人力成本以及帮助实现企业目标。因此，在 2017 年年初，Amber 决定采取长期目标导向，通过向员工提供长期的激励以及分外的工作要求，实现相互投资，互利共赢。

五、背景信息

物流行业属于服务业，主要服务于经济发展，该行业的发展与中国经济增长密切关联。因此，受到中国经济快速稳定增长的推动，我国社会物流总额多年来持续增长，特别是在国务院印发《物流业调整和振兴规划》之后，我国社会物流总额经历了一个高速增长期。2009—2016 年，全国社会物流总额由 96.7 万亿元增至 229.7 万亿元，其中工业品物流是重要组成部分。2016 年，工业品物流总额达到 214.0 万亿元，占社会物流总额的比重为 93.2%。社会物流总费用 11.1 万亿元，占 GDP 的比例为 14.9%。但是，自 2014 年开始，中国 GDP 增长速度明显放缓，而电子商务快速发展，移动互联网高度普及，物流行业产生了革命性的颠覆，很多老物流企业如 G7、货车帮在以各种方式尝试创新转型，新的"互联网＋物流"企业如 OTMS、天地汇等也加入了。

上海融链科技有限公司及时跟上这波创新的浪潮于 2014 年年底创办。创始人朱江、雷湘等人结合自身在物流及互联网平台研发和运营领域的多年实践经验，认为大宗商品或整车物流虽然已经发展了 20 余年，但是仍远远落后于快递、零担物流市场。整车物流服务市场的参与主体以个体户、信息部、小散物流公司为主，整体上缺乏规范性和标准化，在整体运营效率、服务品质、诚信等方面急需提升。由于企业管理规范差、业务和财务数据难以获取等问题，金融机构难以评价企业信用和风险边界，整车物流企业始终难以获得低成本的金融服务。他们预计未来 5 年，占目前 80% 市场的小微物流企业，80% 会被淘汰或兼并，规模性物流企业将占据 80% 货源市场。因此，整车物流企业规模化发展急需进行信息化管理、网络化协同和获得数据金融服务。基于此,融链科技自主研发"融链天下"物流供应链综合服务平台,以物流SAAS为流量入口,整合产业大数据,拓展平台金融及增值服务,以满足整车物流企业的这些需求。

与传统模式相比,"融链天下"平台具有以下五个特点:一是打通了"三级运力"。融链模式基于大产业的"互联网+"趋势,打通生产商货主、车主/司机和物流公司"三级运力",统一整合优质物流资源,为"三级运力"提供一站式跨企业协同管理服务(见图2)。二是形成了平台化的发展模式。平台化是其最大特点,"三级运力"的打通依托于统一的互联网平台。该平台上业务兼容性更强,可综合整合物流承运、车货撮合、协同管理等物流信息服务以及汽车制造、融资租赁、物流地产等物流基础服务,以平台实现资源优配。三是实现了实时可视化监控。融链模式采用开放式"软件即服务"(SAAS)平台,同步对接对司机手机GPS系统,通过企业级物流供应链技术平台和移动互联网APP,以先进的地图清晰度技术,向平台应用方实时展示订单分发、车辆调度、车货定位、运输地点、行驶计划、过路费、油费等情况,实现物流全过程的车货人监控和各物流环节可视化。四是拓展了物流管理配套服务。融链模式通过与保险、投资信托等机构签订战略合作协议,根据真实交易物流链中记录的信用记录、评价等级、风险情况,提供在线支付结算、互联网运费融资、贸易融资等供应链管理增值服务,以及货源、保险、维修、到门交易、大数据等附加服务,为物流企业提供保险,支持优质物流企业规模化发展。五是实现了标准的统一。融链模式将若干国家/行业标准转化为平台应用并推广,包含地区编码、车牌号归属地、车型管理、货物行业分类、危险品等级分类、电子单证、身份认证、交换接入、安全管理等标准,提供物质安全数据支持和跨区域、跨企业全局监控、应急预测和即时沟通处理机制,尤其是危化品运输监管。

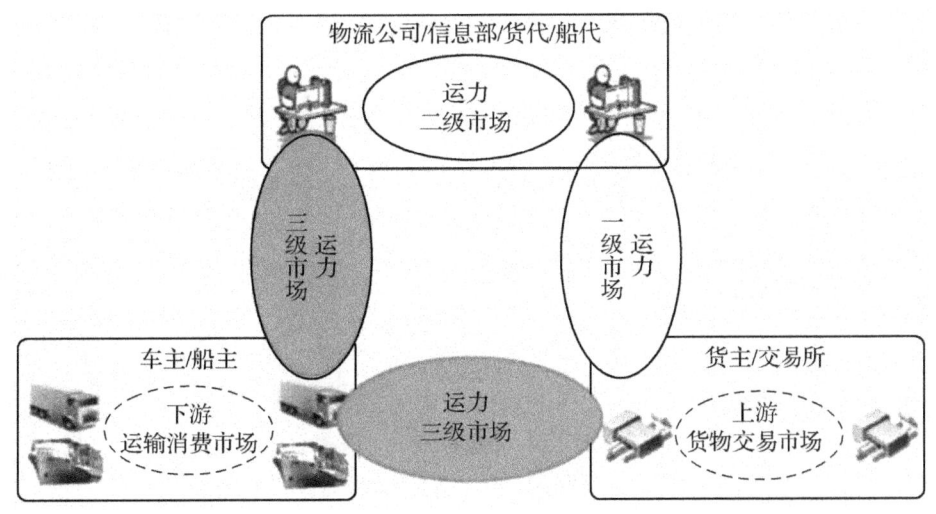

图2 新模式的"三级运力图"

因此,"融链"模式的优势体现在三个方面(见表2):一是快速实现供需对接。以移动APP推送物流需求方信息,采用车—货匹配智能算法,使货主/司机在最短时间内完成订单分发和车货匹配,避免传统模式手机联系、手工回单的低效率。二是强化行业信用管理。融链模式实行统一物流服务标准,承载协议更加规范,且实现车源和信用共享(如司机档案、企业诚信档案),有助于促进行业信用管理以及基于信用衍生服务的拓展。三是有效提升运营效率。相比传统模式的信息片段化、不及时等缺点,融链模式下物流全程环节实现可视化,生产商货主可以根据各物流环节数据,合理安排生产计划、选择最佳物流公司,降低物流成本的同时又能获得更优服务,提升管理效率。

表 2 融链模式与传统模式比较

	买家	车主/司机	物流公司	生产商货主
	运输服务需求方	运输服务供给方	物流管理方	供应链管理方
传统模式	·低效:电话多、手工回单、费时费力 ·找货效率低 ·个人、熟人信用	·外部车源寻找,大量电话或外包给黄牛 ·承载协议、报表方式不够规范 ·监控、依靠电话询问、及时性差	·信息片段化、不及时 ·服务供应商选择面小 ·服务方式和标准不统一	
"融链"模式	·APP推送信息 ·业务数据共享 ·通过平台积累信用,建立信誉形象	·车源和信用共享 ·移动互联,智能提示风险 ·数据透明+信用即可获得资金支持	·获得实时物流、运输、结算等全环节数据 ·管理效率提升,逐步降低成本	

六、关键要点

1. 思考上海融链科技有限公司雇佣关系模式的调整过程,分析各种雇佣关系模式对员工工作态度、行为和绩效的影响。

2. 分析融链科技给予员工的激励和对员工期望的贡献的具体变化,在调整和形成雇佣关系模式中的作用。

3. 分析所有制形式、人力资源管理重要性与能力对融链科技的雇佣关系模式的影响。

4. 阐明融链科技的雇佣关系模式构建对其他互联网创业民营企业的借鉴意义。

七、建议的课堂计划

本案例以上海融链科技有限公司的雇佣关系管理为主线,提供了全面翔实的案例信息,可以作为案例讨论课的重要素材进行研讨。

参与案例讨论的学生人数应控制在 30 人以内,整个案例课的时间安排为 90 分钟。如下是按照时间进度提供的课堂计划建议,仅供参考。

1. 课前计划

课前发放案例正文,提醒学生进行阅读。根据教学计划向学生提出启发思考题,请学生进行初步思考。安排学生搜集相关背景资料,结合自身经验做深刻思考。

2. 课堂计划

(1) 简短的课堂前言,简述案例内容,重现启发思考题(5分钟)。

(2) 布置分组讨论(每组 6 人),按照要求进行小组内部讨论(20 分钟)。

(3) 小组发言,每组选派一名发言代表,回答启发思考题(每组 7 分钟,控制在 35 分钟)。

(4) 在第(3)环节,根据小组发言内容,引导全班进行启发式思考问题的延伸讨论,此处可随机征求 4 位学生的发言,以延伸学生对教学主题的理解(每人发言控制在 5 分钟,共 20 分钟)。

(5) 归纳总结,帮助学生加深和升华对教学内容的理解(10 分钟)。

The Employment Relationship Management of Ronglian Technology

XU Qin[1], XU Yunfei[2], ZHAO Shuming[2]

(1. School of Economics and Management, Southeast University, Nanjing,
2. School of Business, Nanjing University)

Abstract: Following the "Internet + Logistics" innovation trend, Shanghai Ronglian Technology Co. Ltd. (hereinafter referred to as "Ronglian Technology") independently developed integrated logistics service platform, aiming to provide customers with high-quality logistics management supplementary services. However, because of small scale, lack of funds, etc., these start-up firms did not attach much importance to human resource management. It was human resource management problems that caused restrictions to business development. This case demonstrated the process in which Ronglian Technology paid more attention to human resource management after its establishment, hired Amber as human resource and administration director and developed her to her full abilities. Through the implementation of personnel assessment, performance appraisal, salary adjustments and other practices, Amber successfully built mutual investment employment relationship approach, reduced labor costs and helped to achieve organizational goals. This case focused on how human resource managers in Internet start-ups took advantage of their abilities to seek appropriate human resource practices to adjust and build the best employment relationship approach.

Key word: employment relationship, offered inducements, expected contributions, Internet startups

参考文献

[1] Blau P M. 1964. Exchange and Power in Social Life [M]. New Brunswick, NJ: Transaction Publishers.

[2] Cable D M, DeRue D S. 2002. The Convergent and Discriminant Validity of Subjective Fit Perceptions [J]. Journal of Applied Psychology, 87(5): 875-884.

[3] Kristof A. 1996. Person-Organization Fit: An Integrative Review of Its Conceptualizations, Measurement, and Implications[J]. Personnel Psychology, 49(1): 1-49.

[4] Nahapiet J, Ghoshal S. 1998. Social Capital, Intellectual Capital, and the Organizational Advantage [J]. Academy of Management Review, 23(2): 242-266.

[5] Tsui A S, Pearce J L, Porter L W, et al. 1995. Choice of Employee-Organization Relationship: Influence of External and Internal Organizational Factors[J]. Research in Personnel and Human Resources Management, (13): 117-151.

[6] Tsui A S, Pearce J L, Porter L W, et al. 1997. Alternative Approaches to the Employee-Organization Relationship: Does Investment in Employees Pay off? [J] Academy of Management Journal, 40(5): 1089-1121.

[7] 张一弛. 2005. 从扩展的激励-贡献模型看我国企业所有制对雇佣关系的影响[J]. 管理世界, (12): 90-98.

[8] 赵曙明, 席猛, 蒋春燕. 2016. 人力资源管理重要性与能力对企业雇佣关系模式选择的影响[J]. 经济管理, 38(4): 83-92.